DE

LA PROPRIÉTÉ.

TOME 2.

GUINGAMP, IMPRIMERIE DE B. JOLLIVET.

DE
LA PROPRIÉTÉ,

CONSIDÉRÉE

Comme principe de conservation.

OU DE

L'HÉRÉDITÉ;

PAR J.-A. AGNÈS,

Docteur en droit, Avocat à Saint-Brieuc.

« Ce qui peut être porté jusqu'à une certitude
« mathématique et démontré par des calculs
« politiques, doit tôt ou tard être reconnu pour
« vrai. »

HERDER, t. 3, p. 103.

TOME 2.

A GUINGAMP,

CHEZ B. JOLLIVET, IMPRIMEUR-ÉDITEUR.

1840.

A Monsieur Herman,

PROFESSEUR D'ÉCONOMIE POLITIQUE

à l'université de Munich.

En vous dédiant ces études, je satisfais à un devoir de reconnaissance. C'est en même temps un juste hommage à la haute sagacité avec laquelle vous avez su saisir les vrais rapports des élémens de l'économie des peuples, à cette exactitude et cette lucidité qui ne laisse pas de réplique, avec lesquelles vous les avez exposés. Le principal objet du droit, comme de l'économie politique, est la propriété qui, en se transmettant successoralement, devient l'hérédité, en se fixant, le privilège. J'ai tâché de compléter l'idée juridique de la propriété à l'aide des données de votre science. L'élection et l'hérédité sont les deux pivots du monde moral. La représentation ou la puissance répond à l'idée d'espace et la propriété à celle de fixité dans le temps : en sorte que ces deux élé-

mens peuvent être considérés avec raison comme les deux parties correspondantes et polariquement unies de l'organisme social ; car le temps et l'espace sont les conditions de toute réalisation.

Dans mon livre sur l'élection j'ai essayé une création théorique. Nulle limite n'était imposée à ma raison que celles de la nature même. Ici, attaché au sol et le front appliqué sur ce théâtre du développement historique, je suis sans cesse restreint et circonscrit par la triste et sèche réalité. Pour découvrir mes principes, il fallait compulser l'histoire du monde et grouper, exposer rapidement, enchaîner un grand nombre de faits dont l'ensemble seul fait surgir et révèle un résultat philosophique général. Votre école historique me manquait, je n'en avais conservé que des souvenirs, des notes éparses et sans suite. J'ai mis tout à profit, et mes larcins, je ne les cèle pas. Toutes les fois que la pensée n'était pas mienne j'ai conservé, autant que je l'ai pu, les expressions mêmes des Gans, des Grimm, des Philips et des autres écrivains qui m'ont servi de guide. Sous ce rapport ai-je besoin d'indulgence? Je voudrais avoir dérobé davantage. Heureux si ces faibles efforts inspirent à la jeunesse française le goût des fortes études ! Heureux si la route que j'ai tracée se transforme en une vaste et grande communication intellectuelle qui nous enrichisse incessamment et de plus en plus des trésors inappréciables de votre érudition! Heureux enfin, si, fidèles à la mission providentielle de la France, nous osons et pouvons doter l'avenir de la société de leurs résultats applicables!

Agréez les sentimens du plus vif attachement et de profond respect avec lesquels j'ai l'honneur d'être,

MONSIEUR,

Votre très humble et tout dévoué serviteur.

J. A. AGNÈS.

Saint-Brieuc, le 10 juin 1840.

DE LA

PROPRIÉTÉ.

CHAPITRE TROISIÈME.

Du Mariage et de ses différentes formes.

SOMMAIRE.

277. *Le moment du mariage appartient plus à l'élément religieux qu'au civil. Antagonisme du droit canon et du droit civil dans la doctrine de la parenté et sa raison. Citation de M. Gans en note.*

278. *Ce qu'est proprement le contrat de mariage et pourquoi il est si difficile d'en faire un système juridique rigoureux.*

279. *Le mariage comprend dans sa formation trois faits dont aucun ne lui est essentiel. Celui de ces élémens qui prédomine, caractérise une époque.*

280. *La bénédiction ecclésiastique ne fut pas toujours nécessaire.*

281. *Le christianisme effaça l'idée de vente. Transformations successives que subit le moment matrimonial.*

282. *Il est le point de départ de tout ordre social. Principe dualistique sur lequel il repose.*

283. *Ce que fut le mariage dans l'Orient.*

284. *Chez les Hébreux.*

285. *Il associe son origine orientale à l'élément européen.*

286. *La puissance paternelle s'adoucit, l'amour prédomine dans les rapports de communauté familiale.*

287. *L'élément religieux ajoute une nuance particulière au respect de la personnalité.*

288. *Modes de contracter mariage du Talmud, leur analogie avec le droit romain.*

289. *Transformation que subit dans le droit talmudique l'élément mosaique de la vente. Transition graduelle à la monogamie européenne.*

290. *Le judaïsme admet, à mesure qu'il quitte son sol natif, les élémens européens du mariage.*

291. *Du mariage chez les Musulmans.*

292. *Pourquoi les peuples de l'Asie ont attaché, en général, beaucoup moins d'importance que nous à la liberté du mariage, soit dans le mariage en lui-même, soit dans le choix de la personne.*

293. *Coutume assyrienne de vendre les femmes au rabais. A Sparte les mariages se contractaient par une espèce d'enlèvement*

294. *Du mariage grec.*

295. *A la différence du mariage grec le mariage romain a la trichotonie des formes orientales.*

296. *Comment le dualisme romain s'exprime dans l'opposition du mariage libre et du mariage rigoureux.*

297. *Trois momens principaux auxquels peuvent se réduire les rapports d'intérêt du mariage romain. Source de la difficulté de savoir si c'est le mari ou la femme qui a la propriété de la dot. Citation de M. Gans.*

298. *Dans le monde moderne l'idée du mariage subit un développement analogue à celui que nous avons observé dans l'antiquité.*

299. *Chez les sauvages comme chez les peuples barbares le mariage est une vente. Opinions conformes de MM. Grimm et Eichorn sur cette nature primitive de la dot.*

300. *Fiançailles symboliques chez les Saliens. Leur ressemblance avec la coëmption romaine.*

301. *Passage à la dot. Différence essentielle de l'ancien prix de vente, de la dot proprement dite et de l'antipherne.*

302. *Double caractère de la dot proprement dite. Ses différentes dénominations. Renvoi au savant ouvrage de M. Grimm.*

303. *Quatre différentes sortes de biens matrimoniaux dans l'ancienne famille germanique. Double caractère du mariage germanique et ses transformations successives.*

304. *Aucune partie du droit allemand n'a déployé*

une multiplicité de dispositions et d'usages comparable à celle de la doctrine de la fortune des époux.

Résumé des caractères auxquels peuvent se ramener toutes ces formes. Morgengifa anglo-saxonne.

306. *Le faderfidium lombard. L'antefactum pisan.*

307. *La ketuba talmudique. L'arras portugaise.*

308. *Différentes sortes de communautés du droit espagnol dans le moyen âge.*

309. *Enfin la communauté proprement dite repose sur l'unité de personnes. Il faut se défier de cette fiction qui a été poussée trop loin par les lois anglaises.*

310. *Citation de Blakstone.*

311. *Cette défaveur de la femme paraît au reste tenir au caractère national. Lois anglo-saxonnes.*

312. *De l'unité de personnes entre le père et les enfans, de l'unité de personnes entre époux. Danger de toutes ces fictions.*

313. *Conséquences historiques de l'une et de l'autre.*

277. Nous l'avons déjà dit, le mariage est le fondement de la famille et le contrat de mariage exprès ou tacite peut être regardé comme sa loi constitutionnelle. La parenté, l'hérédité, la tutelle et tous les droits de famille dérivent du mariage. Il est la source d'où découlent tous leurs effets civils que la loi décrit et fixe. Mais le mariage en soi est à proprement parler en dehors de la sphère du droit : il appartient à l'élément moral et religieux. De là le lien si étroit qui unit les époux est le plus faible de tous les liens de parenté et il ne donne

lieu, dans presque toutes les législations à la succession des époux entr'eux, qu'après que les droits du sang ont été satisfaits dans la personne des parens même les plus éloignés. L'union matrimoniale est la source de la parenté, ce n'est pas une parenté. L'unité de personnes qui existe entre conjoints n'a pas même, en matière successorale, la force du degré de parenté le plus éloigné : c'est un lien d'une autre nature. Dans toutes les législations la religion domine ce moment de la société domestique. Ce n'est que par rapport à lui que le droit canon s'occupe de régler les droits de famille. Tout le reste semble lui être indifférent, il l'abandonne au droit civil, et de là l'opposition si choquante des règles du droit canon et de celles de la loi civile en matière de parenté. Les deux doctrines semblent n'avoir rien de commun et cependant il s'agit du même objet considéré juridiquement. C'est toujours le lien que la nature a formé entre personnes issues du même sang. D'où vient cette indifférence ou pour mieux dire cet antagonisme? C'est que le droit civil a considéré la parenté par rapport à l'hérédité principalement où le droit trouve mieux prise, où ses décisions sont plus fréquentes et plus nécessaires. Le droit canon ne considère la parenté que par rapport au mariage. Il s'empare de ce moment fondamental de la famille pour l'investir de toute sa puissance et lui imprime, en le transformant en sacrement, le sceau de l'indissolubilité. La parenté canonique est proprement la parenté des empêchemens. Le civil règle les intérêts matériels et veille à la conservation du patrimoine de la famille, le religieux garantit l'union, l'assure, et proscrit avec rigueur tout ce qui pourrait nuire à son développement moral (1).

278. Tout le droit de famille réside dans l'idée du mariage et dans sa forme. Cette fécondité, cette vaste compréhension du moment matrimonial produit tout à la fois et la difficulté insurmontable d'asservir à des règles fixes, de soumettre aux principes généraux du droit les effets de l'union entre époux, même dans la sphère de la fortune, et la prodigieuse multiplicité de formes, de rits, de conventions et de droits matrimoniaux que l'histoire nous présente chez les divers peuples.

Le contrat de mariage n'est que l'expression de l'union morale des époux, le résultat extérieur de cette union dans la société domestique, la forme sous laquelle elle se manifeste dans le patrimoine de la famille. Cette idée fondamentale est la raison pour laquelle la communauté qui renferme la société de biens comme expression de l'union de l'homme et de la femme est si difficile à expliquer par les seuls principes rigoureux du droit civil. Quoi que puisse faire le juriste, avec quelque subtilité qu'il crée des fictions qui donnent à ses théories l'air de déductions conséquentes, il trouve toujours au fond de cette admirable institution quelque chose de profondément moral indépendant de ses abstractions, une force intime qui se joue des règles et des principes du droit, et dont l'action puissante maîtrise et domine tous les rapports extérieurs d'intérêt. Il faut, pour comprendre la communauté telle que l'ont créée le christianisme et les mœurs germaines, sortir de la sphère du droit, s'élever à un ordre d'idées supérieur et y puiser les principes qui régissent l'association civile. Ces principes semblent ne pouvoir être écrits dans la langue du droit, ou s'ils y sont écrits, ils demeurent soumis à de si nombreuses exceptions, ils sont tellement limités et expliqués par les mœurs, qu'il ne reste en quelque sorte dans le domaine de la science qu'un échaffaudage ruineux et puéril de règles flexibles et impuissantes. C'est dans une étude approfondie des coutumes nationales, qu'il faut rechercher l'esprit de cette institution, dont on peut dire en un certain sens qu'il est impossible d'obtenir la sécularisation complète. Dès qu'on pose en cette matière des principes de droit civil rigoureux, on rencontre ou d'interminables exceptions, ou des systèmes hasardés, ou l'empire des fictions, ou le défaut absolu de toute sanction civile. Le contrat de mariage n'est que l'union conjugale s'exprimant naturellement dans les rapports entre l'homme et la femme en ce qui concerne le patrimoine de la famille. C'est dans la nature religieuse et morale de cette union qu'il faut chercher la raison de ces rapports.

279. Le mariage est une cérémonie religieuse, l'union entre deux familles, entre deux individus ou un contrat. Il réunit le plus ordinairement d'une manière plus ou moins explicite et formelle ces trois caractères; mais aucun ne lui est essentiel, c'est-à-dire qu'on le voit à différentes époques et chez divers peuples faire prédominer exclusivement l'un d'eux et exclure les autres.

Il est vrai que chacun de ces trois momens n'atteint son plus haut degré de puissance ou son apogée que par un progrès lent et successif. Les époques intermédiaires se composent de leur fusion plus ou moins complète et chacun d'eux n'arrive que rarement à une parfaite abstraction. Mais celui de ces momens qui prédomine suffit pour caractériser une époque et l'institution matrimoniale qui lui appartient. On observe ici ce qui a lieu dans toutes les institutions civiles. Leur développement consiste à présenter successivement sur le théâtre de l'histoire, à exprimer les momens différens et souvent contraires dont elles se composent, et la tâche du critique comme celle du jurisconsulte a deux principaux objets: abstraire chacun de ces momens pour en déduire logiquement les principes qu'ils contiennent, les réunir pour combiner d'une manière rationnelle leur influence réciproque.

280. La cérémonie religieuse par exemple ne fut pas à toutes les époques essentielle à la formation de l'union conjugale. Dans l'origine la publicité était nécessaire et non la bénédiction nuptiale. Pour satisfaire à cette condition on devait déclarer le mariage à l'évêque et en sa personne à la communauté. Ce ne furent que les capitulaires des rois francs dans l'Occident, et dans l'Orient Léon le Philosophe, qui introduisirent la nécessité de la bénédiction nuptiale, prescrite même à l'égard des Juifs. Chez les Anglo-Saxons non seulement la bénédiction ecclésiastique n'était pas nécessaire, mais elle était même défendue pour le mariage d'une veuve et cependant ce mariage était légitime. L'usage de la bénédiction dans l'église le lendemain des noces et indépendamment de la célébration antérieure s'est conservé dans le mariage des princes jusques dans les temps modernes, et ce ne fut qu'à la fin du moyen âge que la nécessité de cette expression du moment religieux inhérent à l'idée du mariage, passa généralement dans les mœurs et fut légalement proclamée.

281. Le christianisme, en se propageant, effaça peu à peu l'idée de vente qui faisait le fond du mariage barbare, et rendit à la femme sa personnalité. La dot de-

meura dès-lors l'unique caractère du mariage légitime, mais en effaçant un des traits du mariage antique le christianisme lui en ajouta un nouveau, la bénédiction ecclésiastique. La bénédiction ecclésiastique n'est d'abord qu'une formalité de surérogation, elle suit le mariage et ne le constitue pas. Puis elle devient nécessaire et constitutive du mariage. On retrouve donc dans l'acte fondamental et constitutif de la famille le caractère de l'époque où on l'observe. Chez les peuples où la personnalité ne s'est pas encore produite le mariage est une vente, la femme est dans un rapport de chose, l'idée de propriété domine exclusivement. La dot est donnée par le mari et cette dot n'est qu'un prix de vente qu'il paie aux ascendans de celle-ci. A la fin du moyen âge et chez les peuples catholiques alors que l'idée religieuse devient prédominante, la bénédiction devient nécessaire ou même elle suffit seule. Le défaut de consentement des parens et de la famille n'est plus une cause de nullité. Aux époques enfin où la libre personnalité s'abstrait et se dégage des rapports religieux et de famille, le moment contractuel prédomine. Le contrat seul ou le consentement mutuel des conjoints, constaté dans les formes légales, constitue le mariage. Alors la bénédiction nuptiale n'est plus nécessaire, le consentement des parens ne l'est que dans *l'intérêt des époux*, et la publicité elle-même, si essentielle à la célébration du mariage, n'est pas nettement définie.

282. Le moment matrimonial est le fondement de la famille et la source de tous les droits qui la constituent, c'est aussi le point de départ de la société tout entière. La parenté et le voisinage formèrent le lien le plus naturel entre les hommes libres. De là hérédité, vengeance

du sang, protection réciproque et paix, justice et droit égaux, institutions également primitives : de là on peut dériver aussi l'ancienne communauté de la propriété foncière. Il ne faut pas cependant donner trop d'extension à cette idée d'une communauté primitive. Dans l'accroissement de la reproduction de la famille il y a à la vérité un principe de réunion, mais en même temps aussi un principe de séparation. Plus le lien de parenté qui nous unit à une personne est étroit et puissant, plus il éloigne les parens qui sont à des degrés moins proches. Plus nous sont proches les parens dont elle est née, plus le lien qui nous attache aux personnes plus éloignées qu'elle s'affaiblit et devient insensible. Chaque enfant, en acquérant une industrie et une économie séparées, tend à s'isoler de sa famille native pour en fonder une nouvelle. Ce principe qui divise en unissant est le fond même de toute génération. Au moral comme au physique, dans l'ordre politique comme dans l'ordre domestique, dualité et union sont toujours la base et l'idée fondamentale de toute génération, de tout développement, de tout progrès. Ce même principe établit et fonde dans le droit héréditaire, d'une part, tous les droits attribués à l'individualité, à la personnalité reconnue, de l'autre tous ceux créés dans l'intérêt de la réunion, de la continuation, de l'indivision et qui, fixés par nécessité sur un ou quelques individus que la loi désigne, prennent l'apparence d'un privilége établi en sa faveur. C'est enfin ce même principe dualistique de génération qui, dans le développement progressif des sociétés, fait naître successivement et d'une manière insensible tant de nouvelles existences sociales que l'état se voit eforcé de reconnaître sous peine d'une commotion politique plus ou moins violente, tandis que le principe d'union qu'il renferme veut que les existences acquises soient conservées. Ce principe de dualité et de division dont la sphère d'activité est si vaste, produit dans toutes les parties de l'univers comme une magnifique harmonie dans laquelle la multitude des voix individuelles qui se font entendre chacune avec un chant et une expression propre s'unit à une voix puissante et continue qui soutient l'ensemble et lui imprime une gravité majestueuse. En se répétant et se reflétant de mille manières, c'est-à-dire en s'exprimant, ce principe de génération crée dans toutes choses un système de rapports ou un *ordre*, qui, s'il n'est contrarié par aucune influence mauvaise, se constitue et s'élève par sa force propre en suivant une progression numérique qui ne peut s'écrire au moral et dont les lois sont le fond le plus intime de l'ordre intellectuel (2).

La famille, la société, le gouvernement, la reproduction physique, la génération par la parole, la hiérarchie des intelligences se rattachent également à cette idée métaphysique, mais c'est surtout dans le mystère de la génération, dans le moment matrimonial et dans ses effets sociaux qu'elle se montre d'une manière plus explicite. On rencontre son expression immédiate jusques dans le réglement des intérêts matériels de la famille. Toute hérédité entre personnes également fondées en droit produit la division du patrimoine: la propriété mobilière doit être partagée, l'immobilière doit sortir de l'état de communauté. Et selon que l'a observé M. Grimm au sujet de l'ancienne Allemagne, on aperçoit dans toute succession deux tendances également nécessaires, l'une à la conservation de la propriété dans la famille, l'autre à sa division et à son isolement

Nous voyons donc la compréhension et la fécondité du moment matrimonial naître spontanément du principe dualistique qui le fonde. Cette fécondité produit dans le développement historique une infinie multiplicité de formes et de conventions. Elles peuvent néanmoins se ramener toutes à trois caractères ou périodes principales, selon que prédomine l'idée de propriété, l'idée religieuse, l'individualisme ou personnalité reconnue. Il nous reste à suivre dans les législations des divers peuples ces formes diverses et la manière dont elles se combinent et se succèdent.

283. Dans tout l'Orient la constitution de la famille fut le patriarcat, dont l'idée fondamentale est la propriété. Les filles ainsi que tous les enfans et les serviteurs étaient compris dans l'indivisible substantialité de la famille; elles étaient la propriété de leurs ascendans et c'était d'eux que le mari devait les acquérir. La dot fut donc payée par le mari, elle fut un prix de vente, le mariage une affaire d'intérêt qui se passait entre les chefs des deux familles.

Nous avons vu qu'à la Chine les mariages furent pour les ascendans des futures épouses un objet de spéculation. Dans l'Inde néanmoins l'élément religieux prédomina et c'est aux formes de l'idolâtrie combinée avec la puissance absolue des ascendans qu'il faut rapporter les six espèces de mariage plus ou moins parfaites et pures qu'on y connaissait.

284. Ainsi que tous les anciens peuples à l'exception des Romains, les Hébreux exigèrent la dot du mari. Ce n'était pas toujours à prix d'argent; des grains, des troupeaux, des bijoux, la liberté même y suppléaient quelquefois.

Nulle part le mariage ne jouit d'une aussi haute faveur que chez le peuple juif. Moïse ordonna de se marier presqu'au sortir de l'adolescence. Les talmudistes assimilent à l'homicide celui qui ne songe pas à sa postérité. C'est au désir et au besoin de la reproduction qu'il faut attacher ici la double faculté de la répudiation et de la polygamie.

Pas de femme sans dot était le principe constant des Hébreux. On appelait *kétuba* les biens qui la composaient, c'est-à-dire que donnait le futur époux. Il lui était défendu d'être une heure avec sa femme sans la lui avoir constituée. Quoiqu'assurée à l'instant du mariage elle n'était exigible qu'à sa dissolution ou au divorce qui, comme dans toutes les législations où la femme est achetée par le mari, dépendait de la volonté de celui-ci.

La dot, loin d'être favorable, fut resserrée dans des bornes étroites.

Les Hébreux ne donnèrent pas au mariage le sceau de la religion. Ce ne fut qu'un acte purement civil, célébré en présence des parens et des amis et dans lequel se trouvait toujours cette clause. Je vous donne pour prix de votre virginité les 200 zumzims que vous adjuge la loi.

285. On a dit que le judaïsme fut la fleur de la vie orientale; mais en Orient il ne pouvait se développer qu'à son intérieur et par un retour sur lui-même. Ce n'est que sur le sol européen qu'il devait se féconder et porter ses fruits.

Ce double terme du judaïsme y associe intimement l'origine orientale à l'élément européen.

Ainsi quoique la forme du mariage soit toujours la

vente, on trouve en général une grande différence entre l'état légal de la femme selon la loi mosaïque et l'esprit des autres droits orientaux sous ce rapport. La femme y devient, autant que la polygamie le rend praticable, la compagne du mari, libre et jouissant de sa personnalité. Les lois mosaïques ne disent rien d'un pécule particulier aux fils ni d'une fortune personnelle à la femme. La doctrine sur la puissance paternelle s'y adoucit d'une manière analogue à celle du mariage qui en est la source. Le *jus vitæ et necis* absolu dans les temps antémosaïques est tempéré par Moïse. Le père doit conduire son fils rebelle devant les anciens de la ville qui exécutent la condamnation à mort portée contre lui. Les peines sévères prononcées pour les manquemens envers les aïeux comprennent aussi la mère, qui chaque fois est désignée d'une manière expresse. Le père n'a pas le pouvoir de rompre les vœux religieux de ses fils, mais ceux de ses filles seulement.

286. La puissance paternelle est mieux réglée, la communauté repose plus sur l'amour, la personnalité est plus développée que dans aucune législation de l'Orient.

Le fondement d'origine du pouvoir paternel est chez les Hébreux ce que nous l'avons trouvé partout, l'idée de propriété absolue poussée dans ses conséquences jusqu'à l'expulsion et au droit de vie et de mort. Mais le tempérament apporté par Moïse à cette rigueur, élève d'un degré la famille hébraïque, et lui donne un des caractères qui n'appartiennent qu'à une civilisation déjà avancée, la nécessité de l'intervention publique pour l'exécution des arrêts prononcés par le pouvoir domestique.

La communauté de famille repose plus sur l'amour : on peut rapporter ici cette amélioration si marquée du sort des femmes, la désignation expresse de la mère comme devant participer aux honneurs du pouvoir domestique, l'absence des pécules et d'une fortune personnelle à la femme qui ne sont autre chose que la substantialité individuelle isolée de la famille et exprimant des intérêts différens de ceux de la communauté. Et encore faut-il observer que le pécule du fils de famille et la fortune privée de la femme ne sont pas frappés d'une interdiction légale, mais la législation n'en parle pas. C'est surtout dans les mœurs que s'exprime l'amour, c'est sa sphère propre et il revêt rarement la forme légale. Ce qu'il y a de vital dans la personnalité reçoit donc dans le droit mosaïque plus de faveur que dans aucune autre législation de l'Orient, et ce qu'il y a de proprement individuel, le principe d'isolement dans cette même personnalité ne rencontre pas son expression. L'amour est au fond de la communauté domestique.

287. La personnalité prend encore dans la loi de Moïse une nuance particulière due à la prédominance de l'élément religieux. Les filles demeurent entièrement soumises à la puissance paternelle, leur existence est tout intrinsèque à la famille, le progrès se borne en ce qui les concerne à de simples adoucissemens. Mais à l'égard des enfans mâles, de même que l'on a fait intervenir la puissance publique pour l'exécution des arrêts paternels sur leurs personnes, de même aussi on respecte la décision qu'ils ont prise dans les vœux de religion, et la loi reconnaît l'intervention d'un pouvoir spirituel supérieur à la puissance domestique. Celle-ci

se trouve ainsi maîtrisée et contenue sous un double rapport, de la même manière qu'elle l'est, plus explicitement, dans nos législations modernes par la société et la religion. En sorte que l'on peut dire avec vérité que l'on rencontre ici le germe de la famille chrétienne.

288. Le droit mosaïque n'avait établi expressément aucun mode de contracter mariage, mais considérant ces formes comme une chose de fait, il avait admis l'antique usage de la vente. Dans le droit du talmud ce mode de contracter mariage a changé de caractère. Le talmud en connait trois sortes de mariages, l'argent, le contrat, la cohabitation. La première espèce, la vente n'est que la vente mosaïque, mais complétement réformée. Elle prend dans le droit talmudique une forme purement symbolique, comme la coëmption des Romains, laquelle avait du moins les effets rigoureux d'une vente qui manquent à celle-là. Les deux autres modes de contracter mariage, le contrat et la cohabitation ne sont pas moins que le premier regardés comme des manières d'acquérir. Le mariage par contrat ne diffère du mariage par vente symbolique qu'en ce qu'il s'y joint une nouvelle forme, la présentation d'une lettre de vente. Au reste on y exprime également le prix de vente et ainsi la nature de la coëmption n'est point changée. On peut comparer ce mode à la mancipation romaine. La troisième forme enfin, la cohabitation coincide pareillement avec l'*usus* des Romains à cette différence près, qu'au lieu que chez les Romains la femme s'acquérait par la possession annuelle, le droit du talmud la fait acquérir par l'usage qu'on fait de sa personne. Ce qui dans l'*usus* est un usage continué s'opère ici par un seul acte.

289. La vente qui dans le droit mosaïque est la réalité native s'est transformée dans le droit talmudique en un symbole abstrait et sans valeur, et l'idée qui paraît reposer encore sur le fond mosaïque est devenue tout autre. Le consentement de la femme, quoique ne se produisant pas d'une manière complète, est cependant dans le mariage talmudique plus visible que dans aucun autre droit oriental, en un mot le droit de mariage talmudique présente le spectacle d'un droit partagé entre le fondement oriental et l'influence européenne.

La polygamie conservée dans le droit de mariage talmudique est tout orientale, et pourtant quoique la règle générale soit la polygamie, on trouve dans le talmud des sentences qui parlent avec faveur de la vie monogamique ou moins polygamique. Cette tendance restrictive, dit M. Gans, rappelle les points de contact qu'ils eurent plus tard avec les Arabes, la similitude parfaite du coran à cet égard et conduit au changement de la polygamie en monogamie qui s'est opéré chez les Juifs européens.

290. Ainsi en quittant l'Asie, le judaïsme a perdu insensiblement et par degrés ce qui est le produit naturel du pays et du sol. Le mariage mosaïque qui ne connaissait ni la dot ni la donation *propter nuptias*, mais était seulement un prix payé au père vendeur, admit dans la doctrine talmudique ces élémens européens. La dot talmudique ou *redemia* semble être d'origine romaine et fait comme le droit romain une distinction entre le cas où elle est constituée en meubles ou en immeubles. Et quant à la donation *propter nuptias*, elle répond assez exactement à l'*antipherné* grecque, et fut comme

celle-ci le prix de la virginité. La *ketuba* était fixée à deux cents zumzims, son défaut annulait le mariage et le réduisait à un concubinat. Le talmud distingue expressément ce que la femme apporte au mari de ce que le mari doit assigner à la femme, dans le cas même où la fixation de l'un ou de l'autre est contenue dans un seul et même acte.

291. Chez les Musulmans la polygamie existe comme dans les autres législations de l'Orient. Cette polygamie est limitée par le coran à quatre femmes; mais l'existence de l'esclavage produit nécessairement un concubinage illimité.

Le mariage n'est point une vente, mais un contrat entre les différens aïeux des deux futurs devant l'Iman de la Mosquée. Les époux ne se connaissent pas avant le jour du mariage.

Si la forme de vente dans le mariage propre des Musulmans n'est pas aussi prédominante que dans le droit mosaïque, on trouve toujours au fond, quoique d'une manière obscure, l'idée d'acquisition. La personnalité n'est point respectée et la *morgengabe* que reçoit la femme, imposée comme devoir religieux, ne semble qu'un dédommagement arbitraire pour la lésion de liberté que renferme ce mariage bizarre.

Le divorce demeure à la discrétion du mari. Cependant un divorce fait à la légère est regardé comme une impiété.

La puissance paternelle est semblable à ce qu'elle fut dans les autres parties de l'Orient. Les enfans passent leurs premières années dans le harem, puis sous la conduite de leurs pères et l'économie séparée les émancipe. L'aîné n'a qu'une préférence purement honorifique, mais aucune augmentation de part dans l'hérédité.

292. Les peuples de l'Asie en général attachèrent au libre choix dans le mariage beaucoup moins d'importance que nous. Ce défaut de liberté dans le mariage se faisait sentir soit dans le mariage en lui-même, soit dans le choix de la personne. Dans le mariage en lui-même : il existait des interdictions légales à l'égard d'un grand nombre de personnes et des prescriptions formelles à l'égard de certaines autres, c'est ainsi que les premiers nés dans Israël étaient consacrés au Seigneur, qu'il était défendu d'épouser une Cananéenne, des parens à un degré déterminé, les étrangers; ajoutez à cela l'institution du lévirat, les distinctions de castes, etc.: en un mot ces législations représentent plutôt le mariage comme un devoir que comme le libre résultat de la volonté. Dans le choix de la personne : c'étaient les parens qui faisaient ce choix sans égard à la volonté des parties. On a donné deux raisons de ce défaut de liberté dans les mariages; la nécessité de la propagation de l'espèce humaine, l'absence de ce sentiment énergique et tout individuel que nous nommons amour, par suite de la polygamie et de l'usage des concubines. Il y avait donc dans cette rigueur si outrée de la législation, destructrice de la liberté des mariages, d'une part une plus forte nécessité qu'elle n'existe aujourd'hui : propagation de l'espèce, influence du climat, fréquence de la stérilité du mari, et de l'autre moins d'oppression qu'il ne nous en paraît, le sentiment de l'amour étant ou inconnu ou satisfait par d'autres moyens.

293. L'idée de propriété appliquée à la femme et par suite sa vénalité ne se montre nulle part avec plus d'im-

pudeur en quelque sorte que dans cette coutume assyrienne rapportée par M. de Pastoret.

« Chaque année à un jour fixe on se réunissait dans une place publique; là toutes les filles en âge d'être mariées étaient exposées comme à un marché. Un crieur public proposait d'abord à l'enchère celles dont la beauté était le partage et l'on recueillait en masse l'argent qu'elles produisaient : il appelait ensuite celles que disgrâciait la nature, mettait un prix à chacune d'elles et la vendait au rabais ; celui qui la prenait à moins était l'époux. »

Cette coutume est appelée sage par Hérodote. Ce trait suffit pour montrer combien étaient différentes des nôtres les idées des anciens sous ce rapport.

A Sparte au contraire les mariages se contractaient par une espèce d'enlèvement. Les époux ne se voyaient que furtivement et à la dérobée. Ne pas donner de dot était la règle ordinaire et le principe commun. Néanmoins il était permis à l'homme ou à la femme dont le conjoint n'était pas propre au mariage d'emprunter l'épouse ou l'époux d'un autre pour en avoir des enfans.

294. Les mariages grec et romain exprimèrent chacun le caractère de leurs civilisations respectives. La société grecque dégage la personnalité du principe substantiel asiatique, mais elle ne les oppose pas, elle les unit au contraire et cette union est la beauté. Tel est le caractère de la famille attique. Le mariage cesse d'être l'achat de la femme, celle-ci acquiert une existence personnelle qui représente la considération qui lui est due, la dot. Il y a personnalité et association, stipulation ou garantie des intérêts respectifs des époux,

il n'y a pas encore union, fusion de ces intérêts comme dans la communauté, fidèle expression du sentiment moral de l'amour. De là dérivent la fixation de la valeur de la dot en raison de la fortune du mari, la nécessité d'épouser les filles épiclères, la forme de cette stipulation qui paraît avoir été une sorte de garantie, enfin l'*antipherne*, conséquence ultérieure de l'hypothèque prise pour assurer la restitution de la dot.

295. En considérant l'ensemble du droit oriental le mariage y est ou une consécration religieuse ou la vente ou la cohabitation. Ce n'est aucune de ces trois formes qui se rencontre dans le mariage athénien. Ce dernier mode de contracter mariage n'est autre chose que l'union libre d'un citoyen et d'une citoyenne opérée par celui sous la protection duquel est cette citoyenne. Le mariage est une sponsio *engué*, l'alliance d'un homme libre avec une femme libre. On n'achète que les esclaves et les concubines, et c'est par là qu'elles se distinguent des épouses.

Le mariage romain au contraire a ces trois formes du mariage oriental. La première est la confarréation, la seconde la coëmption, la troisième l'usus. Le mariage rigoureux a donc la trichotonie des formes orientales. Le mariage libre contient la forme grecque avec cette différence qu'au lieu d'être une belle et substantielle totalité, le mariage libre romain se montre comme un rapport de division et de non communauté.

296. Le mariage grec conserve dans la retraite absolue des femmes, dans l'admission des concubines durant le mariage et dans leur pluralité, un souvenir polygamique qui manque au mariage romain. Le romanisme ne

dégage pas seulement la personnalité du principe substantiel, il l'abstrait et l'oppose.

Le dualisme qui fait le fond de toutes les doctrines du droit romain s'exprime dans l'ancienne opposition du mariage rigoureux et du mariage libre. Le sens du mariage rigoureux est de conférer à la femme la place qu'elle y occupe par le pouvoir (*manus*) sous lequel elle se trouve, et non par le principe substantiel du mariage. Par là, l'intensité du pouvoir sur la femme et sur la fille étant presqu'égale, la femme est considérée comme une fille *filiæ loco*, et le droit d'hérédité du mariage rigoureux passe de la sphère du mariage dans celle du pouvoir, il ne subsiste que comme hérédité du pouvoir. Le mariage libre est celui de la non-communauté et de la complète désunion. La femme du mariage rigoureux passe dans la famille du mari, non celle du mariage libre. Cette dernière n'est point mère de famille, et le mariage libre est naturellement exclus de tout droit d'hérédité.

Dans le mariage rigoureux, toute la fortune passant au mari avec la personne même de la femme il ne devait pas y avoir de dot, ce n'est que dans le mariage libre que la dot, représentative de la personnalité de la femme, pouvait exister.

La réunion de ces deux formes de mariage produisit dans l'époque postérieure le mariage romain. Il résulte de cette confusion que le rapport des époux, en ce qui concerne le droit d'hérédité, demeure une non-communauté parfaite.

Le côté extérieur de l'union conjugale, l'honneur et l'égalité de la femme fut pleinement satisfait à Rome. La femme suivit de la manière la plus complète l'état et la dignité de son mari. Mais son côté intérieur, l'amour demeure dans le dénuement légal le plus absolu.

297. Quant aux rapports d'intérêt on les a divisés en en trois momens principaux :

1. Les rapports de fortune qui sont déterminés par le mariage et auxquels les époux ont une part commune.

2. Les rapports de fortune indifférents au mariage et où le caractère d'absolue non-communauté est visible (biens paraphernaux, *actio legis Aquiliæ*, *actio rerum amotarum*).

3. Les rapports de fortune dans lesquels le mariage se montre comme obstacle et qui expriment le point le plus élevé de la non-communauté (*prohibition absolue de dons entre conjoints*).

« La dot, dit M. Gans, est dans l'absolue non-communauté du mariage romain le médiant d'icelui, ce en quoi le mari et la femme s'accordent et se rencontrent avec leurs droits. Là git le fond de la difficulté agitée constamment par les juristes, si c'est le mari ou la femme qui a la propriété de la dot, difficulté que l'on a cherché à résoudre par différentes distinctions. La dot étant ce que la femme, dans sa liberté, paie pour le mariage, il s'ensuit que pendant le mariage le mari doit être considéré comme propriétaire de la dot sans aucun égard à ce dont elle se compose. Mais comme le mariage n'a pas le caractère d'indissolubilité et qu'au contraire, dans sa non-communauté pendant sa durée, il porte en soi sa propre destruction, à la propriété qu'a le mari de la dot se joint toujours la considération de ce que doit devenir cette propriété à la dissolution du mariage. C'est le côté des droits de la femme à la dot, moment que produit toujours la dissolution du mariage. »

298. Nous avons suivi dans l'antiquité le développement de l'idée de mariage. Elle repose à l'origine, comme tous les droits personnels à cette époque, sur l'idée de propriété, puis elle se personnalise dans le travail de la civilisation européenne, et conserve dans sa dernière forme un caractère d'extériorité, qui fait naître la garantie et la stipulation des intérêts respectifs des époux plutôt que leur fusion complète.

Nous retrouvons dans le monde moderne un développement analogue. La vente se rencontre aussi à l'origine, mais la nature active et puissante de la famille germanique associe tout d'abord à cette idée de propriété quelque chose de personnel. C'est comme une union intime, un produit de la personnalité et de la substantialité familiale. Tel est le caractère qui se manifeste dans le *mundium*, par exemple, pouvoir domestique des sociétés germaniques que nous observerons au chapitre suivant. Le rapport personnel juxtà-posé au rapport réel ou de chose va s'étendant de plus en plus au détriment de l'idée de propriété. Celle-ci se restreint successivement elle-même et il arrive enfin un moment, assez difficile à préciser, où la dot passe dans les habitudes légales et change de nature. La vente devient symbolique, la dot, la *morgengabe*, la *meta* prennent un caractère personnel. Puis le christianisme venant échauffer ce germe par le sentiment de l'amour, fait naître au moment successoral et d'une manière obscure d'abord, mais qui devient de plus en plus explicite, les droits de communauté entre époux; institution profondément morale, enveloppe civile de l'union parfaite que les idées chrétiennes ont formée au sein de la puissante et féconde famille germanique.

299. « Chez les Germains, dit Tacite, ce n'est point la femme qui apporte une dot au mari, mais le mari qui en donne une à la femme, *de morib. German. c.* 18. Cet usage indirectement consacré par plusieurs lois barbares, entr'autres par les lois des Bourguignons *(tit.* 34 *)*, et attesté dans les premiers siècles de l'Europe moderne par une multitude de faits, se retrouve chez presque tous les peuples barbares ou sauvages d'Asie, d'Afrique et d'Amérique; il indique partout la condition sinon servile, du moins faible et méprisée des femmes qui sont achetées par leur mari comme un esclave ou une tête de bétail. Dès qu'on le voit disparaître et que la femme commence à apporter une dot dans la maison où elle entre, on peut être assuré que la condition de la femme s'améliore. »

Cette observation générale de M. Guizot se confirme en détail par tout ce que nous savons des antiquités germaniques. M. Grimm, dans ses savantes recherches nous apprend que dans l'origine le mariage fut une vente et que même cette façon de parler *veib kaufen* (acheter une femme) se couserva jusqu'à la fin du moyen âge. La difficulté, dit-il, est de savoir si le prix de vente appartient au père ou à la fiancée, et à la considération de l'impersonnalité de la femme qui laisse croire que ce prix appartenait à ceux dans la puissance desquels elle se trouvait, il oppose plusieurs textes de lois visigothes et saxonnes qui, outre le prix de vente, font aussi mention de la dot. Dans le Nord on ne connaît d'autre dot que le *munde* que recevait la femme, bien que la convention se passât entre le père et le futur époux. Le *munde* était prix de vente et dot tout à la fois. La *meta* lombarde appartenait aussi à la femme, quelquefois elle était payée double au premier *sponsus* en cas de rupture des fiançailles, quelquefois elle l'était pour moitié à l'héritier du premier mari. Chez les Bourguignons ce qui était payé à la future s'appelait *vittemo* et *vidamo*. « Dans le droit allemand ce qui est donné pour la future est la chose principale, l'homme libre fait le premier pas, il paie le prix et propose la dot, prix et dot furent, à ce que je crois, une même chose dans l'origine (3); lorsque le christianisme eut fait dépendre d'autres conditions la conclusion du mariage, l'idée de vente s'affaiblit, le prix disparut ou même fut prohibé, mais la dot établie sur une vieille coutume demeura; seulement elle apparut davantage comme quelque chose de particulier, etc. »

300. Les lois franques gardent le silence sur le prix de vente et même sur la dot, mais on trouve, dans les actes et formules des fiançailles symboliques *per solidum et denarium* qui se rapportent à l'ancienne vente : « *Si quis homo moriens viduam dimiserit et eam quis in conjugium voluerit accipere, antequàm eam accipiat, tunginus aut centenarius mallum indicent et in ipso mallo scutum* (sorte de balance juridique) *habere debent et tres homines causas tres demandare et tunc ille qui viduam relinquere vult cum tribus testibus qui approbare debent, tres solidos æque pensantes et denarium habere debet et hoc facto si eis convenit viduam accipiat.* « Si un homme laisse en mourant une veuve et que quelqu'un la veuille en mariage, le tunginus et le centenarius indiqueront un malle et dans ce malle ils doivent avoir trois balances et trois hommes demander trois causes, et alors celui qui veut obtenir

la veuve avec trois témoins qui doivent l'approuver, doit avoir trois sous d'un poids égal et un denier et cela fait, qu'il reçoive la veuve si elle leur convient.» Ces trois solidi et ce denarius qui s'appelle reipus (*funis*, *vinculum*, corde, lien selon l'étymologie gothique) appartenaient à celui dans la tutelle ou le mundium duquel se trouvait la veuve. Le reipus était donc un prix de vente symbolique qui était payé au mundoal de la veuve, laquelle s'appelait reparia, comme étant à son égard dans un rapport de protection. L'auteur conclut de cette formule que chez les Saliens la veuve était achetée pour un repus, de même que chez les Saxons un prix de vente, *pretium emptionis* était payé pour elle à son tuteur. La *meta* lombarde était aussi un prix de vente et non une simple dot, car elle était payée dans le même cas et se distingue par cela seul qu'elle était une somme d'argent nominale et non trois schillings symboliques (4).

301. Il paraît que la coutume de l'antiquité fut de ne pas renvoyer une fille de la maison paternelle sans l'avoir parée et lui avoir fait quelque présent : *Quidquid de sede paternâ secum attulit, lex aleman. Quidquid de rebus parentum ibi adduxit, lex Bajuv.* Mais ce que la fiancée apportait au mari ou ce que le père lui donnait ou lui promettait en mariage était modique et d'une importance secondaire respectivement à la dot du mari. A mesure que la vente originaire fut abandonnée et que le prix devint une dot non plus payée pour la fiancée à ses auteurs, mais lui demeurant en propre, il dut sembler naturel de constituer outre cette dot et pour lui correspondre un don en faveur du mari. Ce don s'appela *mitgift*.

Ainsi se produisit la dot proprement dite qui finit par se substituer à l'ancien prix de vente. Il ne faut pas confondre avec ce prix de vente la donation *propter nuptas* ou l'*antipherné*, laquelle n'est qu'une suite ultérieure du régime dotal. L'un et l'autre sont payés par le mari, mais le prix de vente est un mode originaire de contracter mariage, l'*antipherné* a été une modification d'un système tout différent du régime dotal. Le prix de vente se montre aux époques où la personnalité de la femme n'est pas reconnue et où elle demeure ensevelie dans la substantialité de la famille; l'*antipherné* au contraire appartient aux époques où la personnalité de la femme est non seulement reconnue, mais protégée et garantie d'une manière spéciale. La dot existe alors, et la dot n'est que la représentation de la personnalité de la femme dans le patrimoine de la famille. L'*antipherné* qui la suppose appartient au développement de cette personnalité. Elle est même une garantie de ses droits, l'*antipherné* n'est qu'un gage que la loi met à la disposition de la femme pour lui assurer le retour de sa dot en cas de séparation. Dans le progrès de l'histoire ainsi que dans l'idée juridique elle n'a pas d'autre caractère. Et encore bien qu'à certaines époques on puisse rencontrer tout à la fois des traces de l'antique vente, la dot et l'*antipherné*, il faut toujours rattacher le prix de vente et l'*antipherné*, quoique l'un et l'autre payés par le mari, à des ordres d'idées tout différens.

302. Quant à la dot proprement dite nous avons eu l'occasion de faire remarquer ailleurs sa double nature. A l'égard du mari et de la famille du mari c'est la représentation matérielle et extérieure de la substantialité de la femme, par rapport à sa propre famille na-

mille native c'est un don de piété ou un avancement d'hoirie, conféré à la femme au moment où le mariage l'en fait sortir.

Voilà ce que fut chez les Romains la dot *profectitia*, chez les Grecs *phernè throix*, par opposition à laquelle *edna* désigne l'ancien don de mariage semblable au don germanique. M. Grimm remarque d'anciens exemples d'Heimaufylgia dans la Scandinavie. Il retrouve dans le moyen âge sous le nom de *widerlage*, ancien normand *tilgief*, l'*antipherné* grecque ou la dot *adjecticia* romaine, c'est-à-dire celle que l'époux stipulait. Il faut lire dans son ouvrage les rits et modes de contracter mariage nombreux qui furent en usage chez les anciens peuples du Nord.

303. M. Eichorn distingue quatre différentes sortes de biens matrimoniaux dans l'ancienne famille germanique; 1. La dot ou prix de vente constitué à la femme par le mari ou ses ascendans. Il parait qu'elle n'en avait point la possession pendant le mariage et qu'il servait seulement à lui procurer un douaire. C'est la *meta* des Lombards. 2. La *morgengabe*, présent différent de la dot que le mari faisait immédiatement après l'accomplissement du mariage. 3. La dot qu'il parait que les ascendans de la femme avaient coutume de lui donner lorsqu'elle quittait la maison paternelle et qui, comme la dot romaine, devait servir à couvrir les dépenses du ménage. Cette dot, après la séparation, restait la propriété de la femme. 4. Enfin le mariage produisait chez la plupart des peuples allemands une communauté de ce qui était acquis pendant le mariage; la femme après la séparation en recevait tantôt la moitié, tantôt le tiers en toute propriété qu'elle perdait en passant à de

secondes noces. Le mari avait probablement pendant le mariage l'usufruit de la fortune propre de la femme.

Cette lumineuse division de M. Eichorn qui vient confirmer ce que M. Grimm nous a transmis sur ce sujet dans ses antiquités germaniques nous montre mieux encore le double caractère du mariage germanique. Vente dans la dot constituée par le mari à sa femme, *meta*, prenant successivement le caractère de dot à mesure qu'elle demeure aux possessions de la femme et non plus à ses ascendans vendeurs et la revêtant complètement par la *mitgift*. Communauté dans son germe du moins et se montrant clairement au moment successoral par l'admission de la femme au partage des acquêts et l'usufruit du mari sur les propres de sa femme, communauté qui acheva de se développer plus tard et ne prit qu'à l'époque des croisades la forme que nous lui connaissons.

304. Il serait trop long de décrire les differentes sortes de droits qu'ont fait naître la combinaison variée des intérêts respectifs des époux, leur garantie et leur association. Aucune partie du droit allemand n'a déployé une aussi étonnante multiplicité de dispositions et d'usages que la doctrine des rapports de fortune entre époux; chaque contrée pour ainsi dire et souvent chaque ressort et chaque localité possède un droit particulier sur cette matière.

Cette prodigieuse variété de droits matrimoniaux jointe à la grande difficulté de déterminer selon les principes rigoureux du droit les conséquences ultérieures des règles posées en matière de communauté et de concilier entr'elles les dispositions légales qui la constituent démontre de plus en plus la vérité de ce que nous avons dit en commençant, que la communauté est un rapport tout moral qui se joue de la science et de ses principes. Deux personnalités sont en présence, elles s'unissent plus ou moins intimement de mille manières diverses, elles présentent à la fois l'opposition de leur substantialité individuelle et l'union d'une société éternelle. L'expression de ces rapports dans le patrimoine de la famille résiste à la régularité et à la précision juridique. Elle n'est réellement que la forme extérieure du rapport le plus moral, le plus intime, le plus fécond et le plus varié qui puisse exister entre les hommes, l'amour légitime.

305. Néanmoins quelque variété de formes que prennent les droits matrimoniaux, ils peuvent se ramener à un petit nombre de caractères à chacun desquels ils se rattachent respectivement d'une manière plus ou moins directe. Les caractères auxquels on peut réduire tous les rapports de fortune entre époux sont le prix de vente, le dédommagement pour la virginité perdue, la dot proprement dite, l'*antipherné*, le douaire, la communauté.

Ainsi la *meta* lombarde que nous avons décrite, la dot germanique payée par le mari aux parens de la future épouse se rattachent au prix de vente et en général c'est le sens de toute dot constituée par le mari.

On peut rapporter ici la *morgengifa* anglo-saxonne, germanique sous un rapport, puisque, comme dans la communauté, les droits de la femme ne naissent qu'à la mort du mari et que celle-ci n'a pas même la faculté de s'opposer à l'aliénation de sa dot, lombarde sous un autre, en tant que la femme tombait dans le *mundium* absolu du mari. Cette espèce particulière de dot qui confond la fortune des époux pendant le mariage et laisse anéantir la substantialité de la femme n'a rien de commun avec la dot grecque et romaine qui avait pour objet de soutenir et d'exprimer cette substantialité en opposition avec la personne du mari.

Il ne faut pas confondre avec cette dot le *maritagium* dont la signification est complètement identique avec celle de la dot romaine.

306. On peut rapporter à la dot le *faderfidium* lombard. C'était une portion de biens constituée à la femme par ses propres parens pour supporter les charges du mariage. Elle n'était qu'une chose secondaire dans l'origine et n'acquit de l'importance comme dot que dans le droit des villes italiennes du moyen âge au douzième et au treizième siècles où elle exprime la substantialité de la femme et prend la forme romaine.

L'*antefactum* pisan était une sorte de donation *propter nuptias*. Certaines choses sont données en hypothèque à la femme, qui en cas de non paiement de sa dot, les retient en propre. Quoique cet *antefactum* soit aussi dans un rapport *quantitatif* à la dot, il a encore plus le caractère d'un douaire que celui d'une donation *propter nuptias*. Il faut ranger dans cette même catégorie l'*augmentum dotis* des villes italiennes du moyen âge, lequel est un présent fait par le mari, comme si la donation *propter nuptias* était la dot et que la femme eût apporté une dot plus forte.

307. On peut rapporter aussi à la donation *propter nuptias* la *ketuba* talmudique.

On peut y rattacher encore l'*arras* portugaise qui ne peut excéder le tiers de la dot de la femme ni avoir un objet déterminé. La femme, à la dissolution du mariage, en a l'usufruit sa vie durant. A la différence de la donation *propter nuptias* elle n'est pas nécessaire e peut n'être pas constituée.

308. On peut ranger sous l'institution de la communauté entr'époux les différentes espèces de communautés de biens du droit espagnol au moyen âge.

A la différence de ce droit, le droit portugais développa de bonne heure la parfaite communauté de biens, communauté non seulement des acquêts, mais de toute la fortune des époux.

Dans le droit espagnol on connaissait en premier lieu la communauté du *fuero juzgo* qui ne se manifeste qu'au moment successoral et selon laquelle l'acquisition entre mari et femme était partagée proportionnellement à la fortune que chacun apportait. Outre cette espèce de communauté par rapport aux acquêts on trouve dans les droits municipaux l'*unidad*, sorte de contrat conclu avec de grandes solennités par suite duquel le mari survivant demeure en possession de la fortune sous la condition du veuvage. En second lieu la communauté de biens du fuero real. Elle n'avait lieu que pour les acquêts seulement et pour les fruits des propres. Une communauté de biens complète n'était permise qu'un an après le mariage si les époux n'avaient pas d'enfans. Au cas de survenance d'enfans l'hermandad était dissoute.

Nonobstant ces communautés de biens imparfaites, nonobstant l'*unidad* et les égards dus aux veuves, le trait fondamental du droit espagnol était la division de la fortune des époux. Un mari et une femme ne peuvent se rien léguer sans le consentement des héritiers.

309. Enfin, la communauté proprement dite se com-

plète par l'approfondissement de l'idée chrétienne du mariage. Quand la fortune des époux est séparée, c'est la personnalité qui a son expression dans la propriété. La question du mien et du tien ne peut plus se présenter dans le mariage, si la distinction du mien et du tien s'est pareillement anéantie dans l'identité des personnes.

Cette unité de personnes entre mari et femme, quelque belle qu'elle soit en théorie, et quelque fondée qu'elle puisse être sur le principe religieux, n'est toujours qu'une fiction. Quelque vraie qu'elle soit dans la sphère des interêts matériels, elle est fausse dans l'ordre moral; c'est en cela que consiste la fiction. Si cette fiction, considérée comme vraie dans les intérêts matériels était aussi regardée comme telle dans l'expression des rapports moraux, elle produirait des résultats excessifs et vicieux; poussée trop loin et recevant par cette extension autant de force qu'une vérité absolue, elle perdrait son caractère essentiel de fiction. C'est ce que nous semble avoir fait jusqu'à un certain point la législation anglaise.

« Par le mariage, dit Blakstone, l'homme et la femme ne sont aux yeux de la loi qu'une seule personne; car l'être, l'existence légale de la femme est suspendu durant le mariage, ou du moins incorporé et confondu avec celui du mari sous la protection duquel elle se trouve; de façon qu'elle n'est plus censée agir en rien par elle-même. Aussi nos lois appellent en vieux français une femme mariée feme coverte, *femina viro cooperta.* »

L'auteur fait dériver de ce principe toutes les obligations respectives entre époux. Le mari et la femme ne peuvent être tenus de porter témoignage en justice l'un contre l'autre : *Nemo in propriâ causâ testis esse debet, nemo tenetur seipsum accusare.* »

310. « La loi romaine, continue le même auteur, page 164, étendait bien plus loin ce pouvoir puisque dans le cas de mauvaise conduite, elle permettait au mari de punir sa femme même par la flagellation : *Flagellis et fustibus acriter verberare uxorem*, et pour d'autres cas moins graves *modicam castigationem adhibere*. Cette pratique fut même usitée chez nous jusqu'au règne de Charles II, que ce pouvoir de maltraiter sa femme fut révoqué en doute. De façon que maintenant la femme peut avoir recours, dans les cas où elle est maltraitée, au juge de paix ainsi que le mari contre sa femme. Le peuple cependant est toujours demeuré en possession de l'exercice de ce droit et les cours de justice permettent encore au mari de priver sa femme d'une partie de sa liberté, en cas de mauvaise conduite. »

Blakstone termine cet exposé des principaux effets juridiques du mariage en affirmant que la *femme est l'objet vraiment favori des lois de l'Angleterre*.

311. Il paraît au reste que la position subordonnée qu'y occupe la femme tient au caractère national. Chez les Anglo-Saxons on observait la même défaveur pour le sexe. Il résulte de leur législation que la personnalité de la femme n'y était point reconnue, elles étaient dans une sorte de tutelle perpétuelle. Le mariage d'une femme dépend de la volonté de son seigneur, sa dot peut être aliénée par le mari. Elle ne vient à l'hérédité qu'après les mâles. Elle ne peut instituer un héritier par testament, ne peut disposer de plus d'un tiers des acquêts. Cette législation porte le sceau d'une origine germanique : mais elle traite les femmes avec plus de

défaveur encore que la plupart des autres lois barbares.

Quoi qu'il en soit de la cause de cette position subordonnée qu'occupe la femme dans les lois anglaises, les jurisconsultes la déduisent rigoureusement du principe de l'unité de personnes entre mari et femme, et c'est ce principe qui, comme fiction, ne nous paraît pas susceptible d'une application aussi étendue.

312. L'unité de personnes entre époux est, il faut en convenir, conforme à la nature et conséquente à la sévérité du principe religieux. Elle est beaucoup plus rationnelle que ne l'était l'unité de personnes entre le père et le fils admise par le droit romain. Celle-ci ne reposait que sur une étendue excessive de la puissance paternelle introduite en faveur du chef de famille, elle blessait la nature et la justice. Sa traduction en langage philosophique se résume en une proposition inconsistante et fausse, unité du pouvoir et du sujet. Mais l'unité du mari et de l'épouse est dans la nature, elle est autant l'effet de la protection due à la femme que l'attribut de la force et la conséquence de la supériorité du mari. Sa traduction en langage philosophique est moins choquante que celle de l'unité de personnes entre le père et le fils : c'est unité de personnes entre le pouvoir et le ministre, or on sent qu'en ce qui concerne les enfans surtout, cette unité peut être à peu près complète.

Néanmoins toutes ces fictions d'unité de personnes révèlent quelque chose d'incomplet et de faux dans les idées des peuples qui les admettent comme des principes absolus. Pouvoir, ministre, sujet sont trois personnes distinctes qu'on doit retrouver toujours dans un état de famille convenablement développé, et chacune d'elles avec les attributs et le caractère juridique qui lui sont propres. Si par la fiction d'unité entre le père et le fils on supprime la personne morale du sujet, outre que c'est dégrader en quelque sorte la nature humaine qui ne peut jamais entrer dans un rapport de propriété ni être assimilée à une chose, c'est donner beaucoup trop d'extension au pouvoir paternel; dès lors il absorbe les autres droits personnels, tout se rapporte à lui, il devient à lui seul toute la famille. Cet état domestique est vicieux et aussi contraire à la nature qu'à l'analogie des idées. Si par la fiction d'unité de personnes entre le mari et la femme, on supprime le ministère dans la famille, c'est priver celle-ci d'un de ses élémens essentiels, rabaisser le pouvoir domestique, le rendre ministre lui-même.

513. l'histoire vient confirmer ces assertions. Quand le pouvoir domestique est excessif comme il le fut à Rome, comme il le fut surtout dans les législations de l'Orient, non seulement il y a unité de personnes entre le père et le fils, mais encore il s'ensuit la disparition presque totale du pouvoir de la femme qui se trouve mise au rang d'une fille, quant à la soumission et à la dépendance. Réservée aux jouissances du maître, elle mène dans l'intérieur une vie retirée. Incapable de prendre aucune part aux affaires et même de se produire en public, elle est véritablement sacrifiée dans son existence civile. Et cependant il faut que son ministère soit accompli ; il l'est par voie deremplacement. Ce remplacement aussi insuffisant qu'il est odieux se fait par des esclaves ou par des eunuques, de sorte que l'oppression du sexe faible amène et suppose l'oppres-

sion du sexe fort, et une atteinte aux droits de l'humanité ne peut se réparer que par une barbarie plus grande.

Quand le pouvoir domestique, sans devenir aussi exorbitant qu'il l'était à Rome, se déplace cependant comme en Angleterre de manière à produire l'unité de personnes entre le mari et la femme, la femme se voit bientôt opprimée et en même temps l'homme se rend moins propre à l'existence civile et politique à laquelle il est naturellement appelé. La femme devient fille de famille par sa dépendance et le mari administrateur de son ménage par habitude et par goût. L'existence, les habitudes, les idées de l'homme se renferment plus exclusivement dans la famille et dans le cercle des jouissances et des occupations domestiques. S'il brave les hasards de la guerre et des courses lointaines, c'est moins le sentiment de la gloire qui l'anime que l'espoir de retrouver un jour le bonheur dans une vie confortable au sein de sa famille. Cette disposition de l'ame est peu compatible avec l'esprit de la vie publique toute de sacrifice et de dévouement.

NOTES

DU CHAPITRE TROISIÈME DE LA SECONDE PARTIE.

(1). « La famille, dit M. Gans, troisième volume, page 71, fut toujours soumise aux impressions de l'esprit religieux, là surtout où le religieux exprimait un pouvoir prédominant. Le rapprochement ou l'éloignement de la religion de la vie séculière s'est toujours fait remarquer dans le droit de famille. En Chine le droit de famille lui-même est la religion. La famille perd toute intériorité en s'étendant à l'état : dans l'Inde et en Perse elle est, selon l'esprit des diverses religions, une idolâtrie diversement modifiée ou un temple de pureté. Chez les Juifs elle reçoit de la religion un reflet de douceur et d'humanité et prend le caractère de famille sainte et patriarcale; sous la domination de l'Islamisme, elle disparaît au souffle du fanatisme qui ne s'occupe que des individus et les détache de la famille : en Grèce elle est une belle construction et plastique à l'instar des dieux humains, à Rome enfin elle partage la scission et le combat de tous les rapports, que la religion ne peut ici ni sanctifier ni satisfaire. »

(2). La dualité est essentielle à la génération. Elle appartient essentiellement à tout principe intellectuel, ou à tout principe qui change ou peut changer son expression à chaque instant de la durée.

La justice distributive suivant Aristote était celle qui se faisait suivant une proportion géométrique. La proportion géométrique est représentée par une équation à deux variables.

La *dignite* qui sert de base à cette justice distributive et appartient à l'ordre intellectuel est aussi la base de tout le système électoral. La combinaison de deux termes est essentielle à la génération du pouvoir. Toute élection qui ne repose pas sur la combinaison de deux termes n'engendre rien, elle est stérile.

La population opère son développement rationnel suivant une courbe transcendante dont l'équation contient nécessairement deux termes variables. La proportion arithmétique, la ligne droite appartiennent à la nature physique, le cercle, le point à l'immensité ou à Dieu. La nature physique n'est qu'une projection de Dieu ou du principe intellectuel par excellence. Mais tout principe intellectuel pourvu de fécondité, par conséquent allié à des élémens de destruction renferme la combinaison de deux termes. Toute personnalité est duelle et l'organisme physique qui représente la personnalité intérieure représente aussi généraiement une dualité ou l'accolation de deux êtres semblables.

La nature la plus intime de la fécondité consiste précisément dans une combinaison convenable et suivant des rapports qui nous sont inconnus du principe de division et du principe d'union. Le trait caractéristique de l'intelligence est d'avoir une force et une expression propres à chaque instant de la durée. On y trouve, comme dans la nature physique, une projection de l'infini, mais il y a de plus, dans la nature intellectuelle, un principe de spontanéité variable à chaque point de l'espace, ou ce qui est la même chose, de la durée, qui donne à cette projection une direction propre et imprévue. La force motrice des corps célestes paraît être un principe intellectuel.

(3). C'est aussi l'opinion de M. Eichorn.

(4). Ceci rappelle le mode de contracter mariage par coëmption qui fut en usage chez les anciens Romains « *veteri Romanorum lege mulieres tres ad vicum asses ferre solebant atque unum quidem quem in manu tenebant, tanquàm emendi causâ marito dare, alium quem in pede habebant in foco larium familiarium ponere, tertium in sacciperio cum condidissent solebant resignare.* » (Varro.)

« Par l'ancienne loi des Romains les femmes avaient coutume d'apporter trois as à leur mari et de lui en donner un qu'elles tenaient à la main comme pour l'acheter, d'en déposer un autre qu'elles avaient au pied dans le foyer des lares familiers, le troisième qu'elles avaient serré dans un sac elles avaient coutume de le découvrir. »

Encore bien que le mode de procéder paraisse avoir été un peu différent, il est difficile de n'être pas frappé de l'analogie qui existe entre cette acquisition d'une femme par les trois solidi saliques et les trois as romains en usage dans la coëmption.

CHAPITRE QUATRE.

Du pouvoir domestique, ou droits personnels dans la famille.

Observations générales.

314. Nous avons observé jusqu'ici les différentes sortes de transmissions du patrimoine familial, ou les diverses manières dont la puissance de la personnalité s'applique au patrimoine ; dans le précédent chapitre, nous sommes remonté, en étudiant la nature du mariage, à la source d'où procède tout rapport personnel dans la famille et nous avons vu les deux personnalités des conjoints en présence s'exprimer dans la sphère des intérêts, tantôt s'absorbant l'une par l'autre, tantôt se détachant, puis s'opposant, s'associant et finissant par se fondre dans un système parfait de communauté. Nous devons, pour achever de connaître la constitution familiale, considérer la personnalité, non plus en tant qu'elle s'applique au patrimoine et qu'elle fait naitre la faculté de disposer avec toutes ses phases; mais les rapports personnels qui existent entre les divers membres de la famille se subordonnant les uns aux autres et à un pouvoir central qui, sous le nom de puissance paternelle, comprend et domine tous les autres. Pour plus

de lucidité nous diviserons tous les rapports personnels dans la famille en quatre catégories différentes qui feront l'objet d'autant de sections : puissance paternelle, mundium germanique, tutelle, esclavage et domesticité.

PREMIÈRE SECTION.

Du Pouvoir paternel.

SOMMAIRE.

315. *Fondement du pouvoir paternel.*

316. *Dans l'origine il reposa sur un droit de propriété. Conséquences funestes qui en dérivent.*

317. *Du patriarcat. Les huit formes du mariage indien.*

318. *Caractère propre du mariage oriental et de la puissance paternelle qui en dérive.*

319. *Du pouvoir paternel à Athènes, à Sparte.*

320. *A Rome, quelque rigoureux que fut le pouvoir paternel, il n'absorba pas entièrement le substantiel de la famille. Conséquence dans l'émancipation.*

321. *La sévérité de ses principes juridiques s'y conserva toujours, ils ne s'adoucirent que sous forme d'exception. Exemple dans les pécules.*

322. *Comment le pouvoir paternel prend fin. Précocité de l'émancipation chez les peuples d'origine germanique.*

323. *Quelle en fut la raison.*

315. « Le droit d'un père sur ses enfans est fondé sur la raison, car les enfans sont procréés dans la maison dont le père est le maître. Ils naissent dans une famille dont il est le chef : ils sont de sa semence et une portion de son corps; ils ne sont pas en état de pourvoir eux-mêmes à leur conservation et le père est obligé de prendre soin de leur éducation jusqu'à ce qu'ils soient parvenus à l'âge de leur maturité. Toutes ces circonstances supposent un certain pouvoir sur les enfans que l'on appelle puissance paternelle. » *Code Fréderic, tit 9, p.* 2.

Des différentes raisons de la puissance paternelle énoncées par ce code célèbre, une seule nous paraît légitime, celle qui, conformément aux idées que nous avons émises ailleurs sur la nature du pouvoir, prend sa source dans un ordre supérieur à la sphère du droit qu'il s'agit d'expliquer. En ce qui concerne la puissance paternelle c'est sous un rapport, d'une part le besoin de protection et d'éducation, et de l'autre l'aptitude à les conférer, sous un autre rapport une nécessité sociale.

Mais que dire des autres motifs consignés dans cette loi philosophique promulguée au dix-huitième siècle? Les enfans sont procréés dans la maison dont le père est le maître, ils naissent dans une famille dont il est le chef, ils sont de sa semence et une partie de son corps, n'est-ce pas l'idée de propriété, l'idée romaine d'accession, *quasi portio viscerum matris* présentée sous une autre forme et restaurée ?... Impur et barbare alliage de termes incohérens !

316. Ce fut cependant cette idée de propriété qui servit de fondement à la puissance paternelle et qui régla les rapports du père à l'enfant, non seulement chez les nations germaniques, mais dans toute l'antiquité payenne et chez les peuples les plus policés. La coutume d'exposer les enfans dont sont remplies toutes les traditions grecques, romaines et orientales en est la preuve.

Le droit primitif du père s'exprimait dès la naissance de l'enfant. Il pouvait élever son enfant ou l'exposer. L'enfant nouveau-né *(sanguinolent)* reste à terre jusqu'à ce que le père déclare s'il veut ou non le laisser vivre. Au premier cas il l'élève, c'est-à-dire qu'il prend l'enfant, l'élève de terre, puis on fait sur lui des aspersions d'eau et on lui donne un nom. S'il ne voulait pas élever l'enfant gisant à terre, cela s'appelait l'exposer. Quand l'enfant avait mangé il acquérait des droits à la vie et ne pouvait plus être exposé.

A ce droit d'exposition se rattache évidemment, comme conséquence de la propriété absolue, le droit de vie et de mort. Ce droit de vie et de mort fut connu dans tout l'Orient et chez les Juifs même, où Moïse l'abolit et ne laissa subsister de l'ancienne rigueur du pouvoir paternel que le droit de vendre ses enfans. Encore ne durait-il que jusqu'à l'âge de l'émancipation qui était de douze ans et demi pour les filles et de treize ans pour les garçons. Tout ce qu'ils acquéraient depuis cette époque leur appartenait en propre (1).

317. L'autorité paternelle, dans toute sa puissance,

comprend deux momens principaux : l'idée religieuse, l'idée de propriété. Leur complexion forme le patriarcat. Le mariage de la législation indienne toute fondée sur un paganisme formaliste devait développer ces deux momens de la puissance paternelle. Elle l'a fait en effet d'une manière remarquable et tout à fait propre à nous montrer ce que fut cette puissance dans l'antique famille orientale.

Les védas et la loi de *Menou* connaissent huit sortes de mariages. Elles se rapportent au mode et à la forme du contrat de mariage. La forme nommée *brahma* a lieu quand un père, après avoir vêtu sa fille d'une simple étoffe, la donne à un homme savant dans le véda qui l'a jugée digne d'estime. La forme *daiva* s'il pare richement sa fille et la remet lui-même au prêtre qui dirige les cérémonies du mariage. La forme se nomme *rischis* ou *arscha* quand le futur époux donne au père de la jeune fille deux vaches pour en retirer le produit usuel. Le mariage s'appelle *asura* s'il donne non seulement deux vaches, mais autant de richesses qu'ils en désirent au père, aux parens du côté paternel et à la jeune fille elle-même à son choix. Il s'appelle *gand'harva* s'il naît uniquement d'un amour réciproque sans autre forme : *praiapatya* si le père en remettant sa fille lui donne sa bénédiction : *nachsafa* si la jeune fille a été prise à la guerre ou acquise par quelqu'autre moyen violent ; *paisacha* enfin si quelqu'un après avoir commis l'acte charnel épouse ensuite l'objet de sa passion. Les quatre formes brahma, daïva, arscha et praiapatya dans lesquelles le père lui-même livre sa fille, sont des mariages bénis desquels naissent des enfans savans, beaux et illustres; mais les quatre autres mariages qui se forment par le propre choix, par un amour pur ou criminel ou par le résultat d'hostilités sont des mariages maudits, ils sont malheureux, trompeurs et les enfans qui en naissent méprisent le véda.

L'ordre de préférence entre ces quatre mariages est que la forme brahma délivre du péché dix ascendans, dix descendans et le fils du brahme lui-même par conséquent vingt-et-une personnes ; la forme daïva seulement quatorze; la praiapatya douze et l'arscha six.

318. Il résulte de cet exposé des formes du mariage indien, en premier lieu, que le contrat de mariage n'y est point un achat proprement dit, comme il l'est plus ou moins dans les systèmes dotaux dans lesquels la dot est payée par le mari. En second lieu que dans les espèces où il semble se rapprocher de l'achat comme dans la forme *asura* défavorable aux yeux de la loi, c'est la femme qui est achetée par le mari et non le mari par la femme, ce qui est conséquent au principe de la famille orientale. La fille se confondant avec le père dans une même unité domestique et étant sa propriété, c'est le père qui livre et c'est lui aussi qui reçoit le dédommagement : en troisième lieu que la forme la plus noble, la forme qui tient le premier rang est celle qui réunit la dignité du futur époux et l'exercice indépendant et absolu de la puissance paternelle, la forme brahma par laquelle le père *donne* au savant dans le véda sa fille vêtue d'une simple étoffe. Gratuité complète, dignité de l'époux, liberté du choix, exercice absolu de la puissance paternelle. Le père réduit sa fille à l'état de nature, en vertu de la plénitude de son autorité il la dépouille de son existence familiale, et dans cet état, par cette même puissance, il en transmet gratui-

tement la propriété. En quatrième lieu enfin, la classification des formes de mariages ainsi graduée, brahmaforme, daïvaforme, praiapatyaforme et arschaforme repose précisément sur l'énergie et l'indépendance du pouvoir paternel. Dans la brachmaforme ce pouvoir s'exerce immédiatement, spontanément, dans toute sa plénitude; dans la daïvaforme il s'exerce par l'entremise du prêtre, la parure que fournit le père semble indiquer une sorte de condescendance, une dérogation à la rigueur de son pouvoir ; la praiapatyaforme vient ensuite parce qu'elle est plutôt une permission du père que l'expression d'une volonté indépendante et spontanée. Elle était ainsi conçue : Vous pouvez accomplir ensemble vos devoirs civils et religieux. L'arschaforme enfin, encore favorable comme émanant du père, mais la moins noble des formes favorables soit parce que l'intérêt y entrait pour quelque chose et que par conséquent elle reposait moins exclusivement que les autres formes sur la spontanéité du pouvoir absolu, soit parce qu'elle paraît avoir eu lieu ordinairement dans les classes peu élevées de la société. Puis le propre choix, le péché, la violence qui sont des formes maudites, parce qu'elles sont en opposition avec le principe de la famille orientale dans laquelle tout est sacrifié à la puissance du père.

Ainsi, dans cette société, le mariage ne repose point sur le choix réciproque des parties; ce n'est point le contrat qui fait le fond de sa nature. — Il n'est pas une alliance entre deux familles, dans laquelle celles-ci, représentées par leurs principaux membres, contractent ensemble un engagement irrévocable. — Il n'est pas une sorte d'occupation de la part du mari, translative de la propriété de l'objet de sa violence, ni une indulgence qui couvre une faute commise, ni le résultat de l'amour libre et naturel de sexes différens. — Ce dernier élément du mariage qui obtient la préférence et une préférence presqu'exclusive dans les sociétés où la liberté individuelle se produit sans entraves, est mis au nombre des mariages maudits. Le mariage oriental est la transmission gratuite et libre faite par le père au futur époux de sa propre fille en vertu de sa seule puissance. Il contient par conséquent : 1. de la part de l'époux acquisition traditionnelle produisant la propriété ; 2. en ce qui concerne l'épouse, perte de sa famille d'origine, réduction fictive du moins à l'état de nudité naturelle, livraison à l'étranger ; 3. de la part du père abdication de ses droits au moins partielle et relative, délaissement de sa fille comme chose, exercice indépendant et spontané de sa toute puissance domestique. On rencontre donc ici cette exagération du pouvoir paternel qui s'est reproduite à Rome par la faculté testamentaire et l'adoption ; un pouvoir qui n'est pas le pouvoir public, qui n'est que le pouvoir domestique et qui par sa force propre donne l'existence à une famille. La création ainsi que la destruction d'une famille n'appartient qu'à la puissance publique, il ne peut être remis au libre arbitre de l'individu, et si à Rome le pouvoir paternel qui exerça une semblable faculté de disposer fut un renversement des lois naturelles, dans l'Orient ce ne fut que la conséquence nécessaire d'un état non développé, dans lequel la puissance domestique participait évidemment de la puissance publique avec laquelle elle se confondait en partie.

319. La civilisation grecque qui, du principe subs-

tantiel oriental, dégagea la personnalité dont elle reconnut et sanctionna les droits, dut faire perdre à la puissance paternelle ce caractère absolu. Le droit du père de vendre ses enfans, lequel subsistait avant Solon, fut adouci par ce législateur qui ne le permit qu'au cas où le père avait surpris sa fille avec un homme. A Athènes le droit du père sur ses enfans ne fut pas une propriété, mais plutôt l'adoucissement de la peine que suppose un crime commis par ceux-ci. La plus grande rigueur du droit paternel consista dans une expulsion de la maison paternelle proclamée par un hérault et prononcée par une espèce de conseil de famille, l'abdication; mais en revanche les mœurs attiques reconnurent aux fils un droit important contre leur père, le droit de le poursuivre pour mauvaise administration, qui s'exerçait dans des formes analogues à celles employées pour l'abdication. L'insubstantialité du fils tant que le père vit n'est point exprimée, à la différence de ce qui a lieu dans le pouvoir paternel romain. Ici le caractère dominant n'est pas le pouvoir, mais la protection et les soins; ce qui s'y trouve du pouvoir doit donc cesser avec la puberté. Le pouvoir paternel expire avec la vingtième année où le jeune homme entrant dans l'âge des éphèbes est inscrit, après avoir prêté le serment, dans le *lexiarkikon grammateion*. Le pouvoir paternel n'est plus dans l'intérêt du père, mais dans celui des enfans.

A Sparte la rigueur du pouvoir public absorba en quelque sorte et fit disparaître l'autorité domestique. La famille était dévorée par l'état. Ce n'était pas le père qui réglait l'éducation de ses enfans. Ils pouvaient être réprimés et punis par d'autres que par lui. Xenophon, après avoir dit que chacun eut sur les enfans d'autrui le même pouvoir que sur les siens, ajoute que si un enfant châtié par un autre que son père s'en plaint à lui, le père est répréhensible s'il ne le châtie pas une seconde fois.

320. La famille romaine fut la famille scindée, contenant l'opposition des deux principes contraires, à la différence de la famille grecque qui comprenait leur union plastique. Le substantiel de la famille ne s'y montre pas par opposition au pouvoir paternel, mais elle est la famille du pouvoir ou elle n'est pas. Les enfans sont dans le domaine quiritaire du père ou ils sont à son égard dans un rapport de non-communauté et d'extranéité absolue. C'est la différence de l'enfant sien à l'émancipé.

Néanmoins le rapport de propriété dans lequel se trouvait l'enfant ne put entièrement étouffer le principe substantiel de la famille, et sa puissance se révèle d'une manière remarquable dans les formes suivies pour l'émancipation. L'affranchissement des esclaves fut un simple acte du libre arbitre soumis à certaines formes, mais le délaissement des enfans était un rapport composé de plusieurs membres dont la réunion exprime la résistance du substantiel au libre arbitre.

De cette résistance naît la nécessité d'employer un circuit pour résoudre le pouvoir paternel. L'émancipation se compose de deux actes, la mancipation et la manumission.

Le mancipium n'est que la forme de l'esclavage. Celui qui est *in mancipio* est esclave quant à la forme, et dans tout ce qui concerne la forme, le droit d'esclavage lui est applicable; mais au fond il est libre et personnellement substantiel, tellement qu'il avait l'action d'injures contre son maître (2). C'est dans ce rapport qu'étaient placés l'enfant et la femme du mariage rigoureux qu'on voulait émanciper.

521. Les droits de vie et de mort, d'exposition, de vente, l'insubstantialité absolue des enfans par rapport à la fortune disparurent peu à peu à Rome, mais par forme d'exception seulement et par voie d'approximation. Les principes restèrent les mêmes et la puissance paternelle quoiqu'ébranlée, demeura ce qu'elle était au temps de sa dureté la plus excessive.

Ainsi, par exemple, le rapport le plus approchant du droit de propriété est celui d'administration, et la faculté d'administrer une portion de la fortune paternelle conférée par le droit des pécules reconnaissait la substantialité de l'enfant du moins comme intelligence raisonnable, mais c'était toujours au père que la propriété était acquise et réservée et celui-ci demeurait seul obligé par les engagemens pris par le fils dans toute l'étendue du pécule.

Le pécule castrense, qui fut plus tard étendu à diverses acquisitions dignes de faveur, n'était qu'une exception fondée sur l'assimilation du militaire fils de famille au père de famille, *in castrensi peculio vice patrum familias funguntur*, mais ces exceptions ne furent nullement dues au développement du côté moral de la famille. Le militaire pouvait tester de son pécule castrense, il avait par conséquent sur ce pécule la plénitude de la propriété et le rapport de famille était si complètement rompu que le sentiment naturel de la piété envers les parens n'avait pas, ainsi que le remarque M. Gans, acquis à son égard la conscience de sa pensée; c'est ce qui résulte de cette singulière réflexion de la loi, que les soldats devaient *aussi* cette piété à leurs auteurs *(etiam militaribus pietatis ratio in parentes consistere debet)*. Dans cette remarque, qui sûrement n'a pu venir dans la pensée de personne que d'un Romain, ajoute l'auteur, réside toute la rigueur de l'opposition du substantiel et de l'arbitraire.

322. La puissance paternelle à Rome étant une propriété du père, un défaut de substantialité du fils, elle ne pouvait cesser avec l'âge ainsi que cela arrive dans les sociétés où elle repose sur un rapport de protection. Le fils de famille marié demeurait avec sa femme et ses enfans dans la puissance du père, qui ne s'éteignait que par la volonté de celui-ci manifestée par la triple formalité de la mancipation suivie de manumission.

Cette perpétuité du pouvoir paternel n'est pas dans la nature. Le pouvoir cesse avec la nécessité qui l'a fait naître. Dans les sociétés émigrantes, le besoin de protection disparait dès que l'enfant est en état de porter les armes. Cette capacité est fixée le plus souvent à un âge très précoce (3). C'est ce qui arrive notamment chez tous les peuples d'origine germanique.

SECONDE SECTION.

Du Mundium germanique.

SOMMAIRE.

323. *Caractères différens du pouvoir domestique dans les différentes législations.*

324. *En quoi consiste le mundium.*

325. *Sur quelle notion fondamentale il repose.*

326. *En quoi le mundium a un caractère de propriété. Sa transmission.*

327. *Caractère de l'adoption et de la légitimation germaines.*

313. Le pouvoir paternel n'est pas le même dans les différens états de société. « Les lois municipales des diverses » nations, dit Blakstone, diffèrent entr'elles à cet é» gard, et les unes attribuent aux pères beaucoup plus » d'autorité sur les enfans que les autres. » Nous avons vu ce pouvoir prendre, dans l'Orient et dans l'Inde en particulier, la forme d'un patriarcat religieux, s'adoucir à Athènes jusqu'à établir entre le père et les enfans une sorte de réciprocité de droits; à Rome, gardant le caractère de propriété revêtir dans le mancipium le formel de l'esclavage; chez les nations germaniques il réunit le caractère de propriété et celui de protection,

la tutelle des mineurs, la tutelle des femmes, la puissance paternelle proprement dite appartiennent, sous le titre de *mundium*, aux agnats comme au père; dans les villes italiennes du moyen âge nous verrons ce *mundium* subir une transformation analogue à celle que nous avons observée au chapitre précédent dans le passage de la dot à la communauté. Dans le droit espagnol c'est le caractère personnel du pouvoir paternel qui domine. Le père ne peut exhéréder ses enfans, mais il peut les battre, il les marie à son gré, et sa volonté à cet égard est respectée même après sa mort. L'église enfin, les dispositions du droit canon nous montrent le pouvoir paternel comme une représentation. Il perd le caractère de propriété, les rapports de famille disparaissent devant ceux de la société générale, par suite point d'hérédité ou indifférence à l'hérédité et faveur toute spéciale de la faculté de disposer.

324. Il n'existe point dans le droit lombard de doctrine du pouvoir paternel proprement dit. Il se confond avec le *mundium*. La protection est le principe du pouvoir paternel germanique. Au défaut du père cette protection passe aux autres parens, et la nature du rapport qui existe entre le protégé et le père ou ces autres parens est la même. Le pouvoir paternel et la tutelle forment un seul et même tout. Seulement les droits du père, comme ayant la puissance, sont plus rigoureux que ceux des autres personnes auxquelles le *mundium* appartient. Les enfans suivent le droit du père. —Celui qui a le *mundium* marie sa fille ou sa parente à son gré, il est chargé de la protéger contre les prétentions de son fiancé. Il s'approprie les amendes prononcées dans son intérêt. Le père et le frère reçoivent seulement en

plusieurs cas une plus forte somme. Néanmoins il ne paraît pas que le bien des protégés ait appartenu au père. La *meta* elle-même quoique considérée comme prix fut déférée à la fille par une disposition expresse.

325. Le *mundium* prend la place du pouvoir paternel, et le pouvoir paternel devient, s'il est permis de s'exprimer ainsi, une sorte de pouvoir social domestique. Cette idée germanique du pouvoir paternel paraît reposer sur cette notion fondamentale, que la famille est une société dans laquelle les faibles sont naturellement sous la protection et la puissance des forts. Néanmoins le pouvoir personnel y a quelque chose d'un droit propre établi dans l'intérêt de celui qui le possède. Ce n'est pas, comme en droit romain, un rapport réel de propriété fondé sur l'accession, ce n'est pas non plus le pouvoir pur de la famille chrétienne qui n'est qu'une délégation, une véritable représentation, mais c'est un droit qui tient de la propriété et de la protection, un mélange du fait et de l'équité. C'est la nature sociale du commencement dans laquelle les principes contraires sont encore confondus dans une heureuse harmonie sans l'intervention formelle de l'élément religieux.

326. En vertu d'une loi du roi Luitprand si quelqu'un a été absent pendant trois années, ses frères lui succèdent à défaut d'enfans, puis les autres parens, et enfin la *curtis regia*. Quelquefois le grand-père est désigné avec le père comme le plus proche dépositaire du pouvoir, mais à l'égard des fils seulement non à l'égard des filles. Il résulte en outre d'un autre document précis que le *mundium* acquis par le mari ne retournait pas de plein droit aux parens de la femme, mais qu'il devait être racheté des héritiers du mari. Le *mundium* a

donc un caractère de propriété tout particulier, ce n'est point au père exclusivement qu'il appartient, mais au pouvoir social domestique, il est transmissible d'une personne à l'autre et s'acquiert à prix d'argent, il n'a rien de personnel que par rapport au protégé et en sa faveur. Le mari achète le *mundium*. Après la mort du mari, les parens de la femme le rachètent des héritiers du mari. Il n'est point héréditaire de sa nature, il ne repose pas essentiellement sur la génération, personnel respectivement au protégé seulement, propriété comme étant susceptible d'achat. Au défaut du père et des proches parens, le *mundium* appartenait à la *curtis regia*. On voit que ce pouvoir d'une nature particulière n'est point la puissance paternelle, ce n'est point la tutelle proprement dite, c'est une charge de protection établie par conséquent dans l'intérêt du protégé, à laquelle se joint une idée de propriété et qui, au défaut du père et des proches parens, appartient au pouvoir public.

327. L'adoption et la légitimation germaines eurent aussi un caractère tout différent de celui qu'eurent ces mêmes institutions chez les Romains. En premier lieu elles ne produisent pas tous les effets d'un véritable mariage; en second lieu ces deux formes n'en font qu'une, elles se confondent; en troisième lieu enfin elles expriment la génération naturelle. Chez les Germains l'adoption, si on peut exactement lui donner ce nom, fut un acte essentiellement différent de l'adoption romaine. L'hérédité, le pouvoir paternel n'en étaient pas la conséquence nécessaire, du moins d'une manière pleine et absolue. Ce n'était donc pas la création d'une famille nouvelle par la volonté de l'individu. Par elle les droits

de famille n'étaient acquis qu'imparfaitement, la confusion de l'adoption et de la légitimation laisse apercevoir que ces institutions ne furent, dans l'esprit de ce droit, que des formes destinées à régulariser des rapports préexistans. Ce n'est plus le libre arbitre de l'adoptant, son intérêt personnel qui est l'objet principal. L'adoption de même que le testament germanique se montre comme une rectification ou un supplément des rapports naturels. Enfin, les formalités de la *schussteirung* qui consistaient à prendre sur le sein ou à passer sous la chemise ou le manteau la personne de l'adopté, sont de claires images de la génération. Et tandis qu'à Rome l'adoption se faisait par le rit de la mancipation et consistait ainsi dans l'acquisition d'un droit de propriété sur la personne de l'adopté, acquisition toute dans l'intérêt de l'adoptant, elle n'était dans le droit germain qu'une simple imitation de la nature dans le but de suppléer ou de réparer les rapports qu'aurait dû faire naître celle-ci et se proposait toujours essentiellement l'intérêt de l'enfant adopté ou du légitimé.

TROISIÈME SECTION.

De la Tutelle.

SOMMAIRE.

528. *Tutelle des femmes. Elle est un adoucissement à la dureté du principe substantiel primitif. Rigueur de la tutelle des femmes à Athènes.*

329. *Ce qu'elle fut à Rome.*

330. *Et chez les peuples germaniques.*

331. *Le choix du tuteur fut toujours l'objet de la sollicitude des législateurs; principes différens par lesquels ils le déterminèrent.*

332. *Le mundium des lois lombardes qui se réduit à une simple protection sans détermination ultérieure peut recevoir le sens de la tutelle romaine.*

333. *Transformation que subissent la puissance paternelle et la tutelle dans les villes italiennes du moyen âge.*

334. *Série de conséquences logiques que contient cette transformation.*

328. La tutelle des femmes vient de leur insubstantialité ou de ce que leur personnalité est considérée comme incomplète. Elle exista dans la plupart des législations, et quelque rigoureuse qu'elle nous paraisse, il est évident néanmoins qu'elle est un adoucissement au rapport polygamique et à l'unité indivise dans laquelle les femmes furent primitivement enveloppées. La tutelle est une protection, elle reconnaît déjà la substantialité de la femme comme existant en dehors de la famille, quoiqu'incomplète encore et incapable de se produire seule.

Conformément à ces idées, la tutelle perpétuelle des femmes dut avoir en Grèce un grand degré de rigueur. A Athènes les femmes, de quelqu'âge qu'elles fussent, ne pouvaient sans leurs tuteurs ni actionner en justice ni s'obliger au-dessus de la valeur d'un médimne d'orge. Leur engagement écrit ne produisait aucune obligation s'il n'était souscrit par ceux-ci. Elles demeuraient jusqu'à leur mariage dans la tutelle de leurs frères, dans celle de leurs parens désignés à leur égard du nom commun de *kurioi*, laquelle différait peu du pouvoir paternel. Mariées, ou elles étaient épiclères ou elles avaient été mariées et dotées par leurs agnats. Au premier cas elles passaient dans la tutelle de leurs maris et retombaient à leur décès dans celle de leurs frères consanguins ou de leur aïeul paternel auxquels retournait leur dot; au second cas elles demeuraient dans la tutelle de leurs agnats. La fille épiclère néanmoins pouvait être léguée par son mari et demeurait dans la tutelle de ce nouveau mari légataire jusqu'à ce que le fils de son premier mariage eut atteint sa vingtième année, époque à laquelle il devenait tuteur de sa mère et n'était tenu qu'à lui fournir des alimens. Il est difficile de n'être pas frappé de la ressemblance qui existe entre cette tutelle des femmes grecques et le *mundium* germanique. L'idée de protection, l'unité de la tutelle et de la puissance paternelle, le retour de la femme et de sa dot aux ascendans et aux agnats au décès du mari s'y retrouvent de la même manière. Nous avons déjà fait observer ailleurs l'analogie remarquable qui existe entre les deux législations.

329. A Rome on connut aussi une tutelle perpétuelle des femmes, mais elle différait sous de nombreux rapports de la tutelle attique. Les tuteurs n'étaient point *kurioi*, ils n'étaient pas même administrateurs, ils ne faisaient qu'interposer leur autorité dans certains cas. Car on pouvait légitimement payer à une femme, mais

elle ne pouvait ni agir en justice, ni s'obliger, ni contracter mariage, ni se constituer une dot, tester, affranchir, aliéner, adir une hérédité sans l'autorité de son tuteur. La distinction des filles épiclères et des filles dotées était inconnue et la tutelle du père pendant le mariage y était ignorée. La puissance paternelle continuait de subsister ou elle cessait par la *conventio in manum*. Il n'y a pas d'exemple à Rome ni d'une femme léguée par son mari, ni de la tutelle d'un fils sur sa mère, ni de la tutelle ou curatelle des maris sur leurs femmes. Ces institutions grecques reposaient sur des idées toutes différentes.

On sait qu'à Rome la tutelle se divisait en testamentaire, légitime et dative. Testamentaire, quand le mari, non les parens de la femme, lui assignait par son testament plusieurs tuteurs sur lesquels elle en choisissait un. Légitime ou déférée aux agnats dont elle était considérée comme la propriété, tellement qu'ils pouvaient en faire la cession juridique à un étranger qui s'appelait alors *tutor cessitius*. Dative enfin, si la femme qui n'était pas *in manu mariti* recevait un tuteur ou un curateur datif. Quant à celles *quæ convenerant in manum*, assimilées aux filles de famille et soumises à une sorte de puissance paternelle qui emportait droit de vie et de mort, il ne pouvait être question de tutelle à leur égard. La tutelle des femmes à Rome disparut insensiblement sans qu'on voie qu'elle ait été abrogée par aucune loi particulière.

330. Les peuples d'origine germanique connurent aussi une tutelle perpétuelle des femmes fondée sur leur insubstantialité. Le mariage faisait cesser le *mundium* des parens de la femme et naître celui du mari

qui, quoique ce ne fût qu'une tutelle, avait cependant des effets très rigoureux. Il ne faut pas s'en étonner puisque la puissance maritale reposait chez tous ces peuples sur une sorte d'achat de la femme. Cette coutume fut commune aux Celtes et aux nations scytiques, aux Goths, aux Visigoths, aux Francs, aux Saxons, aux Lombards, aux Bourguignons. Les parens d'une femme en la livrant à son mari renonçaient à leur *mundium* et régulièrement elle passait dans le *mundium* du mari quoique celui-ci dût en faire l'acquisition expresse dans certains cas.

A la dissolution du mariage le *mundium* sur la femme retournait au *reparius* du mari, par conséquent au fils majeur d'un précédent ou de son propre mariage, et il ne passait au père de la veuve ou de son agnat, qu'autant que le mari défunt avait négligé de l'acquérir ou que le père le rachetait de l'héritier du mari. Le droit postérieur posa des principes différens; ce n'est plus à l'héritier du mari qu'il défère la tutelle sur la veuve, mais à son père et à ses parens paternels.

C'est sans doute à cette coutume d'acheter les femmes qu'il faut attribuer la rigueur du *mundium* du mari dans les droits du Nord. Il pouvait la châtier, la vendre, la tuer, aussi bien que ses enfans. Si le mari frappe sa femme et ses enfans du bâton et du fouet il ne rompt point la paix. On sait qu'encore aujourd'hui en Angleterre l'usage de mener sa femme au marché et de la vendre subsiste dans le bas peuple.

331. Le choix du tuteur a toujours été un des objets les plus essentiels de la sollicitude des législateurs. Les uns ont pris en considération pour le déterminer l'intérêt du tuteur, d'autres celui du pupille et parmi ces

derniers tous n'ont pas suivi le même principe de direction.

A Rome la désignation légale du tuteur fut déterminée par une considération d'équité. La tutelle fut considérée comme une charge, et il sembla juste de l'imposer à celui qui avait la chance de recevoir l'hérédité éventuelle. La tutelle passa aux héritiers présomptifs comme une conséquence de l'émolument héréditaire.

L'opinion que les plus proches héritiers appelés à profiter de la succession éventuelle du pupille sont les plus intéressés à la conservation de son patrimoine, et qu'ils doivent comme tels être chargés de sa tutelle, paraît être le motif de la loi anglo-saxonne qui faisait une distinction entre le cas où la fortune du mineur lui venait du côté paternel ou du côté maternel. Le plus proche parent du côté paternel avait le soin de celle-là, celle-ci était confiée au plus proche parent du côté maternel.

D'autres législateurs jugèrent dangereux de confier la tutelle à l'héritier. C'eût été selon eux compromettre la sûreté du pupille en exposant l'héritier aux suggestions d'une cupidité honteuse. C'est ce qui détermina le sage Solon à défendre expressément de donner la tutelle à celui qui d'après la loi devait être l'héritier du pupille. On trouve dans les établissemens de St.-Louis une disposition analogue (4).

La difficulté du choix du tuteur qui naît de ce que l'héritier présomptif est le plus propre à l'administration des biens comme étant intéressé à leur conservation, mais le plus dangereux dépositaire de la personne du pupille comme appelé à lui succéder, nous paraît avoir été résolue par une forme germanique de la tutelle que M. Eichorn a consignée. Le tuteur nommé devait rendre compte tous les ans à l'héritier présomptif.

La tutelle renferme deux choses : le soin de la personne et l'administration des biens. Le plus apte à diriger la personne, celui qui offre le plus de garanties de cette tendre sollicitude qu'exige l'éducation n'est pas nécessairement celui qui offre le plus de garanties d'une administration sage. Le plus propre à l'administration n'est pas le plus digne de diriger et d'élever la personne. Les Grecs sacrifient tout à la sûreté de la personne. Les Romains ne songent qu'à la conservation de la propriété. Notre loi germaine du dixième siècle concilie heureusement le soin de la personne qui doit avoir la préférence avec la conservation de la propriété qui intéresse essentiellement aussi la famille et l'état. Elle défère la tutelle à l'ami ou au tuteur élu à la charge de rendre compte annuellement à l'héritier présomptif. Si l'on considère que tout pouvoir est une tutelle, que c'est là son idée la plus générale, il faut convenir que cette conciliation germanique est d'un grand sens et qu'elle est féconde en conséquences.

332. Nous avons vu que dans les lois lombardes le pouvoir paternel se montre peu absolu et qu'il rentre complètement dans la doctrine générale du *mandium*. Le droit du père sous ce rapport est à peine distinct de celui des frères et ceux-ci sont appelés à le remplacer. De là dérive un trait tout-à-fait caractéristique de ce droit d'hérédité savoir que dans certains cas les sœurs non mariées succèdent concurremment avec les filles. De là encore, le fils n'a pas seulement l'usufruit, mais la propriété même de ce qu'il acquiert. Cette généra-

lité du pouvoir paternel se réduisant à une simple protection sans détermination ultérieure coïncide avec le dernier état du pouvoir paternel romain où la substantialité des enfans en se produisant de plus en plus, a fini par détruire le caractère du pouvoir paternel. On peut rattacher sous ce rapport le pouvoir paternel romain tel qu'il existe dans sa dernière forme au droit de famille lombard, et le *mundium* est tout-à-fait propre à recevoir le sens de la tutelle romaine.

333. L'idée de la puissance paternelle et de la tutelle a subi, dans les villes italiennes du moyen âge, une transformation qui mérite d'être observée. « Le » pouvoir paternel dans les statuts réformés, dit M. Gans, » est très différent de celui des anciens statuts. En com» parant les diverses dispositions des différens statuts » sur le pouvoir paternel tantôt on trouve les droits du » fils plus étendus que dans le droit romain et paraissant » se rattacher davantage à la constitution lombarde, tan» tôt ces dispositions ont une plus grande rigueur qui » rappelle même l'ancien droit romain. Cette différence » paraît provenir de la diversité des rapports politiques, » non d'un esprit différent du droit privé. Ce sont cepen» dant au fond, en dépit de toutes les divergences, les » principes du droit romain qui prévalent dans la doc» trine du pouvoir paternel. »

« La parenté d'abord romaine passe ensuite succes» sivement dans la computation canonique. La tutelle » dans la plupart des statuts italiens est toute romaine. » Si l'expression de Mundualdus se retrouve encore » comme à Florence et à Pistoie, elle est parfaitement » synonyme de celle du tuteur. Toute femme doit, » d'après le droit florentin, avoir un conseil qu'elle peut

» se choisir librement. Elle a le droit, même au cas où » elle en aurait déjà un, d'en demander un autre au juge » compétent (*quilibet Mundualdus electus à muliere etiam* » *pater et vir ejus, nonobstante quòd alium habeat, ei detur*). » Il résulte clairement de cette disposition que le *mun-* » *dium* qui était dans l'origine *le droit du mundualdus et* » *sa propriété est devenu le droit de la femme*, et que la » tutelle des femmes du moyen âge, en Italie, a suivi » le même progrès que dans l'ancienne Rome.

334. Arrêtons-nous à ce développement du droit de tutelle. Rome et le moyen âge ont historiquement exposé les conséquences logiques que son idée contient. Propriété du père et des agnats dans l'origine et établie principalement dans leur intérêt : elle est devenue par le progrès de la civilisation, le droit du protégé, qui peut lui-même se choisir son tuteur. Pouvoir propriété. — Pouvoir reconnaissant le devoir de protéger. — Pouvoir se reconnaissant inférieur à ce devoir de protéger, qui a sa source dans l'ordre intellectuel. — Protégé acquérant par-là le droit d'être protégé. — Protégé faisant reconnaître sa substantialité par rapport au pouvoir. — Protégé disposant à son gré de ce droit d'être protégé. — Résultat : droit de protection transmis du protégeant au protégé en tant que propriété. Telle est l'évolution d'idées qui nous semble avoir été parcourue dans cette transformation de la tutelle.

QUATRIÈME SECTION.

De l'esclavage et de la Domesticité.

[SOMMAIRE.]

335. *De l'esclavage en général. Ce qu'il fut en Orient.*

336. *Momentr important que produisirent les affranchis dans la famille romaine. L'esclavage reposa sur l'idée de propriété jusques dans les adoucissemens qu'il subit.*

337. *Sophisme des jurisconsultes romains.*

338. *Multiplicité des formes de dépendance dans le moyen âge. Priviléges qui étaient attachés à la liberté.*

339. *Enumération des diverses sources de l'esclavage.*

340. *L'esclavage tient à une fausse notion du pouvoir. En quel sens il est contraire au droit naturel.*

341. *Le principe que l'homme n'est pas susceptible de propriété s'exprime dans tous les ordres d'idées. En quoi consiste la domesticité.*

342. *Position toute matérielle de la société présente. Ce n'est que dans un approfondissement ultérieur de*

toutes les vérités sociales qu'on peut trouver le germe du nouvel ordre de civilisation.

335. Un dernier rapport de famille qui lui devient néanmoins extrinsèque est l'esclavage. Quel que soit le fait social à l'occasion duquel il se produise, c'est la nécessité et l'isolement du travail qui y réduisent l'homme. La domesticité est comme la servitude dont elle dérive, une déviation de notre nature primitive. Il n'appartient qu'à un approfondissement social ultérieur de produire, d'une manière qui nous est inconnue, l'affranchissement qu'elle réclame.

En Orient, quoique l'esclavage se produise sous toutes les formes et dans toutes les conditions, la classification des libres aux esclaves n'est pas nettement tracée. La liberté de l'individu ne lui étant pas encore native, les personnes libres ne sont point opposées aux non libres, on n'est libre ou non libre que par rapport à une personne déterminée. Ce rapport n'a rien de fixe, il est purement relatif. En Grèce au contraire la liberté parvenue à la conscience d'elle-même, fait naître l'opposition permanente de la classe des non libres. L'homme libre, en tant qu'il appartient à l'état et à la famille, a pour adversaires d'une part les étrangers et les barbares, de l'autre les esclaves. Cette position produit ainsi une distinction précise, elle fait établir politiquement le caractère et les droits de l'homme libre.

336. Quoique chargés du travail de la société civile qui était rejetée sur eux, et, comme membres de la famille enrichissant celle-ci d'un rapport extrinsèque, les esclaves en Grèce ne firent point naître néanmoins ce

moment important qu'ils produisirent surtout comme affranchis dans la famille romaine.

A Rome l'état du *libertus* consistait à être à la fois complètement libre et néanmoins dans un rapport de connexité avec son ancien maître. La contrainte de la servitude se convertissait en un devoir de respect et de déférence filiale en quelque sorte et au lieu de la *cognatio servilis*, le patronage lui était imposé et suppléait le rapport substantiel de l'agnation. Les droits que produisait ce patronage avaient une sorte de réciprocité.

Au reste l'idée de propriété absolue demeura toujours le fondement de l'esclavage. Le maître avait le droit de détruire son esclave comme sa chose propre, et lorsque l'empereur Antonin proscrivit ce droit de vie et de mort ainsi que les mauvais traitemens excessifs sur la personne des esclaves, ce n'est pas l'humanité qui fut son motif, mais la surveillance de la loi sur le maître comme sur un citoyen prodigue, de peur qu'il ne dissipe sa propriété. « *Malè enim* nostro jure *uti non debemus quâ ratione etiam prodigis interdicitur bonorum suorum administratio.* »

337. On a le droit, disaient les jurisconsultes romains, de tuer son ennemi par conséquent de se l'approprier et de le vendre, de le réduire en servitude. *Servi quasi servati.* Ce raisonnement qui légitimait tous les excès de ce droit barbare reposait évidemment sur un sophisme.

Nous n'avons pas en principe le droit de tuer notre ennemi : nous avons le droit de mettre en sûreté notre vie et nos propriétés, et de prendre toutes les mesures nécessaires pour atteindre ce but. Nous n'avons pas le droit de tuer notre ennemi, mais seulement celui de nous défendre. Le droit de tuer n'en est que la conséquence et il est de principe qu'une raison déduite par voie de conséquence est stérile : *Ratio prolifica nullam parturit consequentiam.* Bâcon. *Legum leges.*

Le sacrifice des droits naturels ne peut être légitimé que par une nécessité actuelle. Or, la nécessité de l'esclavage ou de mettre l'homme dans le commerce, n'existe pas. Elle n'existe pas dans nos sociétés modernes du moins, et si elle exista dans le paganisme cela tient à des considérations d'un autre ordre.

338. Le moyen âge vit naître une foule de variétés d'hommes libres et non libres. Ce n'est plus, comme dans l'antiquité païenne, cette division nette et tranchée en libres et esclaves, citoyens et étrangers, mais la multiplicité de la vie germanique et les influences si variées qui s'y firent sentir, amenèrent dans l'état des personnes des différences de conditions qui formaient de la société comme un vaste édifice hiérarchique. Nous avons peine aujourd'hui à déterminer d'une manière exacte ces rapports personnels, dont le droit et les noms changèrent à différentes époques. La condition des personnes non libres ou qui étaient dans certains rapports de dépendance fut prodigieusement variée et M. Grimm en énonce jusqu'à trente-cinq espèces différentes (5).

Chez les Germains l'homme libre, à la différence de l'esclave ou de celui qui est dans diverses sortes de dépendance, est capable de propriété légitime. Cette propriété se nomme *terra sâlica* chez les Francs, *arimania* chez les Lombards, *folcland* chez les Saxons. De cette propriété, dont le *minimum* était légalement déterminé, dépendait la participation aux droits de justice et à l'assemblée du peuple, toujours refusée au non libre.

Tout homme libre peut voyager où il veut. Tout homme libre porte les armes. La coutume de porter les armes, qui existait dès le temps de Tacite, était générale chez les paysans libres vers le milieu du seizième siècle. Dans l'origine tout homme libre avait le droit, s'il ne voulait accepter la composition légale, de venger les torts qui lui avaient été faits à lui ou aux siens dans la personne, l'honneur ou la propriété. Les hommes libres formaient entr'eux, outre les liens de famille, une sorte de communauté politique *rechtsgenossenschaft*, dont les limites furent plus ou moins étendues selon qu'elle comprenait un peuple, un bourg, ou une simple marche. La plus petite de ces associations politiques s'observe chez les Anglo-Saxons, où dix hommes se réunissaient sous la présidence d'un chef. Chaque homme s'appelait *freoman*, l'union *freoburg, friburg*, le chef *freoborger*. *Freoberg* signifie sûreté de fidejussion, cautionnement. Chacun répondait pour tous.

339. La coutume de considérer les prisonniers de guerre comme esclaves, subsista jusqu'au neuvième et au dixième siècles. Mais la chevalerie qui s'introduisit alors changea tout le système de la guerre. Le chevalier vaincu était relâché sous caution, ou il fut retenu en otage sans perdre sa liberté personnelle. Les autres sources de l'esclavage sont : la naissance; tantôt le père l'emporte, tantôt la mère, ici la pire, là la meilleure condition. — Le mariage, dans lequel la pire condition l'emporte. — L'établissement au milieu de non libres, en vertu de la règle féodale *die luft macht eigen*. — La dédition volontaire ou forcée pour dettes. On se mettait fréquemment aussi dans la dépendance d'établissemens ecclésiastiques, soit pour accomplir une

œuvre pie, soit pour y trouver protection ou un traitement plus doux. — Le pouvoir. Les Frisons, après avoir aliéné leurs biens meubles et immeubles pour payer le tribut qui leur avait été imposé, donnèrent leurs femmes et leurs enfans en esclavage. Le père ayant le droit d'exposer ses enfans avait aussi le droit de les vendre. — La peine celui qui ne pouvait payer l'amende était réduit d'une moindre dépendance dans une dépendance plus dure. — Enfin l'abus. C'est à cette source qu'il faut rattacher les rapports de dépendance les plus rigoureux et les plus nombreux, nés des usurpations des conditions supérieures de la société et de l'apathie ou de l'indolence du peuple (6).

341. L'esclavage vient d'une fausse notion du pouvoir. Toutes les fois que l'homme commande à son semblable en tant qu'homme, en vertu d'un droit propre et sans que l'idée de représentation intervienne, il y a servitude. Les anciens ne connurent qu'imparfaitement la différence qu'il y a entre service et servitude.

De quelque manière que l'on considère l'esclavage, on ne peut disconvenir qu'il ne soit une oppression, c'est-à-dire, le mépris et la violation des droits naturels de l'homme. Dès-lors comment demander si l'esclavage est de droit naturel ?

En droit, l'homme se possédant lui-même, il ne peut être possédé par personne : il ne peut donc être l'objet d'une propriété.

Dans l'ordre intellectuel, une intelligence ne doit se soumettre qu'à une intelligence d'une nature supérieure. Nul homme n'a le droit propre de commander à un autre homme, il ne peut avoir un pareil droit que par représentation. Ce ne peut être qu'un droit délégué. De la part du sujet l'obéissance est une adoration.

L'économie politique qui ne considère le droit que dans sa forme exterieure, et dont les spéculations s'exercent sur l'empire du fait, pris comme fait et en dehors de l'ordre intellectuel s'exprime ainsi : « ce » n'est qu'à l'égard des biens qui, pour le possesseur, » ne sont pas des biens intérieurs, mais seulement exté- » rieurs que la propriété est la forme dans laquelle » s'exprime cette faculté exclusive de jouissance. » *M. Hermann*, *Recherches d'économie politique*, *p.* 5.

341. Il n'est pas sans intérêt de voir le même principe s'exprimer dans ces trois ordres d'idées différens. Sa raison est, dans l'ordre intellectuel, l'égalité de natures, dans l'empire du droit la raison humaine, dans l'empire du fait ou ordre matériel, la forme extérieure du droit, l'opposition entre la forme de la propriété et celle d'une qualité personnelle qui les rend incompatibles. Il est donc nécessaire pour devenir biens d'échange et rentrer dans le commerce, que les rapports et prestations personnels abdiquent leur nature et perdent tout caractère moral.

« Les domestiques devenus indépendans, dit l'auteur cité, p. 41 du même ouvrage, forment une troisième classe d'économies privées qui portent au marché non des produits matériels, mais des prestations personnelles. Comme les deux premières classes peuvent leur dire : Vous ne produisez rien, mais servez seulement à changer nos produits dans une forme dans laquelle ils nous sont utiles. — Les serviteurs peuvent dire : On ne peut vivre sans nos services, vous le prouvez en les recherchant ; quand nous vous les procurons, rien n'est produit que notre prestation. En nous donnant pour cela ce que nous vous demandons, vous nous servez seulement à appliquer notre activité à la satisfaction de nos propres besoins; mais ce n'est toujours ici que cette activité qui est produite et jouie par nous. »

Ainsi les services personnels prennent la forme d'un contrat dans lequel les parties traitent d'égal à égal et sont en effet égales en droit. Cette direction toute économique prédomine dans notre société présente. Tous les devoirs moraux, en dehors de la famille, sont des contrats : les services, les obligations personnelles des biens d'échange, dans le commerce, qui se résolvent tous, sans exception, en *dommages intérêts*. Les parties contractantes traitent d'égal à égal et cette égalité de droits, que le contrat soit exprès ou tacite, subsiste aussi bien après la formation du contrat qu'auparavant. Dans cette position prise par l'industrialisme la société entière ressemble à une vaste compagnie, qui se charge d'exploiter, au profit du plus heureux, toutes les productions de la nature physique.

342. Cette position toute matérielle de la société est la conséquence nécessaire de la sécularisation que la révolution française a accomplie. Cette position est la vraie en ce sens du moins que toutes les doctrines qui partent de principes différens ne sont plus comprises et ne peuvent l'être jusqu'à ce que l'ordre intellectuel, sous une nouvelle forme, ait opéré sa rentrée au sein de la société par la philosophie et l'élection, les deux grands véhicules des principes générateurs de l'ordre nouveau. Le genre humain se trouve donc avec sa matérialité toute nue en face de l'ordre intellectuel dont la vue le transporte et l'éblouit. S'il était donné à l'hom-

me de rompre subitement la chaîne qui lie ses destinées aux générations qui l'ont précédé et à tout ce qui l'entoure, son incompréhensible inquiétude et le délire de ses espérances l'enlèveraient vers cet ordre intellectuel pur qui lui apparaît comme l'aurore du plus beau jour; mais la loi de la nécessité, suite de sa déchéance subsiste et il faut encore une fois renouer les anneaux brisés de la chaîne mystérieuse, réconcilier l'empire du fait avec l'ordre intellectuel, et pour concilier et unir entrer plus avant dans toutes les vérités sociales qu'on ne l'avait fait jusqu'ici : car toutes les écorces de la vérité ont fondu au creuset des révolutions et ce n'est qu'un développement ultérieur et plus approfondi qui peut manifester au monde les élémens de sa civilisation future.

Les lois révolutionnaires n'avaient interdit la qualité de citoyen à la domesticité que parce qu'elles considéraient celle-ci comme un rapport moral, qu'elles l'avaient saisie dans la forme que lui avaient donnée les principes de notre ancienne société et en haine de ces principes. On peut affirmer qu'aujourd'hui si la législation voulait voir autre chose que des hommes et créer des citoyens, elle ne prononcerait plus une semblable exclusion. Car l'évolution est achevée et le lien de dépendance est rompu.

NOTES

DU CHAPITRE QUATRIÈME DE LA SECONDE PARTIE.

(1). La loi de Moïse offre plusieurs traits de ressemblance frappans avec la loi romaine des Douze-Tables. Il n'y a pas lieu de s'en étonner, car quoiqu'il en soit de l'exactitude du récit des historiens sur l'ambassade en Grèce, le fonds oriental n'est pas méconnaissable dans les antiquités grecques et romaines.

A Rome le fils de famille ne pouvait être vendu que deux fois par son père, à la troisième il sortait de la puissance paternelle pour n'y plus retomber et la manumission du troisième acquéreur l'en affranchissait pour toujours. La raison de cette disposition de droit positif ne s'aperçoit pas aisément. On ne voit pas en effet pourquoi, si l'enfant était la propriété du père, il ne cessait de l'être qu'après un certain nombre de ventes, ni pourquoi ce nombre était trois plutôt que tout autre. Mais la loi de Moïse avait une disposition analogue dont la raison est facile à saisir.

Il était permis chez les Hébreux de vendre sa fille pour en faire une épouse du second rang de l'acheteur. Cette vente supposait le désir de faire épouser à son fils ou d'épouser la personne vendue, et il était de règle d'un autre côté que la femme acquérait sa liberté par la répudiation. De ces deux principes on tirait la conséquence que la fille renvoyée par l'acheteur, étant censée répudiée par lui elle ne pouvait retomber dans le domaine du père, d'où l'impossibilité de la vendre une seconde fois.

(2). *In summâ admonendi sumus adversùs eos quos in mancipio habemus nil nobis contumeliosè facere licere, alioquin injuriarum actione tenebimur. Ac ne diù quidem in eo jure detinentur homines sed plerumque dicis causâ uno momento.*

« En somme nous devons être avertis que nous ne pouvons rien faire d'injurieux envers ceux que nous avons *in mancipio*, autrement nous serions tenus par l'action d'injures. Et même le plus souvent les hommes ne demeurent pas long-temps dans ce droit, mais un instant de raison seulement. »

(3). Dix ans sont la majorité la plus précoce que l'on connaisse, on la trouve chez les Anglo-Saxons. Chez les Visigoths un pupille de dix ans pouvait, s'il était dangereusement malade, disposer de ses biens.

Dans plusieurs états de l'Allemagne on la voit fixée à douze ans comme en Hesse, dans d'autres à treize ans six semaines comme en Souabe.

La loi des Visigoths, celle des Bourguignons voulait quinze ans, c'est-à-dire quatorze années révolues.

Dix-huit ans sont la majorité lombarde. Elle fut admise dans la bulle d'or et dans un grand nombre de statuts, Lubek, Hambourg, Goslar, Brunswik, Strasbourg.

Vingt-un ans enfin sont l'âge fixé dans les établissemens de Saint-Louis. « Homme coutumier si est bien âgé quand il a passé quinze ans d'avoir sa terre... Mais il n'est pas en âge de soi combattre devant qu'il ait vingt-un ans. »

Douze ans fut la majorité déterminée de toute antiquité dans la Germanie, et cette coutume subsista dans la Hesse et la France Rhénane jusqu'en 1280.

L'émancipation paraît avoir été toujours précoce chez les peuples d'origine germanique. Les enfans étaient appelés de bonne heure aux armes et aux affaires publiques. Plus tard on trouve la majorité fixée à quatorze ans, et ce qui est remarquable, l'obligation pour le père de renvoyer le fils de la maison paternelle en lui remettant sa légitime. Cette sorte de succession anticipée appartient naturellement à un grand mouvement social, à un développement excessif de population. Ce qui s'accorde bien avec ce que nous savons de la fécondité de ces peuples et de leurs émigrations fréquentes.

Chez certains peuples policés les hommes ont été traités en enfans pendant une partie considérable de leur existence et réduits en quelque sorte à l'état de domesticité. Ici les enfans sont traités en hommes et livrés avant l'âge au train des affaires et à la vie publique. Cela tient à l'état de migration permanente de ces sociétés qui progressaient rapidement vers un nouvel ordre de civilisation.

S'il est vrai que la démocratie appartienne à toutes les grandes crises sociales, l'émancipation précoce est aussi un de leurs caractères et il est aisé d'en donner la raison.

Une crise sociale indique ordinairement une nouvelle époque dans l'histoire du genre humain, c'est-à-dire le développement d'une idée dont le temps est venu. Ce n'est que dans de jeunes têtes, au sein d'une génération naissante que les idées nouvelles peuvent jeter de profondes racines et acquérir cette force d'impulsion, cette puissance électrique qui sont nécessaires pour créer leur expression sociale et l'imposer à l'ordre subsistant.

(4). « Un autre privilége des veuves nobles, dit Vely, dans son *Histoire de France*, t. 6, p. 157 et suiv., était d'avoir le bail et la garde de leurs enfans, sans être soumises à la loi du rachat. On appelait bail la jouissance que le père ou la mère ou le plus prochain du lignage avait des biens du mineur, sans lui rendre compte, sans autre charge en un mot que de le nourrir, d'acquitter toutes ses dettes et de maintenir son héritage en bon état. On nommait rachat ce qu'on était obligé de donner au seigneur suzerain à chaque mutation pour reprendre de lui, ou comme on parlait alors, pour relever un fief vacant par mort. C'est de ce droit onéreux que la loi fixe au revenu d'une année, dont le saint monarque affranchit la mère du gentilhomme pupille. Il n'en exige qu'une administration prudente, sage, économe. Si elle laisse dégrader le manoir, si elle vend les bois, si la terre enfin dépérit par sa faute, il déclare le bail dévolu au plus prochain héritier; mais il défend de lui confier la garde du mineur : précaution dictée par la sagesse même, dit un grand chancelier d'Angleterre, remettre un enfant à celui qui a droit de lui succéder, c'est laisser l'agneau au loup pour en être dévoré. »

(5). « Aux treizième et quatorzième siècles on avait coutume de représenter tous les états par sept enseignes. La première est portée par le roi, l'autre par les princes ecclésiastiques, la troisième par les princes laïques, la quatrième par les seigneurs libres, la cinquième par les *mittelfreyen*, la sixième par les hommes de service, la septième représente tout homme qui n'est pas dans la propriété d'un autre. »

(6). » Le serf, homme de corps, absolument dépendant, dit Vély, était attaché à la glèbe, se vendait avec le fonds, ne pouvait ni s'établir ailleurs ni acquérir ni donner ni se marier ni changer de profession sans la permission du seigneur. Tout ce qu'il gagnait était pour le possesseur du châtel où il était levant et couchant. L'affranchir aurait été abréger, c'est-à-dire, diminuer le fief dont il faisait partie. C'est pour cela que dans ces établissemens il est défendu de le délivrer de servitude sans le consentement du baron ou chef seigneur. Le châtiment de l'infracteur était la perte de son hommage qui passait en la puissance du supérieur dans le même état où il était auparavant. D'un autre côté le suzerain, en confirmant la même grâce accordée par son inférieur, éteignait pareillement une portion de son fief; ainsi, le malheureux affranchi était dévolu successivement de seigneur en seigneur jusqu'au roi. De là vient qu'en toute rigueur le roi pouvait seul affranchir et les personnes et les terres,.,...... pour opérer un affranchissement le patron ou quelqu'autre, en présence du roi et des grands du seigneur, faisait tomber un denier que le serf tenait dans sa main; après l'avoir jeté de côté et d'autre pendant quelque temps l'esclave était affranchi. Telle était la formalité prescrite par la loi salique. »

Troisième Partie.

État civil et propriété.

CHAPITRE PREMIER.

État civil.

Observations générales.

SOMMAIRE.

343. *Transition.*

344. *Division de ce chapitre.*

343. La famille vit et se conserve dans l'enveloppe patrimoniale. La puissance de la personnalité appliquée au patrimoine fait naître la faculté de disposer, dont nous avons, dans une première partie, analysé les élémens : cette même personnalité se meut et se développe dans l'intérieur de la famille suivant une double loi qui exprime deux rapports différens, les

rapports des membres de la famille à l'enveloppe patrimoniale, les rapports des membres de la famille entr'eux. Nous avons considéré le côté réel des rapports de famille dans les successions et dans toutes les institutions qui s'y rattachent, leur côté personnel dans le pouvoir domestique en général avec toutes ses nuances et ses ramifications diverses, ç'a été l'objet d'une seconde partie. Mais la famille ne vit pas isolée, la famille ne vit pas de son seul patrimoine. Dans la société, les rapports personnels s'étendent à d'autres individus qu'à ceux qui nous sont unis par les liens du sang, les rapports réels ou de la personne à la chose embrassent une foule de biens contingens ou éventuels en dehors du patrimoine, et répandus dans toute la nature. La première vue fait naître l'état civil qui forme et généralise l'idée de rapport personnel et produit le pouvoir public. La seconde formule et présente tous les rapports d'utilité de l'homme sur la nature entière, c'est la propriété dans sa compréhension la plus vaste.

Cette troisième partie comprend ces deux rapports extérieurs de la famille état civil, propriété. Nous en avons fait une division spéciale parce qu'ils tiennent à un nouvel ordre d'idées et que, quoique dérivant des mêmes élémens que nous avons observés dans l'intérieur de la famille, ils embrassent une sphère beaucoup plus vaste. Généralisés et élevés à leur plus haute puissance ils atteignent jusqu'à l'idéal même de toute société, que nous avons appelé l'ordre intellectuel pur, terme de tout droit et fin de tout ordre social.

343. Nous divisons donc cette troisième partie en deux chapitres, l'état civil et la propriété. Dans le chapitre de l'état civil nous exposerons, dans une première

section, les principaux faits sociaux ou momens par lesquels passe l'état de famille ou l'humanité pour arriver à la civilisation, dans une seconde, la formation du pouvoir public avec son attribut essentiel, le droit de glaive ou la pénalité. La première section se divise elle-même en quatre paragraphes qui correspondent chacun à une crise sociale ou à l'un des momens successifs par lesquels l'ordre social se forme et progresse; 1. sociétés héroïques et patriarcat; 2. migrations; 3. guerre et conquêtes; 4. association dans l'ordre intellectuel.

Le chapitre de la propriété embrassera dans deux sections distinctes l'exposé de son développement historique, sa nature, son analyse et son idéalisation.

PREMIÈRE SECTION.

Origine et progrès des institutions sociales.

§ PREMIER.

Sociétés héroïques et patriarcat.

SOMMAIRE.

345. *Famille. Aristocratie. Républiques populaires.*

346. *Comment les hommes ont fait naître successivement les institutions civiles en se proposant des fins différentes de celles qu'ils atteignent.*

347. *Si telle fut en effet la marche des choses chez les peuples sédentaires, n'y eut-il pas un état antérieur et primitif?*

346. Du premier état sans foi et sans religion sortirent des hommes qui fondèrent les familles et commencèrent à cultiver les champs. D'autres hommes se réfugièrent dans leurs établissemens et devinrent leurs compagnons de travail et leurs serviteurs. Ce fut le patriarcat ou la société domestique des peuples héroïques, qui se composait du père, de la mère, de quelques parens ou alliés et d'une certaine quantité de serviteurs. Le père de famille était chef, prêtre et roi.

Telle fut l'origine des sociétés selon Vico. Postérieurement à ces premiers réfugiés parurent les premiers associés dans un but d'utilité. Ce furent les compagnons des héros dans lesquels le même auteur trouve plus tard les Plébéïens des cités héroïques et en dernier lieu les provinces soumises à des peuples souverains.

Ces réfugiés se mutinèrent et voulurent secouer le joug que la puissance domestique leur avait imposé, ce qui força les pères de famille à s'associer en corps politique pour résister à leurs serviteurs. En même temps ils furent obligés, pour les ramener à l'obéissance, de leur faire des concessions de terres analogues aux fiefs roturiers du moyen âge. De là, le rapport de clientelle dont il est si fréquemment mention dans toute l'antiquité. Telle fut la première loi agraire qui ait existé (1).

Ainsi se fonda une aristocratie, telle qu'on la trouve dans toutes les républiques anciennes, formée par l'union politique des pères de famille, réunis en sénats ou conseils dépositaires de la puissance publique et chargés de la direction des affaires de l'état. A mesure que les Plébéïens se crurent en nombre et que leur intelligence se développa, ils élevèrent des prétentions aux droits civils et politiques réservés à ceux-ci. De là les luttes sans cesse renaissantes entre les deux ordres de citoyens, luttes qui furent aussi souvent une honorable rivalité de vertus et de talens que l'odieux emploi de la violence et des fraudes. L'ordre naturel se mêlant ainsi de plus en plus à l'ordre civil, on vit naître les républiques populaires où tout eût dû se ramener à la décision de l'urne du sort ou à la balance si l'institution du cens n'était venu privilégier la prévoyance et le travail.

346. « Les hommes ont fait eux-mêmes le monde social, dit Vico, c'est le principe incontestable de la science nouvelle, mais les fins bornées qu'ils se proposent ne sont, pour l'intelligence supérieure, que les moyens d'atteindre les fins plus nobles qui assurent le salut de la race humaine sur cette terre. Ainsi les hommes veulent jouir du plaisir brutal au risque de perdre les enfans qui naîtront et il en résulte la sainteté des mariages, première origine des familles. Les pères de famille veulent abuser du pouvoir paternel qu'ils ont étendu sur les cliens et la cité prend naissance. Les corps souverains des nobles veulent appesantir leur souveraineté sur les Plébéïens et ils subissent la servitude des lois qui établissent la liberté populaire. Les peuples libres veulent secouer le frein des lois et ils tombent sous la sujétion des monarques. Les monarques veulent avilir leurs sujets en les livrant aux vices et à la dissolution par lesquels ils croient assurer leur trône et ils les disposent à supporter le joug de nations plus courageuses.

Les nations tendent, par la corruption, à se diviser, à se détruire elles-mêmes, et de leurs débris dispersés dans les solitudes, elles renaissent et se renouvellent semblables au Phénix de la fable. Qui peut faire tout cela? Ce fut sans doute l'esprit, puisque les hommes le firent avec intelligence. Ce ne fut point la fatalité puisqu'ils le firent avec choix. Ce ne fut point le hasard puisque les mêmes faits se renouvelant produisent le même résultat. »

347. Telle paraît en effet avoir été la marche des choses chez les peuples fixés et sédentaires, et cette filiation naturelle des idées explique d'une manière aussi heureuse que simple la formation des républiques aristocratiques, puis celle des monarchies qui furent sans contredit les formes de gouvernement les plus anciennes et les plus généralement répandues. Mais quel est ce premier état sans foi et sans religion duquel l'auteur fait sortir les héros ou les hommes forts, qui fondèrent les premières familles? N'est-ce pas un état de migration plus ou moins désordonné et confus par lequel a dû nécessairement passer la presque totalité du genre humain. Quel fut cet état de choses primitif? Quelles en furent les causes? Ne doit-on pas distinguer différentes sortes de migrations? Enfin le labourage qui suppose nécessairement la réunion des forces humaines associées pour l'importante et indispensable opération du défrichement n'a-t-il pas été précédé de quelqu'état antérieur où l'homme a pu s'arrêter pendant un temps plus ou moins long parce qu'il y trouvait la facilité de satisfaire à ses premiers besoins ou même l'aisance?

§ SECOND.

MIGRATIONS.

SOMMAIRE.

348. *Nécessité d'une grande migration primitive.*

349. *Vico lui-même la reconnaît.*

350. *Il faut distinguer avec soin les diverses sortes de migrations.*

351. *Migration dans l'état patriarcal.*

352. *Colonies.*

353. *Migration permanente, son importance.*

354. *Cet état de migration permanente fut celui de la plupart des populations de l'Europe.*

355. *Quelle paraît être la cause primordiale des grandes migrations.*

356. *Elles mettent souvent en défaut les calculs des économistes* (Description de l'état de migration des peuples celtiques. En note.).

357. *Etats intermédiaires par lesquels passa l'homme avant d'arriver à l'agriculture.*

348. L'Asie est le berceau du genre humain, le point de départ de tous les anciens peuples. C'est en Asie que nous reportent toutes les traditions primitives (3). A l'origine la terre entière était couverte de forêts, et Vico croit que cet état a duré un siècle dans l'Asie orientale, deux siècles dans le reste du monde (4). Le genre humain en se multipliant dut nécessairement ou se répandre peu à peu dans les contrées voisines du lieu où furent placés les premiers hommes ou par des ébranlemens plus ou moins considérables marcher à la conquête du globe dont le domaine lui avait été assigné (5). Cette migration primitive a été plus ou moins nombreuse, lointaine, violente et les institutions naissantes de l'ordre social qui lui succéda paraissent se modifier par les circonstances qui ont déterminé son caractère.

349. Vico lui-même reconnaît l'existence de cette grande migration primitive antérieure à tout état civil, même à la formation des familles. « La Providence voulut, dit-il, page 376, que les géans qui *erraient* dans les montagnes effrayés des premiers orages qui eurent lieu après le déluge cherchassent un refuge dans les cavernes, que malgré leur orgueil ils s'humiliassent devant la divinité qu'ils se créaient, etc.; et plus loin : aussi vaillans que chastes et pieux, ils ne *fuyaient plus comme auparavant*, mais fixant leurs habitations ils se défendaient eux et les leurs, tuaient les bêtes sauvages qui infectaient leurs champs, et, *au lieu d'errer* pour trouver leur pâture, ils soutenaient leurs familles en

cultivant la terre, toutes choses qui assurèrent le salut du genre humain. » Les réfugiés faibles et sans dieux obéissaient à des hommes prudens qui cherchaient à connaître par des auspices la volonté des dieux, à des héros qui *domptaient la terre* par leurs travaux, tuaient les bêtes farouches et secouraient le faible en danger.

350. On doit, quand on étudie les origines des peuples, faire une distinction capitale. Il ne faut pas confondre une migration passagère, accidentelle, qui n'altère pas l'état moral d'un peuple, de simples déplacemens en un mot et un état de migration moral autant que matériel régulièrement organisé tel que se montrent les migrations des anciens Celtes, celles des Germains, des Arabes, la migration permanente. Les migrations de la première sorte ne détruisent point les lois morales de la société et n'altèrent pas essentiellement la nature du pouvoir. Les secondes paraissent tenir à la violation d'une des lois fondamentales de l'ordre intellectuel et conduisent le genre humain, pour une crise laborieuse plus ou moins prolongée, à un ordre social nouveau.

351. Qu'une portion de la population d'une nation nombreuse déjà et fixée elle-même, quitte sa patrie pour former un établissement dans quelque pays voisin, il y a migration, mais elle n'est pas assez considérable pour changer tout à coup les mœurs, les habitudes, les idées acquises du peuple émigrant. C'est proprement une colonie. Elle entretient le plus souvent avec la mère patrie des relations d'amitié ou de commerce, elle conserve l'esprit des institutions qui l'ont vu naître. La colonisation n'a lieu ordinairement qu'à une époque où la mère patrie est déjà avancée dans la civilisa-

tion ; elle se fait ou par autorité publique et d'après un plan concerté à l'avance ou du moins sous la conduite de certains chefs qui sont l'expression de cette civilisation. Elle n'est qu'un reflet de la société dont elle se détache, ou, si ses institutions prennent un nouveau caractère, ce n'est que sous l'influence du temps et des circonstances qui font germer dans son sein une nouvelle idée qu'elle exprimera sur la scène du monde (6).

552. Mais que des peuples entiers, des masses d'hommes innombrables traversent de vastes contrées dans lesquelles ils se meuvent par une sorte de fluctuation incessante dans le cours d'une longue suite d'années, qu'ils finissent par se fixer dans des terres qui leur conviennent et dont ils s'emparent par droit d'occupation ou qu'ils envahissent et se soumettent une nouvelle patrie par la forces des armes, cet effort puissant et continu fait sortir une nation de son état primitif et naturel. C'est un pas vers la civilisation qui doit suivre et à la conquête de laquelle elle marche à son insu. Ce grand fait suppose nécessairement, pourvu qu'il se prolonge, des chefs, une image d'ordre, quelque plan ou des vues plus ou moins hasardées, en un mot un ensemble d'institutions mobiles et progressives adaptées à l'état de crise dans lequel elle se trouve. Le passage de l'état pastoral, le plus ancien dont il reste des traces à celui de fixité qui succède à la migration, ne se fait pas subitement. Le voyage, les guerres, le changement de climat, les traverses de toutes sortes altèrent et transforment les habitudes et le caractère de la nation. Elle devient comme un peuple nouveau et alors apparaissent les traits distinctifs et si remarquables des sociétés émigrantes : assemblées générales et périodiques, valeur per-

sonnelle mise au-dessus de tout, humeur belliqueuse, amour excessif de la liberté, enfin partage des fruits de la terre, puis de la terre elle-même entre les familles. L'état civil et l'état domestique, en se constituant, conservent toujours des traces de cet effort extraordinaire. C'est par rapport à l'état antérieur une véritable révolution dont l'accomplissement contient le germe d'une civilisation naissante. L'établissement dans le pays nouvellement occupé, les moyens d'y subsister et de s'y défendre sont précisément ce qui fait naître un commencement d'institutions publiques et de gouvernement. Il est donc nécessaire pour trouver la raison de ces institutions, de se reporter à cette époque et de les considérer comme n'étant dans le principe que le développement de la migration primitive qui leur a donné lieu, son évolution finale et comme son dernier mot (7).

353. Cet état de migration régularisé, permanent en quelque sorte qui a été celui de tous les peuples de l'Europe pendant plusieurs siècles, à différentes époques respectives (8), fait naître une autre question de la plus haute portée. La migration tient-elle au besoin de satisfaire une nécessité physique, au besoin tout matériel d'espace et d'alimentation, ou bien n'est-ce pas plutôt le résultat d'une nécessité sociale dont la source réside dans une infraction aux lois de l'ordre intellectuel ?

On dit communément que la faim a poussé des populations entières à s'expatrier et à chercher dans des pays lointains et inconnus de nouvelles demeures. Nous voudrions des preuves positives de cette assertion qui assimile le genre humain à un troupeau de bétail errant de contrée en contrée et poussé par le seul besoin du pâturage (9).

L'heureuse position, la fertilité d'un pays peuvent engager un peuple émigrant à s'y fixer; c'est aussi la facilité des subsistances et des communications qui détermine le mode selon lequel il se répand et se répartit dans le territoire qu'il s'est attribué; ainsi les bords des fleuves, le littoral de la mer, les plaines les plus fertiles sont occupées d'abord et forment le premier noyau de population, mais nous doutons que ces mêmes raisons soient celles qui, généralement parlant, donnent l'impulsion à une nation assise et fixée en société et qui la décident à se mettre en marche pour chercher des demeures plus fortunées.

La cause primordiale, la véritable raison de toute migration, qu'elle se manifeste par un bouleversement de l'ordre social provisoire ou par un déplacement physique, ne serait-elle point plutôt un principe tout intellectuel, ou si l'on veut, l'inquiétude qui précède ou qui suit l'introduction et le développement sur la scène du monde d'une vérité dont l'heure est venue?

355. Si nous reportons nos regards vers la première migration du genre humain et que nous réfléchissions à la cause puissante qui morcela cette grande famille et en dispersa les membres infortunés sur la face du globe, pouvons-nous en trouver une autre que l'infraction de quelqu'une des lois essentielles de l'ordre intellectuel, la conséquence sociale de notre déchéance?

Et si telle fut la véritable cause de cette migration primitive, les autres grandes migrations qui suivirent à différentes époques, et dont l'évolution était nécessaire à la représentation des faces successives de la vérité qui se reflète dans le drame historique, eurent-elles des causes d'une nature différente ?

Un peuple brise une des lois fondamentales de l'ordre intellectuel, un principe nouveau, ou, si l'on veut, une nouvelle forme de la vérité se révèle, il agite la société. Les populations qui portent dans leur sein ce germe fécond se bouleversent et se déplacent, offrant le spectacle d'une nature sociale dans le travail de l'enfantement.

356. De là, la nécessité d'assigner à la migration en général, des causes différentes du besoin proprement dit, d'un besoin accidentel et physique. Le monde matériel a peu de puissance sur le monde moral, c'est dans le monde moral au contraire, que se meuvent les causes puissantes dont les suites éclatent dans le monde matériel et apparaissent aux yeux inattentifs comme des phénomènes sans raison et sans loi.

La migration est le déplacement d'une société inquiette ou qui a brisé une loi de l'ordre intellectuel. Elle va chercher un théâtre au développement d'une idée dont elle porte le germe.

Les avantages de la position physique et des circonstances plus ou moins favorables à ce développement n'ont donc sur la prospérité d'un nouvel établissement qu'une influence éventuelle et secondaire. De là l'impuissance et les faux calculs des économistes qui cherchent uniquement dans ces circonstances les raisons de sa prospérité ou de sa ruine. Les principes économiques rendent très heureusement raison d'un grand nombre de phénomènes sociaux et ils méritent généralement d'être respectés, mais dans une foule de cas ils sont inapplicables ou même semblent recevoir un démenti formel du résultat historique (10).

357. Avant de dompter la terre par l'agriculture, l'homme vécut dans des états intermédiaires, où il trouva de quoi satisfaire à ses premiers besoins. La chasse, la pêche, la vie pastorale sont encore l'état habituel d'un grand nombre de peuples. Environné de forêts, de déserts et d'animaux féroces l'homme commença par détruire ses ennemis naturels; puis il dut chercher à se les asservir et à en faire des aides domestiques et d'utiles compagnons. Ce premier pas le conduisait à l'état pastoral le plus ancien de tous, celui où l'homme, tant qu'il ne fut pas multiplié au point d'épuiser les pâturages qu'offrait la terre à ses nombreux troupeaux, put acquérir l'aisance et le bonheur sans le secours de l'état civil.

358. L'agriculture exige une association de forces et un ensemble d'efforts et de travaux qui nécessitent et supposent déjà un commencement d'état civil plus ou moins développé. Son époque arrive lentement et avec peine et donne lieu à une crise laborieuse pendant laquelle les hommes, soumis plus ou moins parfaitement à une direction commune, versent dans des réservoirs ou greniers publics, les récoltes, fruit de leurs travaux, pour être partagés en commun. Cet état social a été observé par les historiens chez quelques tribus celtiques. Leurs propriétés étaient communes et elles accomplissaient leurs travaux agricoles avec une sorte de régularité. Ce même état si remarquable du passage à la culture des terres se retrouve encore de nos jours chez certaines peuplades de l'Amérique (11). Au sein de l'abondance à laquelle nous sommes accoutumés, nous

ne pouvons nous faire une idée exacte des difficultés qu'offre l'agriculture à un peuple dénué d'outils, sans subsistances assurées et qui n'a pas l'habitude d'un semblable travail. Les milliers d'Européens qui ont entrepris sur divers points de former des colonies dans le Nouveau-Monde, avec toutes les ressources de l'art et les secours de la civilisation acquise, et qui y ont tant de fois échoué misérablement, peuvent nous en instruire. L'histoire des colonies n'est guères que le lamentable récit des résultats si souvent désastreux qu'ils ont obtenus.

359. L'état politique se lie naturellement à l'état économique et s'harmonise avec lui. L'un et l'autre se réduisent dans l'origine aux élémens les plus simples; et de même que la chasse, la pêche et les pâturages suffisent pour assurer la subsistance de l'homme ou que du moins il peut se contenter de leur produit, les seules relations de famille et d'amitié font naître tous les rapports personnels légitimes dont l'existence est nécessaire à la conservation des premières sociétés. Herder ne considère comme essentielles à l'association humaine que ces simples relations de famille et d'amitié, qu'il appelle le premier degré du gouvernement naturel. La vengeance du sang, la formation des tribus, les associations de marches, etc., doivent être rapportées à ce premier degré du gouvernement naturel (12). Le second degré du gouvernement naturel est celui qu'une grande entreprise rend nécessaire, il repose sur l'aristocratie temporaire élective. Enfin la fixation du pouvoir, son hérédité appartiennent à la civilisation proprement dite. Ils contiennent implicitement, en principe, une assimilation plus ou moins complète de l'homme à la chose et

ont le plus souvent leur origine dans la guerre, la conquête et le droit du plus fort (13).

§. TROISIÈME.

Guerre individuelle, guerre sociale, conquête.

SOMMAIRE.

360. *La guerre est un puissant moyen de civilisation, elle fait naître le pouvoir public.*

361. *Des armées. Elles résument d'une manière remarquable quelques-uns des principes de l'ordre intellectuel.*

360. La guerre est un mal d'autant plus grand que c'est l'état habituel de l'humanité et que le plus souvent on n'aperçoit pas le bien qui en résulte. La guerre est un désordre, cependant c'est un désordre régularisé, et l'état de guerre suppose déjà un retour à l'ordre. La guerre fut un des plus puissans moyens de civilisation. Dans toute l'antiquité il n'y avait de société publique que chez les peuples guerriers. Ainsi dans l'empire romain les communications furent libres et sûres, tant que les aigles de ses légions déployèrent leurs ailes sur tout son territoire. Au contraire il était dangereux de voyager en Asie, en Afrique et même en Grèce.

C'est dans l'état de guerre que le pouvoir public prend ordinairement naissance, dans la guerre de peuple à peuple ou guerre sociale, par opposition à la guerre individuelle. L'une ou l'autre se produit et devient nécessaire au moment où la société prend de trop grands accroissemens, se déplace, ou perd par suite d'autres circonstances l'unité morale sur laquelle elle repose. — Guerre individuelle, vengeance du sang, duels légaux. — Guerre sociale basée dans ses moyens d'exécution sur l'élément électoral altéré et imparfait, se terminant par un partage plus ou moins rationel du butin ou du pays conquis (14). C'est cette dernière qui fait surgir directement le pouvoir public. Des nations considérables sous la forme de tribus, de cantons ou de peuplades ont subsisté long-temps sans un tel pouvoir. Ce fut le cas de tous les peuples germaniques à l'origine. Ils ne s'élevèrent à l'état public que fort tard ou du moins il paraît qu'après chaque expédition les chefs déposaient leur autorité militaire et tout rentrait dans la forme accoutumée des institutions civiles et domestiques. Mais la permanence du droit de glaive, le droit de glaive comme droit y était inconnu. La guerre a donc été le premier et peut-être le plus puissant moyen de civilisation. La civilisation tout entière, nous ne disons pas la société, repose sur l'idée de conquête. C'est une vérité malheureusement incontestable (15).

371. La guerre établit des communications entre les peuples, propage et popularise les idées et la langue du vainqueur ou de la société dominante, franchit ou recule les limites de la nationalité. Elle place, si on l'ose dire, la société dans un état d'érection, où celle-ci recueille et expand toutes ses forces pour atteindre un but déterminé. L'armée présente les caractères extérieurs les plus frappans d'une société mobile et pro-

gressive et résume d'une manière frappante plusieurs des principes fondamentaux de l'ordre intellectuel dont elle viole pourtant l'esprit.

L'armée romaine, société mobile et envahissante, était basée sur l'élection. De plus le pays conquis était l'objet d'une répartition proportionnelle entre les soldats et les chefs. Nos armées de la révolution reposèrent pareillement et dans le mode d'avancement et dans la distribution des récompenses sur l'élément électoral et démocratique, et si la répartition des pays conquis ne se faisait pas alors d'une manière rationnelle et régulière comme chez les Romains, elle était représentée par les promotions et les insignes accordés sur le champ de bataille et même souvent par le partage des couronnes entre les généraux. On y reconnait toujours, dans leur germe du moins, ces deux lois fondamentales de l'ordre intellectuel, association de forces, répartition selon la dignité de chacun. Seulement, au lieu de se développer et d'agir conformément à leur nature, ces règles se plient aux vues particulières et aux caprices du chef. Mais le chef lui-même est élu, il représente la pensée de l'expédition, il s'identifie avec elle et s'il cessait d'être le représentant de la pensée nationale, il cesserait à l'instant d'être chef et perdrait toute son autorité. Dans une expédition militaire, le général est la pensée de l'expédition personnalisée et l'armée entière n'est qu'une idée envahissante revêtue par l'art humain de son organisme complet. L'énergie et l'unité sont d'autant plus intenses que cette condition est mieux satisfaite dans toute la hiérarchie de l'armée, et à mesure qu'elle s'en écarte, elle est moins une expédition militaire, elle est moins une armée, elle a de moindres chances de succès jusqu'à devenir enfin une réunion accidentelle d'hommes armés, sans aucun esprit de corps. Alors ce n'est plus une armée et la campagne est faite.

De là, dans une armée, l'importance de l'enthousiasme et du moral, la toute-puissance du chef, la valeur des momens, le peu de cas de la vie des individus. C'est une pensée et une pensée de violence expéditionnairement organisée. Tout est bon ce qui lui fait atteindre son but, le reste lui est indifférent. Les autres intérêts de l'humanité n'y sont nullement représentés, ils sont pour elle comme s'ils n'existaient pas.

§ QUATRIÈME.

Association dans l'ordre intellectuel.

SOMMAIRE.

362. *Le principe de l'association se retrouve d'une manière plus ou moins explicite dans tous les états de société. — Prodigieux développement de l'individualité dans l'ordre intellectuel.*

363. *L'état de nature reflète, la civilisation représente, l'association parfaite réalise les rapports de l'ordre intellectuel.*

364. *L'élection dans tous les états de société est tou-*

jours le mode progressif de l'humanité ; mais elle n'est pleinement intègrale que dans l'ordre intellectuel.

362. Le principe de l'association se retrouve donc dans tout ordre social quel qu'il soit. Dans l'état de communauté négative, dans la migration, dans la guerre, dans toutes les formes de l'état civil l'association se montre toujours avec plusieurs de ses attributs caractéristiques, mais plus ou moins incomplète et tronquée. Son développement parfait serait l'idéal de la société générale duquel l'humanité tend à s'approcher sans cesse et que nous avons appelé ordre intellectuel.

Dans l'ordre intellectuel l'individualité ne se perd pas dans le grand tout, dans l'ensemble de la société, elle s'y exprime fidèlement au contraire selon toute sa valeur personnelle et dans toutes ses tendances naturelles. L'individualité s'y oppose, contraste, identifie, diversifie tour à tour sous toutes ses faces ou dans toutes ses relations harmoniques avec tout ce qui l'environne. L'individualité, bien loin de se perdre et d'être absorbée par l'association, se produit au contraire d'autant plus parfaitement qu'elle révète toutes celles de ses puissances que fait éclore le milieu ambiant dans lequel elle se trouve transportée, ou l'accord constant et nécessaire de l'homme avec la nature entière et avec ses semblables. En civilisation une grande partie de ces relations sont subversives, elles sont hostiles dans tous les points de contact où le rapport n'est pas harmonique, c'est-à-dire partout où il se fait effort d'une manière excentrique à l'accord ou équilibre des penchans et des volontés. L'hostilité n'est pas un nouveau rapport, mais la cessation de tout rapport. Là où l'hostilité commence, l'humanité se brise en quelque sorte et le développement de l'individualité s'arrête. De là vient que les hommes qui ont le plus de points de contact avec l'humanité sont souvent ceux qui ont avec elle le moins de relations sociales ou harmoniques. Nul n'est plus complètement sequestré de l'humanité entière qu'un farouche tyran environné de ses gardes et retiré au fond de son palais. Il est avec le reste de la société que ses ordres font mouvoir dans un rapport constamment subversif.

363. Dans l'état de nature chaque homme est une image de l'humanité entière, dans la civilisation il la représente, mais pour une fin et sous des conditions factices et arbitraires. La civilisation est une scène, un spectacle dans lequel le personnage a toujours des intérêts et un rôle différens de l'individu qui le joue, dans l'ordre intellectuel il est réellement l'humanité entière au prorata de sa mise et de sa valeur personnelle, il est l'*association personnifiée*. L'état de nature est un reflet de l'ordre intellectuel, la civilisation en est la représentation ; les rapports et les lois de l'ordre intellectuel s'expriment sur ce théâtre, mais ils ne pénètrent pas l'intérieur de la société. C'est de là que naît la duplicité d'action, l'ordre intellectuel n'ayant passé qu'à l'extérieur, dans les formes seulement, mais le fond et le réel n'étant que subversion et anarchie. L'ordre intellectuel est l'idéal de l'ordre social le plus parfait circonscrit par le temps et l'espace, réalisé et intégralement subsistant selon les forces données à notre nature.

364. L'élection est toujours, dans tous ces états de société, le mode progressif de l'humanité ou plutôt de la raison sociale, de la raison de l'ordre social subsis-

tant. L'élection vraie ou rationnelle, reflète, représente, réalise et personnifie, selon les divers ordres sociaux où elle agit, respectivement, les lois de l'ordre intellectuel.

Quoiqu'également nécessaire et juste, avec les développemens et la mesure convenables dans tous les états de société, l'élection ne peut être vraiment *intégrale* que dans l'ordre intellectuel lui-même, parce que ce n'est que là que chaque individu exprime et développe intégralement tous ses rapports avec tout ce qui l'environne, que là seulement il exerce toute son influence naturelle puisque tous les rapports subversifs loin de développer scindent au contraire, arrêtent et excluent. C'est alors seulement qu'il sera vrai de dire que la société comprend tous les êtres humains et que chaque être humain ne représente pas seulement, mais *est* la société tout entière, sous une forme réduite mais toujours juste, la société réduite à la mise et à la valeur personnelle de l'individu (16).

SECONDE SECTION.

Droit de Glaive et Pénalité.

SOMMAIRE.

365. *Association par bandes des peuples germaniques. Ils ne formaient point encore un état politique.*

366. *Caractère particulier de la guerre dans cet état de choses.*

367. *Les rois et les chefs n'avaient pas le droit de glaive. Ce n'était même que dans certains cas que l'assemblée nationale avait pouvoir sur la vie d'un homme libre.*

368. *Vengeance du sang. Faida. Wehrgeld.*

369. *Paix de la communauté. On peut ramener à deux principes toutes les raisons qu'on allègue pour autoriser le meurtre légal.*

370. *S'il n'est qu'un droit de légitime défense quelles conséquences en résultent.*

371. *L'autre raison du meurtre légal est la vengeance. Peine du talion.*

372. *Le droit de glaive fondé sur la légitime défense est l'abnégation de lui-même comme droit propre.*

373. *Comment se précisent dans l'ancien droit anglais-Saxon, les idées des peuples germaniques en matière pénale.*

374. *Evaluation tarifée des hommes et des familles. Procédure de la Faida.*

375. *Le christianisme lui fit prendre une autre forme. L'exclusion de la paix ouvrait la voie à l'exécution des peines.*

376. *Résumé. Evolution de l'idée sur laquelle repose le droit criminel. Comment plus tard le principe de la graduation de la peine sur la malice du coupable conduisit au système de l'inquisition.*

377. *Citation de Montesquieu.*

Le retour à des idées plus saines naquit des excès du mal même. L'évolution de principes s'est accompli et a amené des résultats analogues à l'état primitif des institutions pénales.

378. *Sécularisation de la législation criminelle et rentrée de l'intellectuel.*

379. *Du droit de grâce.*

380. *Innovation qui pourrait être introduite dans notre droit pénal.*

381. *Explication.*

382. *Avantages que présenterait ce système que l'on s'étonne qui n'ait pas été proposé.*

365. La plupart des conquêtes des peuples germaniques à l'origine ont été entreprises, non par une race ou peuplade entière, mais par des bandes composées d'un certain nombre de jeunes hommes libres qui s'attachaient à quelqu'autre noble qui leur servait de chef pour l'exécution de ces expéditions militaires. L'égalité de condition de la plus grande partie des guerriers qui composaient ces bandes ne permettait pas que le chef acquît sur eux un pouvoir illimité. Il ne pouvait rien entreprendre au contraire, dans les occasions importantes du moins, que du consentement des plus illustres de sa suite. Si la conquête n'était pas le résultat d'une semblable association, elle se dissolvait, vraisemblablement du moins, à la mort du chef. Mais elle se continuait dans les pays conquis, elle restait réunie et désignait par voie d'élection celui qui devait remplacer son chef, dont le pouvoir déjà grand s'était encore ac-

cru par l'heureuse issue de l'expédition. De là vient la noblesse : de là aussi la royauté ou son mode de transmission mélangé d'hérédité et d'élection.

A cet exposé que fait M. Philips, dans son *Histoire d'Angleterre*, peut-être serait-ce le lieu d'appliquer la distinction qu'indique M. Guizot, entre l'état de migration et celui dans lequel se trouvèrent les peuples germaniques lorsqu'ils commencèrent à se fixer. L'exposé que fait ici M. Philips des expéditions par bandes paraît n'appartenir qu'à ce dernier état.

Les peuples germaniques ne constituaient point encore un état politique. La forme de leur union était celle d'une société civile. Le caractère essentiel d'un état politique, la puissance publique *(imperium)* n'appartenait ni au prince ni à l'assemblée nationale. La vie et la propriété des associés étaient assurées à l'égard des étrangers par les armes de toute la nation sous les ordres du prince et d'après sa propre décision nationale, à l'égard des associés par *une paix* dont l'infracteur était tenu de réparer le dommage qu'il avait causé.

366. Cette société civile établie sur une paix conventionnelle fit prendre à la guerre un nouveau caractère tout différent de celui qu'elle avait eu chez les peuples anciens. La guerre fut la rupture de cette paix civile, sorte de contrat social, dont la violation n'obligeait qu'à la réparation du dommage. La guerre acquit par là une sorte de légalité et cette légalité reposait sur deux idées qu'elle suppose nécessairement : 1. reconnaissance d'un droit antérieur ou d'une loi commune aux deux parties belligérantes ; 2. existence d'un tribunal qui décide quel est l'offensé.

Si l'on applique aux guerres entre nations cette idée

germanique de l'état de guerre, on voit qu'elle renferme implicitement la reconnaissance d'une société plus ou moins complète de tous les peuples par la soumission à une loi commune et la reconnaissance d'un tribunal extérieur qui déclare quelle est la partie offensée et fait application de cette loi commune ; deux idées profondément sociales que le moyen âge s'était efforcé de faire passer dans ses institutions politiques et de réaliser (17).

367. Chez les Germains l'assemblée nationale, le prince à sa tête, réunissait l'association. Tous les hommes libres devaient y comparaître et donner leur avis, d'après le conseil du prince et des nobles, dans les affaires d'intérêt public. Là le jeune Germain était reconnu capable de porter les armes et admis comme membre de l'association. Là encore les juges et les échevins étaient élus et les crimes capitaux punis.

Les rois et les chefs n'avaient point le droit de glaive proprement dit. Ce trait distinctif du pouvoir suprême était réservé à l'assemblée nationale. « *Cæterum neque animadvertere, neque vincire, ne verberare quidem nisi sacerdotibus permissum, exceptis iis gentibus quæ regnantur*. Le roi ne pouvait punir que comme général ainsi que le prouve l'anecdote connue du vase de Soissons.

Ce n'était même que dans certains cas que l'assemblée nationale avait pouvoir sur la vie d'un homme libre; l'infracteur de la paix expiait toutes les autres transgressions par une indemnité d'après une taxe ou une garantie permanente. Les juges et les échevins déterminaient sa quotité selon l'ancienne coutume et leur libre arbitre.

368. Un vol, un meurtre ou toute autre transgres-

sion de la paix n'obligeait pas l'offensé ou ses héritiers à poursuivre judiciairement le violateur pour recevoir de lui le *vehrgeld* ou la peine due. Mais il était permis de se faire justice à soi-même et de se venger. C'est ce qu'on appelait faida ou guerre. Le violateur de la paix ne pouvait échapper à cette peine qu'en transigeant sur le paiement du *vehrgeld* avec l'offensé ou son héritier.

Tous les membres d'une famille libre formaient une sorte de société défensive contre les attaques de leurs propriétés et de leurs personnes par un tiers. Le droit d'hérédité des parens était étroitement lié au devoir de protection. Son principe général était la consanguinité. Mais la protection et la défense de la famille reposaient uniquement sur les hommes, et les femmes en étant au contraire l'objet, ce devoir de protection imposé aux mâles devait nécessairement conduire à la préférence des mâles, en tout ce qui concerne les avantages résultant des liens du sang et du droit d'hérédité. Il est donc probable que les femmes n'eurent dès les temps les plus reculés qu'un droit de succession limité. On ne sait pas en quoi consistait la préférence des mâles sur les femmes dans le système héréditaire germanique avant l'introduction des bénéfices.

Dans toutes les législations primitives la vengeance du sang est régulièrement unie au droit d'hérédité. C'est une obligation qui se transmet de main en main avec elle. L'ancienne Germanie ne paraît pas avoir connu d'autre raison de l'hérédité que la consanguinité.

369. Un semblable état social ne connut point le *jus gladii* proprement dit. Tout se réduisait à une guerre, *faida*, ou à un dédommagement *vehrgeld*, et l'assemblée

nationale n'exerçait le droit de disposer de la vie d'un homme libre qu'au cas de refus de payer le *vehrgeld* et dès lors par exception. Les peuples conquis étaient exceptés de ce droit de protection et de la communauté de cette paix, et soumis à la puissance coërcitive : *exceptis iis gentibus quæ regnantur*.

Quelle est donc la source de ce droit de glaive *jus gladii* qui n'est pas absolument essentiel à la conservation des hommes en société et qui apparaît comme un résultat de la conquête, à l'époque où la guerre produit cette transformation sociale qui fait naître le pouvoir propriété ?

Le meurtre d'un de nos pareils est un mal irréparable en soi ; comment la justice peut-elle exiger un autre mal semblable pour le réparer ?

Ici quelque position que l'on veuille prendre, toutes les raisons alléguées pour autoriser le meurtre légal peuvent se ramener à deux principes, la légitime défense ou la vengeance.

370. La légitime défense, prise pour fondement du droit de glaive, conduit à le restreindre dans les plus étroites limites. Car le meurtre légal n'est dès lors permis qu'autant qu'il est commandé par la nécessité la plus impérieuse, et dès que la société aura passé à un état tel qu'elle puisse suffisamment pourvoir à sa sûreté par d'autres moyens, le meurtre légal devra disparaître. Il résulte encore du principe de la légitime défense que c'est le préjudice apporté au corps social plutôt que la malice du coupable qui doit servir de base à la graduation des peines, que cette malice peut seulement à cause de l'alarme qu'elle produit, être considérée com-

me une circonstance aggravante de nature à accroître la pénalité.

371. Les bases d'une loi pénale fondée sur la légitime défense sont donc toujours le préjudice causé et la nécessité d'en prévenir le retour.

L'autre raison du meurtre légal est la vengeance. Cette raison se montre dominante chez les peuples barbares. Obligation de la vengeance héréditairement transmise, faisant une portion de la succession. Puis peine du talion qui calcule avec une froide cruauté le degré de douleur éprouvé par la victime pour soumettre le malfaiteur au même supplice. Le talion qui semble être la base pénale le plus généralement admise repose sur l'idée de vengeance (18).

C'est aussi le talion qui semble reposer au fond des guerres habituelles des hordes sauvages. La guerre régularisée, se justifiant par la nécessité de la légitime défense, est un résultat de la civilisation. Le talion est au fond du *jus gladii* : c'est une loi de meurtre et de sang, une de ces nécessités dont on peut voir reculer les limites et dont le genre humain s'éloigne de plus en plus à mesure qu'il se rapproche de l'ordre intellectuel.

372. Le *jus gladii* fondé sur la légitime défense au contraire est l'abnégation de lui-même comme droit propre. Cette position du pouvoir et du droit personnel en général suppose que la funeste nécessité qui lui donna naissance n'est pas essentielle, mais accidentelle et provisoire, que des restrictions peuvent lui être imposées, et que le droit de disposer de la vie de ses semblables doit s'éteindre et disparaître à mesure que l'ordre intellectuel se réalisera dans la société.

Tout se réduit alors à ces termes : Le meurtre légal

est-il encore nécessaire? Jusqu'à quel point précis l'est-il? Quels sont les moyens d'élever la société à un état tel que cette nécessité puisse cesser? C'est notre position présente : et telles sont les questions que s'adressent aujourd'hui les peuples.

373. Suivons dans l'histoire l'idée fondamentale de la pénalité.

Les faits logiques sur lesquels reposait le droit criminel primitif des peuples germaniques se précisent singulièrement et se dessinent avec la plus grande netteté dans le droit pénal anglais-saxon, dont M. Philips a si bien développé toute la connaissance intérieure.

L'idée de crime, dans le sens où nous prenons ce mot, était tout-à-fait étrangère à l'ancien droit anglais puisqu'il considérait uniquement le dommage extérieur appréciable que le malfaiteur avait produit par son acte et non la malice de sa volonté. Ainsi les faits par lesquels un particulier compromettait la sûreté générale et troublait la tranquillité publique étaient désignés avec beaucoup de justesse par l'expression de *friedensbruche*, ruptures de paix. Ce furent ces atteintes à la paix du peuple qui plus tard, lorsque le prince fut considéré comme le protecteur suprême de la paix, s'expiaient régulièrement par le *vehrgeld* ou amende payable à la famille de l'offensé. Cette amende était réglée suivant la grandeur du dommage causé et l'état de la personne offensée.

Au cas où le malfaiteur ne pouvait ou ne voulait pas payer cette amende, il s'établissait un état d'inimitié des deux familles.

374. « Cette guerre, dit M. Philips, avait proprement pour but de rétablir l'égalité détruite par l'action

du malfaiteur, car la valeur de la famille dont un membre avait été tué, était diminué par rapport à la famille du meurtrier. Ce principe est clairement exprimé notamment dans un passage des lois du roi Astheltaus. où il est dit que si un homme qui par son état a un *vehrgeld* de 1200 schillings (*twelfhyndesman*) est tué par autre auquel appartient un *vergeld* de 200 schillings seulement, la *fehde* de la part de la famille du mort peut être continuée contre celle du meurtrier, jusqu'à ce que dans cette dernière six personnes aient succombé, c'est-à-dire, autant qu'il en faut pour que tout leur *vehrgeld* soit égal à celui de ce *twelfhyndesman* » L'auteur trouve encore le même principe énoncé dans un autre fragment des législations germaniques, dans une loi des Saxons dont il cite le texte. Au reste la loi rapportée du roi Astheltaus établit d'une manière tout-à-fait conséquente que le serment de justification d'un *twelfhyndesman* équivalait à celui de 6 *keorles* ensemble.

Pour comprendre ceci il faut savoir que par respect pour la paix du peuple l'offensé qui, dans le cas de meurtre était le plus proche parent de la victime devait, avant de commencer la guerre, *faida*, recourir à la communauté pour qu'elle l'aidât à obtenir satisfaction. Ce mode de procédure était une image de la *faida* elle-même. Son objet n'était pas de convaincre le coupable, mais de transiger avec lui sur le taux de l'amende. Celui-ci devait comparaître avec ses proches parens qui lui servaient de cautions. S'il déclarait solennellement qu'il ne paierait pas, ce qui se faisait par l'attouchement des armes, l'offensé se voyait forcé de reconnaître le droit du plus fort, à moins qu'il n'eût à opposer au malfaiteur et à ses parens un nombre plus grand encore de parens et d'amis qui, en lui promettant aide dans la *faida*, pouvaient déterminer les premiers à changer de décision.

375. L'introduction du christianisme, en faisant connaître les idées de droit et d'injure, et par suite celle de crime, changea la forme de cette procédure. L'atteinte portée à la personne ou à la propriété d'un autre qui était regardée non comme une injustice, un mal en soi, mais comme un acte que l'on pouvait expier avec de l'argent, prit le caractère de faute morale. On dut aussi dès-lors considérer comme une faute de protéger par une déclaration solennelle en justice une personne qui avait commis un acte semblable, quand on avait acquis la conviction de sa culpabilité, et de contribuer ainsi à priver l'offensé de l'amende qui lui appartenait légalement. D'après ces principes une pareille déclaration ne pouvait être donnée que par ceux qui étaient convaincus de l'innocence de celui dont on exigeait le *vehrgeld*. Ces déclarations prirent le caractère de preuve, susceptible d'être affaiblie par la preuve contraire. Les aides de combats furent convertis en aides de serment, et c'est ce serment qui consistait à dire, non que l'accusé était innocent, mais qu'on avait la conviction qu'il l'était, que le passage de la loi citée d'Astheltaus apprécie à la valeur du serment de six *keorles*, quand il émane d'un *twelfhyndesman*.

Faute d'administrer une preuve suffisante de cette nature, l'accusé était condamné à payer le *vehrgeld* par la communauté représentée plus tard chez les Anglais-Saxons par douze juges assermentés. S'il n'y satisfaisait pas il était exclus de la communauté et privé de la paix du roi. De ce moment il pouvait être impunément tué et le prince avait la faculté soit de se saisir de sa personne et de le traiter selon son bon plaisir, soit de commuer sa peine en une simple mutilation, soit de lui fixer un délai dans lequel il devait quitter le pays. En un mot par cette exclusion de la paix la voie était ouverte à l'exécution des peines. On conçoit que le meurtre d'un étranger ne fut point regardé dans l'origine comme un *friedensbruch* parce qu'un étranger n'avait point la paix de la communauté dont il n'était pas membre. On se rappelle que les mêmes idées se retrouvent chez les Romains, où l'*aquâ et igni interdictio* semble répondre assez exactement à cette exclusion de la paix des peuples germaniques (19).

A cette procédure rationnelle et systématique des Anglais-Saxons en matière pénale il faut ajouter les *ordalies* ou jugemens de Dieu par les différentes épreuves. Nous n'avons pas à nous en occuper ici.

576. Résumant ces faits et la filiation d'idées qu'ils renferment, on voit que la législation criminelle, à l'origine et dans son état d'imperfection primitive, imite le cours d'une vengeance naturelle ou le résultat d'un combat singulier entre deux hommes.

L'établissement du contrat social ou de la paix de la communauté convertit ce droit naturel de vengeance en une amende faute du paiement de laquelle la vengeance naturelle reprend son cours : un état de guerre est autorisé entre les deux familles sous les noms de *faida* ou de vengeance du sang.

L'appréciation du *vehrgeld* n'est que celle du dommage causé à la société. Aucune idée d'expiation d'une faute morale ne s'y joint. Ce n'est pas la malice du coupable qui est prise en considération, mais la nécessité politique de rétablir l'égalité des familles. On détermine le *wehrgeld* d'après le tort qui a été fait à l'offensé et d'après son état selon l'évaluation légale des hommes en monnaie courante.

Jusque-là le droit criminel ne contient d'autre principe que celui de réparation et de défense ou de vengeance naturelle. C'est aussi la source de l'idée du talion. L'idée d'égalité est dans le général; ce qui comprend la forme de la procédure devant la communauté, l'appréciation légale des hommes, le retour à l'état de guerre en cas de non satisfaction. L'idée de défense ou de vengeance est dans le particulier : le soin en est laissé à l'offensé et à sa famille, les formes de procédure et la nécessité de recourir à l'association politique pour qu'elle aide l'offensé à obtenir satisfaction, ne sont que des adoucissemens à ce droit de vengeance naturel.

L'idée de faute morale qu'une peine doit expier, s'introduit plus tard. De là la transformation de la procédure qui cesse d'être l'image d'une guerre et devient successivement une preuve ou un moyen de l'administrer. De là encore, comme conséquence ultérieure, la graduation des peines en raison de la malice du malfaiteur. D'où encore cette malice fut punie seule et pour elle-même, indépendamment du préjudice social. C'est le principe pénal des tortures, de l'inquisition et de tous ces modes terribles de législation criminelle qui vont chercher dans la seule conscience du coupable un aliment aux supplices les plus atroces. L'Espagne en s'établissant comme royaume catholique, la vengeresse des violations aux prescriptions les plus minutieuses de l'Église, se montra plus catholique que l'Église elle-même et déploya une horrible rigueur contre de simples fautes que celle-ci tolérait.

377. « Le mal, dit Montesquieu, est venu de cette idée qu'il faut venger la divinité. Mais il faut faire honorer la divinité et ne la venger jamais. En effet, si l'on se conduisait par cette dernière idée, quelle serait la fin des supplices? Si les lois des hommes ont à venger un être infini, elles se régleront sur son infinité et non pas sur les faiblesses, sur les ignorances, sur les caprices de la nature humaine. »

Le remède au mal naît de l'excès du mal même. L'atrocité des supplices fit faire un retour sur le principe fondamental de toute législation criminelle et rappela aux sociétés qu'il n'est de sa nature qu'un droit de légitime défense. L'inhumanité des tortures, des questions et des moyens odieux à l'aide desquels on se croyait autorisé à poursuivre le crime et jusqu'au simple *péché* dans l'intérieur des consciences fit ressouvenir qu'il n'y a que Dieu qui soit le scrutateur infaillible des consciences, et que l'appréciation du degré de malice de la volonté est de sa nature complètement arbitraire. On dut donc revenir aux formes protectrices de la liberté individuelle, qui, dans le jugement par jurés, reflètent si fidèlement cette justice primitive des peuples, rendue devant l'assemblée de l'association politique ou ses représentans. De là l'adoucissement des peines, l'abolition ou le non usage de la peine de mort, la protection des intérêts matériels, sûreté, propriété, industrie, de préférence aux intérêts moraux dont la sanction criminelle entraîne la nécessité d'une appréciation toujours plus ou moins arbitraire. De là encore la multiplicité et la gravité des amendes.

Cette dernière position de la législation criminelle semble donc être un retour à son état primitif; c'est comme une évolution complète du principe sur lequel repose tout droit pénal. Le dernier résultat ressemble au premier, avec cette différence pourtant dont l'on peut se convaincre à l'aide de la réflexion que dans ce dernier état l'idée d'égalité qui se trouvait à l'origine dans le général réside plutôt dans l'individu, c'est le respect de la liberté de conscience, la reconnaissance qu'elle est un sanctuaire inaccessible, la nécessité d'une garantie que chacun désire pour soi contre les influences des gouvernemens, le sentiment profondément entré dans tous les esprits que chaque homme a une valeur égale à celle de tout autre et que cette valeur est infinie, etc. L'idée de défense est dans le général tandis qu'à l'origine elle est dans l'individu. Ce n'est plus un particulier qui se défend contre un autre ou qui se venge de lui, mais la société elle-même qui se défend contre ceux qui troublent sa paix.

378. Il est des attitudes législatives, si nous osons nous exprimer de la sorte, qu'il est plus facile de sentir que d'exprimer. La sécularisation de toutes les institutions civiles a amené celle de la législation pénale. Nous venons de voir de quelle manière cette sécularisation s'est consommée. Le côté matériel de la société a été protégé à l'exclusion ou du moins de préférence à son côté moral et religieux; et quand la loi ne serait pas sécularisée, ceux qui l'appliquent le seraient, soit par la destruction de tout esprit de corps, soit par l'influence prédominante des idées philosophiques modernes. Mais cette scission consommée, à la partie de la répression pénale qui a été conservée ont été appliquées des idées

qui appartiennent à l'ordre intellectuel, qui attestent sa présence et les efforts qu'il fait pour se réintroduire dans la société. Au nombre des indices qui révèlent cette tendance il faut mettre la proscription de la peine de mort, l'adoucissement des peines, l'admission du système pénitentiaire réclamée partout, la fréquence du droit de grâce et l'usage des amnisties. On voit qu'ici la sécularisation existe dans le particulier, mais l'intellectuel semble rentrer par le général.

379. Nous parlons du droit de grâce et sa nature est étrangère à toute l'antiquité. « La doctrine de la grâce, dit M. Sthal, repose sur cette idée que le droit n'est pas la sphère la plus élevée, qu'il existe un tribunal intérieur devant lequel disparaît nécessairement celui du droit extérieur. Cette juridiction intérieure doit elle-même avoir un organe extérieur et elle incombe à celui qui n'est pas obligé par les lois, au prince. Cette profondeur de la grâce, comme spécifiquement différente du droit, est une production du christianisme qui oppose partout au monde du droit le monde de l'intérieur. »

Les adoucissemens de peine, la nécessité de sa confirmation par le prince que l'on trouve dans l'antiquité sont de simples décisions judiciaires et n'ont rien de la nature de la grâce dont le sens est toujours que le monde du droit n'est pas le dernier. Pour en trouver des traces il faut recourir à certains droits ou modes de libération légale laissés à l'indifférence du hasard, au fatum, ou même à la décision subjective du criminel. Celui qui parvient dans un pays libre ou qui embrasse des statues saintes ou révérées (le droit d'asile), ne peut être atteint par la peine. Ou bien encore, celui qui se trouve sous le coup d'une peine de mort, y échappe s'il s'exile à temps d'une manière volontaire. Tel est le siége de la grâce dans l'antiquité. Elle a toujours le caractère d'un jugement de Dieu.

380. Si la position présente de notre société par rapport au droit criminel est telle que nous l'avons observée, il est aisé de déterminer dans quel sens on pourrait essayer d'introduire des modifications à notre législation pénale.

Deux principes servent ici de point de départ :

Le premier, que la peine n'est légitimée que par la nécessité de la légitime défense. Ce n'est pas le degré de malice du coupable, mais la gravité de la lésion des intérêts sociaux qui doit faire la base de l'échelle de pénalité. La malice du malfaiteur ne peut être prise en considération qu'en tant que cette malice manifestée par des circonstances extérieures, ajoute à la lésion matérielle des intérêts sociaux celle résultant de l'alarme causée.

Le second, que la meilleure loi, en matière pénale surtout, est celle qui laisse le moins à l'arbitraire du juge.

Montesquieu divise tous les délits en quatre catégories : crimes contre la religion, crimes contre la morale, crimes contre la sûreté, crimes contre la propriété, et par une application de ce principe de droit criminel, que la nature de la peine doit ressortir de la nature du délit, il fait quatre ordres ou quatre catégories de peines correspondantes; peines spirituelles, infamie, peine corporelle, peine pécuniaire.

On pourrait peut-être adopter une division différente et faire un plus grand nombre de catégories auxquelles correspondraient plus exactement les différentes natures de peines. Il faut observer aussi que la peine tirée de la nature du crime pourrait se trouver ou impraticable comme cela arrive à l'égard des voleurs qui ne possèdent rien, ou insuffisante comme à l'égard des sacriléges qui se jouent ordinairement des peines de l'Église.

Néanmoins cette idée de Montesquieu est d'une grande fécondité : elle contient le germe de toute une législation pénale.

Un fait criminel étant donné, il s'agit de connaître deux choses, la nature de la peine, la gravité de la peine.

Pour y parvenir on diviserait tous les crimes et délits en divers ordres ou catégories auxquels on ferait correspondre une division analogue de pénalités. On établirait dans chacun des ordres tant de délits que de criminalités une série de graduations aussi rapprochées que possible et se correspondant exactement. Chaque degré de pénalité serait légalement défini par l'existence de certaines circonstances extérieures susceptibles de preuves.

Il suffirait pour connaître quelle serait la peine applicable en premier lieu de chercher, lorsque le délit appartient à plusieurs ordres à la fois, à quel degré a été portée la criminalité dans chacun de ces ordres. 2. D'observer le degré de pénalité que produit chacun de ces délits dans les ordres de pénalités correspondans. 3. D'ajouter ensemble les diverses peines obtenues dans chaque ordre. Leur somme et leur combinaison donneront précisément le degré et la nature des peines qui conviennent au délit qu'il s'agit de réprimer. On sent qu'un pareil système qui réduirait toute la législation pénale à un tableau synoptique ou à des tables de proportion aurait incontestablement l'avantage d'atteindre à un grand degré d'exactitude puisque les degrés proportionnels tant dans la lésion que dans la peine pourraient être infiniment rapprochés et de ne rien laisser à l'arbitraire du juge dont l'office serait presque réduit à une sorte de mécanisme. La malice du malfaiteur ne serait, dans ce système, la volonté étant une fois constatée, qu'une circonstance aggravante d'alarme causée pour laquelle on ajouterait un ou plusieurs degrés de pénalité correspondante dans l'échelle des peines corporelles. En outre afin de faire ressortir plus parfaitement la nature de la peine de la nature du délit, et de pouvoir néanmoins appliquer toujours une peine efficace, on formerait un tableau des peines de différens ordres ou catégories qui pourraient être considérées comme équivalentes.

381. La loi pénale ayant été réduite par cette disposition à un tableau d'assez peu d'étendue, on poserait les questions au jury comme à l'ordinaire et le magistrat n'aurait qu'à chercher sur ce tableau le degré de lésion que le fait répondu a apporté aux divers intérêts sociaux dans chaque ordre, les pénalités correspondantes dans les divers ordres et cumuler toutes ces pénalités. Le résultat serait la peine applicable au fait déclaré par le jury.

Prenons pour exemple le crime de viol, il y a tout à la fois atteinte à la sûreté et aux mœurs. Les circonstances feront connaître à quel degré il doit être classé dans la lésion de la sûreté. S'il y a eu des coups, des blessures, si l'attaque a été faite de nuit, etc. Elles feront connaître aussi à quel degré les mœurs publiques ont été blessées, s'il y a eu réunion de personnes, dignité offensée, bruit nocturne, publicité de lieu, etc.; on prend dans la pénalité des atteintes aux mœurs et dans celle des atteintes à la sûreté les peines correspondantes à ces divers degrés de lésion, on les cumule et le résultat donne tout à la fois la nature et la gravité de la peine applicable.

On ferait disparaître par ce procédé la difficulté de la *qualification* du crime ou délit et la question de savoir à qui de la cour ou du jury appartient cette qualification, deux des sources les plus fréquentes de cassation qui existent dans notre système actuel et dont la dernière peut être regardée comme une question insoluble.

Ainsi la question de fait, posée au jury et résolue par lui comme à l'ordinaire, mais d'une manière bien complète, ne serait décomposée que par la cour seulement dans les divers ordres ou degrés de lésion qu'elle comprend. Après cette opération il resterait à ajouter les degrés d'aggravation ou d'allégeance résultant soit du degré de malice du coupable, soit des circonstances propres à exciter l'indulgence à son égard, et à prendre en considération le tableau des peines équivalentes pour appliquer toujours une peine efficace et résultant autant que possible de la nature même du délit.

382. La peine prononcée par l'emploi d'un semblable procédé; 1. n'aurait rien d'arbitraire; 2. elle ressortirait toujours de la nature du crime; 3. elle punirait toutes les lésions sociales et ne punirait qu'elles, c.-à-d., qu'elle serait un tarif exact des coups que la société serait obligée de porter pour sa défense; 4. ce procédé simplifierait singulièrement la loi et écarterait toutes les disputes de mots. Enfin les degrés de pénalité et de criminalité qui forment la série de chaque ordre pouvant être très rap-

prochés, on obtiendrait toute l'exactitude humainement possible, sans aucun arbitraire.

Que si la peine n'est pas considérée comme une légitime défense, mais comme le supplément de la justice divine et une sorte d'équivalent pour l'offense qui lui a été faite, tout doit rester livré au plus effrayant arbitraire. Car la criminalité dépend uniquement, dans ce système, du degré de malice du coupable; ce degré de malice qui réside au fond de sa conscience, se révèle par des circonstances tellement variées, nombreuses, fugitives qu'il est impossible de les prévoir et de les tarifer. Et c'est sans doute parce que ce dernier système a prévalu jusqu'ici, parce que du moins il est resté mélangé avec l'autre, sans qu'on ait opté entre les deux, qu'une forme aussi simple que celle que nous venons d'indiquer et qui se présente aussi naturellement à l'esprit n'a pas été tentée (20).

NOTES

DU PREMIER CHAPITRE DE LA TROISIÈME PARTIE.

(1). « Les familles se formèrent donc de ces serviteurs *(famuli)* reçus sous la protection des héros. Nous avons déjà vu en eux les premiers membres d'une société publique *(socii)*. Leur vie dépendait de leurs seigneurs, et par suite tout ce qu'ils pouvaient acquérir; droit terrible que les héros exerçaient aussi sur leurs enfans. Mais les fils de famille se trouvaient à la mort de leurs pères affranchis de ce despotisme domestique et l'exerçaient à leur tour sur leurs enfans. Dans le droit romain tout citoyen affranchi de la puissance paternelle est lui-même appelé père de famille. Les serviteurs au contraire étaient obligés de passer leur vie dans le même état de dépendance. Après bien des années, ils durent naturellement se lasser de leur condition et se révolter contre les héros. Nous avons déjà indiqué dans les axiomes d'une manière générale que les serviteurs avaient fait violence aux héros dans l'état de famille, et que cette révolution avait occasionné la naissance des républiques. Dans une telle nécessité les héros devaient être portés à s'unir en corps politique pour résister à la multitude de leurs serviteurs révoltés, en mettant à leur tête l'un d'entr'eux distingué par son courage et par sa présence d'esprit; de tels chefs furent appelés rois, du mot *regere* diriger. De cette manière on peut dire avec Pomponius, *rebus ipsis dictantibus regna condita*, pensée profonde qui s'accorde bien avec le principe de la jurisprudence romaine : le droit naturel des gens a été fondé par la providence divine *(jus naturalis gentium divinâ providentiâ constitutum)*. Les pères étant rois et souverains de leurs familles, il était impossible, dans la fière égalité de ces âges barbares, qu'aucun d'entr'eux cédât à un autre, ils formèrent donc des sénats régnans, c'est-à dire composés d'autant de rois des familles, et, sans être conduits par aucune sagesse humaine, ils se trouvèrent avoir uni leurs intérêts privés dans un intérêt commun que l'on appela *patria*, sous-entendu *res*, c'est-à-dire, intérêt des pères. Les nobles, seuls citoyens des premières patries, se nommèrent *patriciens*. Dans ce sens on peut regarder comme vraie, la tradition selon laquelle on ne consultait que la nature dans l'élection des rois des premiers âges. » Vico.

(2). « Ainsi les premiers états n'eurent pour citoyens que des nobles qui les gouvernaient. Mais ils n'auraient eu personne à qui commander si l'intérêt commun ne les eût décidés à satisfaire leurs cliens révoltés, et à leur accorder la première loi agraire qu'il y ait eu au monde. Afin de ne sacrifier que le moins possible de leurs priviléges, les héros ne leur accordèrent que le domaine bonitaire des champs qu'ils leur assignaient. C'est une loi du droit naturel des gens que le domaine suit la puissance. Or les serviteurs ne jouissant d'abord de la vie que d'une manière précaire dans les asiles ouverts par les héros, il était conforme au droit et à la raison qu'ils eussent aussi un domaine précaire et qu'ils en jouissent tant qu'il plairait aux héros de leur conserver la possession des champs qu'ils leur avaient assignés. Ainsi les serviteurs devinrent les Plébéiens des rites héroïques où ils n'avaient aucun privilége de citoyen. » *Le même.*

(3). On trouve dans l'Asie centrale toutes les races d'animaux qui ont été apprivoisés dans les pays nord et sud. C'est de l'Asie que descendent tous les peuples de l'Europe. Nous connaissons l'origine des Lapons, des Finnois, des Germains et des Goths, des Gaulois, des Slaves, des Celtes, des Cimbres, soit par leurs langues ou les restes de leurs langues, soit par les documens des pays qu'ils ont habités; nous les suivons assez loin sur les bords de la mer Noire et dans la Tartarie. C'est en Asie que se trouvent les langues les plus anciennement cultivées. Elle a inventé l'alphabet. Les plus beaux fruits de la terre ont été importés de l'Asie en Grèce et en Afrique, et l'agriculture y est immémoriale. Le commerce des peuples asiatiques est le plus ancien de la terre et les inventions les plus importantes leur appartiennent. C'est en Asie qu'ont subsisté les plus anciennes et les plus vastes monarchies.

(4). « Nous voyons d'abord les hommes, en exceptant quelques-uns des enfans de Sem, dispersés à travers la vaste forêt qui couvrit la terre un siècle dans l'Asie Orientale et deux dans le reste du monde. Le culte de Jupiter que nous retrouvons partout chez les premières nations païennes, fixe les fondateurs des sociétés dans les lieux où les ont conduits leurs courses vagabondes, et alors commence l'âge des dieux qui dure neuf siècles. Déterminés dans le choix de leurs premières demeures par le besoin de trouver de l'eau et des alimens, ils ne peuvent se fixer d'abord sur le rivage de la mer, et les premières sociétés s'établissent dans l'intérieur des terres. Mais vers la fin du premier âge les peuples descendent plus près de la mer. Ainsi chez les Latins il s'écoule plus de 900 ans, depuis le siècle d'or du Latium, depuis l'âge de Saturne jusqu'au temps où Ancus Martius vient sur les bords de la mer s'emparer d'Ostie. L'âge héroïque qui vient ensuite comprend deux cents années pendant lesquelles nous voyons d'abord les courses de Minos, l'expédition des Argonautes, la guerre de Troyes et les longs voyages des héros qui ont détruit cette ville. C'est alors, plus de mille ans après le déluge, que Tyr, capitale de la Phénicie, descend de l'intérieur des terres sur le rivage, pour passer ensuite dans une île voisine. Déjà elle est célèbre par la navigation et par les colonies qu'elle a fondées sur les côtes de la Méditerranée et même au-delà du détroit, avant les temps héroïques de la Grèce. » Vico, p. 236.

(5). « Nulle part les peuples n'ont été autant mélangés qu'en Europe ; nulle part ils n'ont si souvent, si brusquement changé de séjour, de coutumes et de mœurs. Laissant à part les familles et les individus, déjà dans beaucoup de contrées il serait assez difficile aux habitans de dire à quelle race et à quelle nation ils appartiennent ; s'ils sont Goths, Maures, Juifs, Carthaginois Romains ; s'ils descendent des Gaulois, des Cimbres, des Bourguignons, des Francs, des Normands, des Saxons, des Slaves, des Finnois, des Illyriens et comment le sang de leurs ancêtres est arrivé jusqu'à eux. Dans la succession des siècles, cent causes font que le caractère natif des divers peuples de l'Europe s'est altéré par le mélange, autrement il eut été difficile que l'esprit général de l'Europe se développât jamais.

« Si dans l'origine les plus anciens habitans de cette partie du monde ne se rencontrent que sur les montagnes, ou sur le long des côtes ou sur les langues de terre, c'est un fait naturel qui se reproduit dans toutes les parties du monde jusques dans les îles des mers d'Asie. Le plus souvent les montagnes sont peuplées d'une race particulière, ordinairement moins polie par la culture et qui selon toute vraisemblance occupa la première le pays dont elle fut chassée par de nouvelles tribus, plus jeunes et plus hardies. Pouvait-il en être autrement en Europe, là où les nations se sont plus pressées, plus heurtées qu'en aucun autre lieu ? Toutefois la chaîne de migration se borne à quelques noms principaux, et chose remarquable, en changeant de contrées nous retrouvons les mêmes peuples qui semblent s'être suivis dans un ordre constant. Ainsi aux Gaëls succèdent les Cimbres, aux Cimbres les Allemands, à ceux-ci les Slaves. Comme les couches du globe se superposent dans une progression régulière, ainsi dans nos contrées nous apparaissent les couches des peuples, souvent, il est vrai, altérées et bouleversées, mais dont l'état primitif est toujours reconnaissable. »

Iéna, p. 194.

« A un aperçu général de l'apposition des deux pouvoirs, je préférerais l'examen attentif des cas particuliers que l'histoire et la géographie nous présentent en foule. Nous savons par exemple quel a été le sort des colonies portugaises en Afrique, des Espagnols, des Hollandais, des Anglais et des Allemands établis en Amérique et dans les Indes Orientales suivant qu'ils ont adopté le genre de vie des indigènes ou qu'ils ont conservé les coutumes d'Europe. Après avoir étudié cette classe de faits avec attention, nous pourrions passer à des migrations plus anciennes comme par exemple, à celles des Malais dans les îles, des Arabes en Afrique et aux Indes Orientales, et des Turcs dans les contrées qu'ils ont conquises, et aller ainsi jusqu'aux Mongols, aux Tartares, et enfin à cet essaim de nations qui ont couvert l'Europe dans le cours des grandes invasions. Jamais il ne faudrait perdre de vue de quel climat tel peuple est arrivé, quel est le genre de vie qu'il en a rapporté, quel pays il a rencontré dans sa marche, avec quelles nations il s'est mêlé et quelles révolutions il a subi dans sa nouvelle patrie. Si l'on soumettait à cet examen les époques sur lesquelles nous avons des documens certains, tout nous fait croire que l'on pourrait ordonner en systêmes ces premières migrations qui ne nous sont connues que par les histoires traditionnelles des anciens écrivains ou les rapports des langues et des mythologies; car tous les peuples de la terre ou du moins le plus grand nombre ont émigré tôt ou tard. Ainsi à l'aide de quelques mappemondes qui faciliteraient nos recherches, nous obtiendrions une histoire physique et géographique des migrations et des variations de notre espèce selon les temps et les climats et par-là nous arriverions à d'importans résultats pour la science de l'homme. » HERDER, t. 2, p. 48.

(6). « Ce qu'il y a de positif, c'est quedans plusieurs endroits comparativement très éloignés de l'Égypte, il existait dans l'antiquité et il existe encore des établissemens sacerdotaux surtout d'une origine incontestablement égyptienne; et que toutes les colonies qui donnèrent lieu au progrès en Grèce et dans les autres pays riverains de la Méditerranée ne sauraient être attribuées exclusivement aux Phéniciens; car la fondation de plusieurs villes antiques, la généalogie même de plusieurs familles royales, la filiation d'une grande partie des mystères et nommément de ceux d'Orphée, dirigent de la Grèce en Égypte les regards de l'historien.

« Il est par conséquent très possible que dans ces temps reculés les expéditions militaires dont il est si souvent question dans les traditions égyptiennes, n'aient été que des colonies armées expédiées de la mère patrie non pas toujours dans un but mercantile lorsqu'il s'agit des colonies et des villes d'origine phénicienne, mais plutôt par un motif religieux comme celui qui influa si évidemment sur les conquêtes de la Perse; et que ce motif religieux coopérant du moins à ces expéditions fut celui de propager les mystères afin de faire participer les peuples de l'Occident alors barbares à la civilisation de l'Égypte et de les attacher plus solidement à cette contrée.

« Une autre occasion de ces courses lointaines qui nous paraissent problématiques ou sans but réel, c'est peut-être quelque trouble intérieur, quelque division intestine; d'autant plus que certainement l'Égypte s'est vue de plusieurs manières travaillée par la discorde politique. Elle a été souvent divisée en plusieurs royaumes, et lors même qu'elle n'en faisait qu'un, l'intérêt des provinces agricoles de la Haute-Égypte était maintes fois en opposition avec celui de la Basse-Égypte commerçante et manufacturière, phénomène qui se représente assez fréquemment dans nos états modernes. » SCHLEGEL, *Philosophie de l'histoire*.

(7). Nous parlons d'un état de migration permanent,

physique et moral à la fois. Ce fut celui de la plupart des peuples barbares qui envahirent l'Europe à la chute de l'empire romain et c'est cette permanence de leur migration, cet état de fluctuation incessante en quelque sorte qui rend si difficile de déterminer les contrées qu'ils occupèrent et inutile la peine que se donnent les géographes pour en assigner les limites. Ce fut notamment l'état des nations celtiques et germaniques chez lesquelles on observe dès la plus haute antiquité le caractère nomade et envahissant. « *Privati ac separati agri apud eos nihil est*, dit César en parlant des Germains, *lib. IX de bello Galico*, *neque longiùs anno remanere uno in loco incolendi causâ licet. — Neque quisquam agri certum modum aut fines habent proprios, sed magistratus ac principes in annos singulos gentibus cognationibusque hominum qui unâ coierint, quantùm ex quo loco visum est agri attribuunt atque anno post alio transire cogunt. — Agri pro numero cultorum ab universis per vicos occupantur quos mox inter se, secundùm dignationem partiuntur.* » Il n'y a point chez eux de champs privés et séparés, ils ne peuvent demeurer plus d'un an dans un lieu pour le cultiver et personne n'a une étendue déterminée de terre ou une propriété bornée, mais les magistrats et les princes attribuent chaque année aux familles et aux hommes de même race qui vivent réunis, autant de terre dans chaque lieu qu'il leur semble bon, et les forcent d'en déguerpir un an après. — Les terres sont occupées par tous les cultivateurs par bourgs et cantons en raison de leur nombre et ils les partagent ensuite entr'eux selon leur rang. *Tacite, de moribus Germanorum.*

Ces passages révèlent évidemment un état de migration régularisé non un simple déplacement, et si l'on se rappelle la résistance obstinée des Gaulois à l'introduction de l'agriculture qui n'était pas encore répandue chez eux à l'époque de la fondation de Marseille, 600 ans avant J.-C., on demeurera convaincu que cette migration tenait à une disposition morale, qu'elle était autant intellectuelle que physique; raison pour laquelle à l'autre extrémité de la chaine de la civilisation, les peuples en état de crise ou de migration intellectuelle peuvent puiser dans leur histoire d'importantes leçons.

(8). « Partout où l'agriculture a été introduite, ce n'est pas sans peine que les hommes ont été amenés à enclore un terrain et à établir la distinction du mien et du tien : beaucoup de petites maisons nègres cultivent leur sol sans en avoir la moindre idée ; car disent-elles, la terre appartient à tous. Chaque année ils se partagent le terrain et le labourent avec assez de négligence ; aussitôt que la moisson est recueillie, le sol retourne à son premier état et retombe dans le domaine commun. En général aucun genre de vie n'a produit de si grands changemens dans la constitution morale de l'homme que l'agriculture quand elle a donné l'idée d'enclore le terrain : pendant que d'un côté elle faisait naître les arts et le commerce, les bourgs et les villes et par suite les gouvernemens et les lois, d'un autre elle préparait nécessairement la voie à ce despotisme effrayant qui, après avoir renfermé chaque homme dans son champ, en vint peu à peu jusqu'à lui commander ce qu'il devait faire et ce qu'il devait être dans ce champ. *Le sol alors cessant d'appartenir à l'homme, ce fut l'homme qui appartint au sol.* Bientôt même la conscience des facultés qu'il avait développées languit et se perdit faute d'exercice ; enfin réduits à la lâcheté et à l'esclavage, les peuples furent conduits par la misère et le besoin à des plaisirs efféminés et de honteuses débauches ; de là vient que sur toute la surface de la terre l'homme qui dans sa vie errante plante sa tente et la transporte où il lui plaît regarde ceux qui habitent une hutte comme de viles bêtes de somme, comme une race dégénérée et séparée de l'espèce ; ses besoins les plus impérieux deviennent des plaisirs quand il a pour récompense la liberté de faire et de vouloir : au contraire toutes les douceurs se changent en poisons quand elles énervent la pensée et enlèvent à une créature aussi frêle son indépendance et sa dignité, c'est-à-dire, les seuls biens qui embellissent son existence précaire.

« Loin de moi toutefois la pensée de déprécier un genre de vie dont la Providence s'est servie avec tant d'efficacité pour conduire l'homme à la société civile ; car pour moi aussi je vis du pain qu'il me donne, mais ne soyons pas injustes envers d'autres conditions qui aussi bien que celle de l'agriculteur ont été destinées d'après la constitution du globe à contribuer à l'éducation du genre humain. Ce n'est que la plus faible portion de notre espèce qui s'adonne à cultiver le sol, et la nature elle-même a déterminé dans les peuples différentes manières de vivre. Comptez les nations qui se nourrissent des racines de riz, de fruits, de poissons, d'oiseaux et de gibier, ces tribus innombrables de nomades qui sans doute ne laissent pas de dérober à leurs voisins un peu de pain ou de récolter elles-mêmes quelques gerbes de blé; ajoutez toutes les nations qui cultivent la terre sans avoir nulle part une propriété fixe, ou du moins qui n'y emploient que leurs femmes et leurs esclaves. Direz-vous à proprement parler que tous ces peuples sont des agriculteurs? Quelle faible partie du monde reste donc pour ce genre de vie et l'art sur lequel il repose! L'intelligence pratique de l'homme devait fleurir et porter des fruits les plus divers. A une espèce aussi mobile il fallait une terre aussi variée.» HERDER.

« Avec une constitution militaire ainsi établie, les Germains devaient nécessairement être privés de plusieurs qualités qu'ils sacrifièrent volontiers à leurs goûts et à leur besoin principal, la guerre. Peu zélés pour l'agriculture, le partage annuel des terres dans plusieurs tribus empêcha qu'ils ne s'attachassent individuellement à leurs propriétés et que leur industrie ne se tournât de ce côté. Il y en eut, surtout à l'est, qui ne furent long-temps que des chasseurs et des bergers tartares. L'idée grossière de la communauté des pâturages et des propriétés était une des notions favorites de ces nomades, et elle les suivit dans toutes les contrées, dans tous les royaumes dont ils s'emparèrent. L'Allemagne fut donc long-temps une immense forêt, entrecoupée çà et là de prairies, de marais, d'étangs où habitaient, avec les héros, l'ours et l'élan, anciens témoins, aujourd'hui détruits, des temps héroïques de notre histoire. De sciences ils s'en inquiétaient peu, et le petit nombre d'arts dont ils avaient besoin, étaient abandonnés aux femmes ou aux esclaves, élevés pour la plupart avec ce caractère, excités par la vengeance, le besoin, l'ennui de l'inaction, par l'instinct social ou tout autre sentiment, ces peuples devaient être pressés d'abandonner leurs sauvages forêts pour chercher de meilleures contrées ou s'enrôler à la solde de l'empire. De là plusieurs tribus, alliées ou ennemies, furent mutuellement dans une éternelle agitation. Quelques-unes plus paisibles se fixèrent d'abord; mais en général aucun peuple n'a plus souvent changé de séjour et de lieu. En s'ébranlant une tribu en entraînait presque toujours beaucoup d'autres avec elle et la horde devenait une armée. Beaucoup de nations germaniques, les Vandales (*Vandeln*), les Suèves (*Schweifen*) tirent leurs noms de cette habitude d'errer tant sur mer que sur terre, par où ils se rapprochaient assez de la condition des Tartares. Herder, page 180.

« La nation grecque elle-même était originairement formée d'élémens très divers; et on peut y distinguer, outre les Hellènes, au moins deux peuples principaux tout-à-fait différens de ceux-ci, mais qui plus tard se fondirent en entier ou en partie avec eux. Ces peuples sont d'abord les Thraces dans la partie septentrionale, lesquels peuvent être regardés à juste titre comme issus des peuples de ce nord qu'Hérodote croyait la région de la terre la plus peuplée après les Indes, et appartenaient peut-être à la même race que ces nations qui habitaient autour du Danube et même au-delà de ce fleuve; puis les Pélasges vrais aborigènes de la Grèce qui ont élevé ces édifices et ces constructions gigantesques d'un genre tout particulier, appelées en Italie cyclopéennes et en Grèce pélasgiques dont on voit encore quelques débris dans le Péloponnèse, mais qui si l'on en croit les anciens, s'y trouvaient autrefois en bien plus grand nombre qu'aujourd'hui. Ces peuples primitifs, aborigènes, apparaissent en beaucoup de pays sous les mêmes traits caractéristiques où nous sont représentés au moins avec des couleurs fort ressemblantes. A ces traits caractéristiques appartiennent les constructions dont nous venons de parler, quelques connaissances en métallurgie, des pratiques grossières de religion, mais sans tradition mythologique, laquelle date d'une époque plus récente et même sans dénomination précise donnée à la divinité; ensuite des sacrifices humains et sinon une barbarie absolument sauvage, du moins un caractère dur et des mœurs grossières, enfin une inquiétude continuelle et un penchant prononcé pour les migrations. » SCLEGEL, *philosophie de l'histoire, huitième leçon.*

(9). « L'intelligence pratique de l'espèce humaine s'est partout développée à l'occasion des besoins de la vie; mais partout elle a été un fruit du génie des peuples, le résultat de la tradition et des coutumes.

« Il paraît d'ailleurs que les besoins physiques, même quand une nation a des forces suffisantes pour servir à son développement, ne peuvent à eux seuls faire naître les premiers élémens de la civilisation; car aussitôt que l'homme, dans son indolence native a satisfait à ses premiers besoins, et qu'ainsi paraît dans le monde l'enfant qu'il nomme aisance, il s'arrête dans cette condition et n'en change que difficilement. D'autres causes concourent à établir le genre de vie d'un peuple; considérons-le maintenant comme déterminé et cherchons quelles sont les facultés actives qui se développent avec lui.

« Les hommes qui vivent de racines, d'herbes et de fruits resteront inactifs et tant que des causes particulières ne hâteront pas pour eux le cours de la civilisation, leurs facultés ne feront aucun progrès. Nés sous un beau climat et descendus d'une heureuse origine, ils auront une vie douce et facile; car pourquoi des querelles désuniraient-elles des hommes que la nature accable elle-même de ses bienfaits? Leurs arts et leurs découvertes ne dépasseront pas les besoins de chaque jour. Les insulaires que la nature nourrit de productions végétales, surtout du fruit à pain, et qu'elle habille sous un climat délicieux de l'écorce des arbres, passent des jours tranquilles et heureux. On dit que les oiseaux se reposent sur les épaules des habitans des îles Mariannes sans interrompre leurs chants. Etrangers au feu que la douceur de leur climat leur rend inutile, ils ne connaissaient point non plus l'usage des flèches, car aucune bête féroce ne les forçait d'avoir recours à des armes défensives. Il en est de même des habitans de la Caroline et de ceux des îles de la mer du Sud; ce n'est que dans quelques-unes d'elles que les naturels sont parvenus à un plus haut degré de civilisation et que diverses circonstances ont établi des arts et des manufactures. Plus le climat est sévère moins la vie de l'homme est simple et facile. L'habitant de la Nouvelle-Hollande poursuit son opossum et son kangarou, va à la pêche, à la chasse, et se nourrit de racines de yam, rassemblant ainsi tous les genres de vie que les circonstances externes lui présentent et qu'il a pour ainsi dire réunis en un centre où il vit heureux à sa manière. Il en est de même des nouveaux Calédoniens et des nouveaux Zélandais, et à peine faut-il excepter les misérables habitans de la Terre de Feu: ils ont leurs canots d'écorce, leurs flèches et leurs arcs, des vêtemens et des haches, du feu et une hutte, c'est-à-dire, tous les élémens des arts à l'aide desquels les nations les plus éclairées de la terre ont atteint le degré de civilisation où nous les voyons parvenus. Mais pour eux, au milieu de leurs rochers désolés, tout engourdis par le froid, ils sont restés dans l'état le plus grossier sans avoir essayé d'en sortir. Le Californien développe autant d'intelligence qu'il en faut dans le pays qu'il habite et dans le genre de vie qui lui convient. Il en est de même des indigènes du Labrador et de toutes les contrées qui s'étendent aux extrémités glacées du globe. Partout les hommes ont fait un pacte avec la nécessité et l'habitude héréditaire leur permet de vivre heureux au milieu des fatigues dont ils sont accablés; ils méprisent ce que leurs besoins ne leur rendent pas indispensable et bien que l'Eskimaux manie la rame avec adresse il n'a point appris à nager. » HERDER.

(10). Les plus anciens peuples connus dont la migration ait laissé des traces certaines sont les Celtes. Venus d'Asie ils peuplèrent notre Europe et leur migration présente un caractère de permanence et de régularité qui paraît révéler tout autre chose que la nécessité de changer de résidence pour satisfaire aux besoins de la vie.

Les Scythes négligeaient presqu'entièrement l'agriculture. Les fruits que la terre produit naturellement, la chasse, le lait et la chair de leurs troupeaux faisaient leurs alimens ordinaires, ceux d'entr'eux qui semaient quelque peu de blé ne s'en servaient pas pour faire du pain, mais pour le rôtir, c'est-à-dire, pour en faire de la bière et de la bouillie.

Les peuples germains en général faisaient peu de cas de l'agriculture. Ils ne s'y livrèrent que fort tard. Les anciens habitans de la Gaule apprirent des Grecs établis à Marseille la manière de cultiver les terres, de tailler la vigne et de planter les oliviers. Strabon insinue qu'ils ne s'appliquèrent à l'agriculture que par force, il fallut pour les réduire au métier de laboureurs les forcer de quitter les armes.

Cependant les Germains semaient quelque peu de blé du temps de Pline, de Tacite et même du temps de Jules César, mais ils s'en servaient à la manière des Scythes et n'avaient point encore appris à en faire du pain. Tous les autres peuples celtes même les Grecs et les Perses ne connaissaient anciennement d'autres alimens que ceux dont les Scythes se nourrissaient. Les peuples celtes nomades buvaient comme les Scythes du lait et de l'eau. Ceux qui semaient du froment, de l'orge et du millet s'en servaient pour faire de la bière qui était la boisson la plus commune des Celtes.

Lorsque les Grecs et les Romains eurent passé le Danube et pénétré dans la Scythie, ils y trouvèrent deux peuples entièrement différens : les Sarmathes et les Celtes ou Celto-Scythes. Les Celtes ont occupé en général les parties occidentales de l'Europe, l'Espagne, les Gaules, les trois royaumes de la Grande-Bretagne, la Germanie, les royaumes du nord et une partie de l'Italie. Les Sarmathes se sont établis du côté de l'Orient.

On conjecture que les Sarmathes descendaient des Mèdes et les Celtes des Perses. La langue sclavonne était celle des Sarmathes. Ces peuples n'avaient comme les Scytes que de la cavalerie. Leurs usages différaient de ceux des Celtes. Ceux-ci avaient des troupeaux de toute sorte de bétail, les Sarmathes au contraire ne nourrissaient que des chevaux. La chair de cheval, le lait et le fromage de cavale étaient leurs alimens les plus ordinaires.

Il paraît que les Pélasges, les plus anciens habitans de la Grèce, étaient Celtes d'origine.

Les peuples celtes ou scythes passaient leur vie sur des chariots couverts; ils s'en servaient pour transporter leurs femmes, leurs enfans et leur bagage d'un pâturage à l'autre. S'ils bâtissaient quelques chétives cabanes, ils les abandonnaient au bout de quelques jours pour remonter sur leurs chariots et pour passer dans d'autres contrées.

Ils allaient passer leurs quartiers d'hiver dans des régions tempérées ou à l'abri des vents froids. Attaqués par des forces supérieures ils s'enfuyaient dans leurs solitudes.

Les peuples barbares qui à diverses époques vinrent fondre sur les provinces de l'empire romain, les Cimbres, les Tartares, les Suèves, les Vandales, les Goths, les Alains, etc, étaient nomades. La plupart des Germains l'étaient encore du temps des premiers empereurs. On en trouve dans le quatrième siècle qui n'avaient aucune demeure fixe.

Les peuples celtes ne pensèrent point à bâtir de maisons tant qu'ils n'eurent d'autre occupation que de paître leurs troupeaux, même lorsqu'ils commencèrent à s'adonner à l'agriculture; ils n'avaient pas coutume de s'approprier les terres qu'ils cultivaient ni même d'y séjourner au-delà d'un an. Ce n'était pas la coutume des Germains de posséder des terres en propre. Chaque année leurs magistrats en assignaient aux peuples et aux familles qui vivaient ensemble autant et en tel lieu qu'ils le jugeaient convenable. L'année suivante ils les forçaient de passer dans d'autres lieux.

Le même usage, dit Pelloutier, était encore en vigueur parmi les Germains près de 150 ans après, c'est-à-dire du temps de Tacite. Chaque communauté, selon cet historien, cultive tantôt un canton, tantôt un autre. Elle le prend plus ou moins étendu selon le nombre des bras qu'elle peut employer et toujours assez vaste pour rendre facile le partage qui s'en fait entre particuliers, suivant leur condition et leur état. Jamais ils n'ensemencent les mêmes champs deux années de suite. Ils ont à choisir parce qu'ils ne proportionnent pas leur travail à l'étendue et à la bonté du terrain, etc. Tous les ans ils cultivent de nouvelles terres et ne laissent pas d'en avoir encore de reste. Cette coutume n'était pas particulière aux peuples d'Allemagne. Horace l'attribue aux Getes. On voit dans Diodore de Sicile que les Yaccéens qui étaient un peuple d'Espagne, conservaient encore de son temps la coutume de partager leurs terres tous les ans. Les fruits étaient rassemblés dans des greniers publics. L'on distribuait ensuite aux particuliers la quantité de grains dont ils avaient besoin pour l'entretien de leurs familles. Enfin Strabon observe que les Dalmates procédaient tous les huit ans à un nouveau partage de leurs terres. Cela est d'autant plus remarquable que les peuples de l'Illyrie portaient déjà depuis plusieurs années le joug des Romains. Ainsi lors même que les peuples celtes eurent commencé à connaître les avantages qu'ils pouvaient tirer de l'agriculture, il fallut du temps pour leur faire quitter cette vie errante et vagabonde à laquelle ils s'étaient accoutumés. »

Quand ils commencèrent de se livrer au labourage, les peuples celtes commencèrent à se construire des cabanes pour passer l'hiver. La plupart cependant se bornèrent à creuser des cavernes souterraines dans lesquelles ils serraient leur blé qui s'y conservait parfaitement pendant plusieurs années. Elles leur servaient de retraites et de granges tout à la fois. Recouvertes de terre et de gazon elles devenaient invisibles à l'ennemi. Tous les peuples scythes avaient de ces cavernes tant en Asie qu'en Europe. On les appelait d'un nom commun Cées.

Lorsqu'ils se fixèrent et commencèrent à se loger dans des maisons, les Celtes ne bâtirent cependant ni villes ni villages. Tacite l'a remarqué en parlant des Germains; chacun s'établissait le long d'un ruisseau, dans une campagne ou dans une forêt selon qu'il le trouvait bon; il se logeait ensuite avec sa famille au milieu de sa possession, c'est l'origine des cantons, nom que l'on donnait à un district occupé par un certain nombre de familles qui avait ses magistrats et une juridiction particulière.

Les peuples mêmes qui n'avaient pas encore de demeures fixes et étaient restés à l'état nomade étaient pareillement divisés en cantons. Parmi ces nomades, un canton était composé d'un certain nombre de familles qui campaient toujours ensemble et qui obéissaient à un même chef.

« Tous les peuples de l'Europe, dit encore M. Pelloutier, étaient anciennement partagés en cantons et dispersés dans les campagnes. Tels étaient les Espagnols, les Gaulois, les Germains, les Thraces, les Illyriens, les anciens habitans de l'Italie, de la Sicile et de la Grèce. La plupart de ces cantons étaient dans le commencement des états séparés et indépendans. La nécessité de se défendre contre des ennemis communs les obligea ensuite à se réunir et à former des espèces de républiques. »

On retrouve ce mode de partage par cantons en Grèce. Suivant Thucydide les Athéniens demeuraient à la campagne par cantons. Chacun se gouvernait à sa manière. Thésée changea cet ordre; il abolit les magistrats particuliers et obligea les Athéniens à former un seul corps et à ne tenir qu'une seule assemblée.

Le géographe Strabon nous apprend que dans l'Ibérie asiatique tout l'état est classé en quatre différens ordres de personnes. La famille dans laquelle on choisit les rois. L'aîné succède au trône. Celui qui vient après lui administre la justice et commande les armées. La classe des sacrificateurs, celle des gens de guerre et des laboureurs, enfin la populace. Les Ibères partagent leurs terres par familles et chaque famille possède en commun celles qui lui appartiennent. Le plus âgé d'une famille la commande et en administre les revenus.

La constitution cantonnale subsistait pareillement chez les Galates, autre peuple Celte qui habitait l'Asie-

Mineure. Strabon nous apprend que les Galates étaient composés de trois peuples ayant tous la même langue et les mêmes coutumes. Chaque peuple était partagé en quatre portions sous le nom de tétrarchies. Chaque tétrarchie avait son tétrarque particulier, un juge et un colonel qui étaient tous deux soumis au tétrarque; outre cela deux lieutenans colonels. L'assemblée des douze tétrarchies se réunissait par ses députés formant le conseil général de la nation. Elle était composée de 300 personnes, c'est-à-dire que le tétrarque, le juge, le colonel et les deux lieutenans-colonels de chaque canton s'y rendaient accompagnés d'une vingtaine de notables tirés de la noblesse, du clergé et du peuple.

Les affaires criminelles qui chez les Galates comme chez les Germains appartenaient à la haute justice, ne pouvaient se décider que dans cette assemblée. Les autres affaires étaient remises au tétrarque et aux juges qui formaient une espèce de chambre haute dans laquelle la voix d'un juge était aussi considérée que celle du tétrarque lui-même.

Au commencement du printemps on tenait dans chaque état une assemblée générale : tout homme libre et capable de porter les armes était obligé de s'y rendre : ils y venaient tout armés et prêts à entrer en campagne. On délibérait de quel côté il fallait porter la guerre et celui qui parlait avec le plus de férocité était ordinairement celui qui entraînait les suffrages.

Tout particulier traduit en justice pouvait décliner la juridiction même celle du roi et offrir de se purger par les armes de l'accusation portée contre lui. C'était le combat en champ clos qui décidait du mérite de deux concurrens pour une charge, se fût-il même agi d'une dignité ecclésiastique.

Au reste, quoique continuellement en guerre et ne trouvant de sûreté que dans les déserts qu'ils faisaient entre eux et leurs voisins, les Celtes exerçaient généreusement l'hospitalité. Ils regardaient comme un crime de refuser à qui que ce fût l'entrée de leurs maisons. Tout Celte convaincu d'avoir refusé le couvert à un étranger non seulement était un objet d'exécration pour ses concitoyens, mais encore il était condamné à une amende pécuniaire par les magistrats. M. Pellontier cite une loi des Bourguignons qui porte : « Quiconque aura refusé sa maison ou son feu à un étranger paiera trois écus d'amende. Si un homme qui voyage pour ses affaires particulières vient demander le couvert à un Bourguignon et que l'on puisse prouver que celui-ci ait montré à l'étranger la maison d'un Romain, le Bourguignon paiera au Romain trois écus et pareille somme au fisc. La même loi porte que le métayer ou censier qui aura refusé d'exercer l'hospitalité sera fustigé : que les ambassadeurs étrangers pourront prendre, dans tous les endroits où ils coucheront, certaines provisions et que la dépense sera bonifiée par la communauté.

« Cela s'accorde, continue le même auteur, avec ce que pratiquaient les Mossyniens, peuple celte qui demeurait dans l'Asie-Mineure du côté de Trébisonde. Cultivant la terre en commun ils en partagent le revenu par égales portions, après avoir pris sur le tout une portion que l'on réservait pour les étrangers qui pouvaient passer dans le pays. Les Lucains qui descendaient d'un des plus anciens peuples de l'Italie, c'est-à dire des Samnites avaient aussi une loi qui ressemblait assez à celle des Bourguignons. Elle condamnait à une amende celui qui refusait sa porte à un étranger.»

(11). La nation des Guaranis une des plus répandues dans l'Amérique méridionale au temps de la conquête était divisée en une multitude de peuplades. L'occupation principale était l'agriculture .... lorsque la récolte était faite elles la déposaient dans un grenier commun : c'était-là le fond de leur subsistance. D'autres peuples des rives de l'Orénoque avaient à peu près le même genre de vie. Au lever du soleil, dit Depons, tous les Indiens otomaques capables de travailler se rendaient chez leurs capitaines respectifs qui désignaient ceux d'entr'eux qui devaient aller ce jour-là à la pêche ou recherche des tortues, ou à la chasse du sanglier selon la saison. Un certain nombre était aussi destiné dans le temps des semailles ou de la récolte aux travaux des champs, dont les fruits se déposaient dans des greniers publics pour être répartis par le chef. Jamais les mêmes Indiens n'allaient deux jours de suite aux travaux. Les Caribes s'adonnaient également à l'agriculture (DEPONS, *Voyage à la partie orientale de la Terre-Ferme, tome* 1, *chap.* 4, *page* 295.). Cette communauté de biens qui annonce l'enfance de la civilisation est cependant démentie par Robertson, dont le témoignage pourrait balancer au moins celui d'Azura et de Depons si la même communauté n'avait pas été également constatée chez les Indiens du nord. M. COMTE, *Traité de législation, tome* 2, *page* 189.

« On a vu précédemment que les peuples situés à l'extrémité boréale du continent américain au-delà du 60e degré de latitude, vivent principalement des produits de la pêche et que la chasse ne leur fournit qu'accidentellement un supplément aux subsistances qu'ils tirent de la mer ou des fleuves. Les peuples qui vivent entre le 66e et le 45e degré de latitude trouvent au contraire dans les produits de la chasse leurs principaux moyens d'existence quoique les lacs et les fleuves leur fournissent une partie de leurs subsistances, cette partie est moins considérable que celle que leur fournissent les animaux terrestres. Depuis le 45e degré de latitude jusque vers le 30e sur le golfe du Mexique, la population des produits de la chasse, de la pêche et de l'agriculture. La terre n'est cultivée que d'une manière très imparfaite, elle est divisée entre les peuplades; mais elle n'est pas partagée entre les individus ou entre les familles. La culture se fait en commun et les produits en sont déposés dans des magasins publics. Enfin entre les tropiques on ne trouve presque plus de peuples chasseurs : le territoire occupé par chaque peuplade est presque partout divisé en propriétés particulières. Chacun cultive les siennes comme il l'entend et jouit exclusivement des produits qu'il en retire. M. COMTE, p. 272.

On sait par exemple qu'il y a pour les peuples barbares qui veulent passer de la vie nomade à la vie agricole, un état de transition qu'il est impossible d'éviter. Toutes les forces doivent se réunir pour mettre la terre en culture; et comme il y a communauté dans le travail, il y a jouissance des produits. Cet état était celui dans lequel se trouvaient, au rapport de Tacite, plusieurs des tribus qui peuplaient les forêts de la Germanie, quand les légions romaines y portèrent leurs armes. C'était également celui d'un certain nombre de peuplades qui habitaient les forêts de l'Amérique septentrionale quand les Européens allèrent s'emparer de ce pays. Plusieurs sectes religieuses et particulièrement les Jésuites du Paraguay avaient adopté ce genre de vie. M. Comte, *Traité des législation*, t. 4, liv. 5, chap. 23. Nous verrons plus loin que M. de Châteaubriant attribue aux Natchez une coutume semblable.

(12). « Enfin des périls communs excitent les courages à s'unir pour les braver; et de là fut formé le troisième et le plus noble lien de l'homme, l'amitié. Dans les pays et les genres de vie où la première nécessité est l'union dans les entreprises, on trouve des ames héroïques qui restent fidèles aux sermens de l'amitié, à la vie et à la mort; tels furent les amis des âges héroïques de la Grèce qui vivront à jamais dans la mémoire des hommes; tels furent ces Scythes tant renommés et tant d'autres dont l'histoire ne recueille pas le souvenir, parmi les nations adonnées à la chasse, à la guerre, parmi les tribus aventureuses qui vont errer dans les forêts et les déserts. L'agriculteur a un voisin, l'ouvrier un compagnon de travaux qui l'aide ou qui lui porte envie; le marchand, le savant, le courtisan... Ah! qu'ils sont loin de cette amitié vive, fidèle, que nourrissent dans leurs cœurs le sauvage errant, le prisonnier, l'esclave qui gémit avec un autre esclave sous le poids des mêmes chaines. Dans les temps de désolation les ames s'unissent sous la verge de la nécessité : l'homme mourant appelle son ami pour venger son sang, et il se réjouit de le revoir au-delà de la tombe. L'ami tressaille, il brûle, il se consume du désir de venger la mort de celui que tant de liens lui rendent cher, de le délivrer de la prison, de le secourir dans le combat et de partager sa gloire. Chez les nations peu nombreuses une tribu bien unie n'est qu'une société d'amis dévoués, séparée de toutes les autres et dans l'amour et dans la haine : telles sont les tribus arabes, la plupart des hordes tartares et une grande partie des nations américaines. Leurs guerres les plus sanglantes et qui semblent accuser le plus l'humanité naissent le plus souvent du ressentiment d'une amitié méconnue ou d'une injure faite à l'honneur de la tribu.» HERDER, tome 2, page 123.

(13). La société est l'état naturel de l'homme : né et élevé dans son sein, c'est toujours à elle qu'il est ramené à mesure que les penchans de la jeunesse s'éveillent dans son cœur; et les noms si doux de père, de fils, de frère, de sœur, d'amant, d'ami sont des liens de la loi naturelle qui se retrouvent dans toutes les sociétés primitives. Ils ont même servi de fondement aux premiers gouvernemens, aux institutions de la famille sans lesquelles l'espèce ne pourrait subsister, lois précieuses que la nature elle-même a posées et limitées avec sagesse; c'est là ce que nous appellerons le premier degré du gouvernement naturel; ce sera toujours le dernier et le plus élevé.

« C'est ainsi que la nature a marqué les premières bases de la société, laissant à la raison ou aux besoins de l'homme l'ample faculté d'élever sur ce premier plan de plus hauts édifices. Dans les lieux où les tribus et les races peuvent se passer d'une assistance mutuelle, l'intérêt qu'elles prennent l'une à l'autre est presque nul et jamais elles n'ont pensé à former entr'elles d'association politique; tels sont les côtes habitées par des pêcheurs, les pâturages des bergers et les forêts du chasseur; là où cesse le gouvernement paternel et domestique, l'union entre les hommes est fondée ou sur un contrat ou sur une fonction quelconque qui a été conférée à l'un ou plusieurs d'entr'eux. Une nation de chasseurs par exemple s'assemble pour partir : s'ils ont besoin d'un chef c'est pour diriger la chasse : aussi choisissent-ils le plus adroit et ils lui obéissent volontairement pour la fin commune qu'ils ont en vue. Les animaux qui vivent par troupes ont un chef semblable dans les voyages, dans les défenses, dans les attaques et en général dans tous les travaux qui se font en commun cette précaution est indispensable; c'est ce que nous appellerons le second degré du gouvernement naturel. On le retrouve chez tous les peuples qui, en proie aux besoins physiques, vivent comme on dit dans l'état de nature. Au reste le juge élu par une nation appartient à ce degré du gouvernement; car c'est le plus sage et le meilleur que l'on choisit pour une fonction cependant si précaire que sa souveraineté finit quand son œuvre est achevée.» Herder, t. 2, p. 184.

(14). « Le soldat romain partageait la gloire et les récompenses de ses chefs. Dans les temps vertueux de la république les soldats ne recevaient ni ne demandaient de salaire; mais après les premières conquêtes et l'accroissement de la force démocratique par la création des tribuns il fallut une solde, des récompenses et du butin. Souvent les territoires conquis étaient partagés entre les légions. On n'ignore pas quels débats la distribution des terres excita dès l'origine, et combien de fois ils mirent en danger la république. Peu après le soldat eut droit aux dépouilles des pays étrangers; associé au triomphe de son général il partagea sa gloire et s'enrichit avec lui.

« De plus à la différence de nos armées soldées comme dans l'état romain, nul ne se tenait pour déshonoré s'il servait dans un grade inférieur à celui qu'il avait occupé d'abord, et l'ancienneté de service n'entrait pour rien dans la hiérarchie militaire; comme au commencement de la guerre les généraux choisissaient leurs tribuns, les tribuns leurs officiers inférieurs, on peut juger avec quelle émulation étaient disputées les places d'honneur. De là une union plus intime entre les généraux, les officiers et les soldats. Choisie pour tel temps, pour telle campagne, l'armée entière n'était qu'un seul corps où se répandaient de canaux en canaux, jusques dans les membres les plus éloignés, l'esprit et le caractère du chef. » Herder, t. 3, p. 21.

(15). « Il faut donc que l'introduction du gouvernement héréditaire parmi les hommes ait eu d'autres fondemens (*que le contrat*) et l'histoire ne laisse aucune obscurité sur ce sujet. Qui a imposé leurs gouvernemens à l'Allemagne et à l'Europe civilisée? La guerre. Des hordes de barbares parcourent en tous sens cette partie du globe; leurs chefs et les nobles se partagent le sol et les habitans. De là prennent naissance les principautés et les fiefs; de là le vasselage des peuples subjugués, d'autant plus oppressif que les conquérans deviennent les propriétaires du pays, et que les changemens qui se succèdent sans intervalles dans leur mode de possession, sont déterminés par les révolutions, par la guerre, par des transactions mutuelles entre les plus puissans, et toujours par la loi de l'étranger.

« L'expérience des âges dévoile cette sanglante origine, et ici les faits historiques ne peuvent être contestés. Qui courba le monde sous le joug de Rome? Qui rangea la Grèce et l'Orient sous la domination d'Alexandre? Qui a fondé toutes les monarchies depuis les temps de Sésostris, de la fabuleuse Semiramis, et qui les a renversées? La guerre. Ainsi les conquêtes de la force mises à la place du droit ont été érigées en lois par la suite des siècles, ou, comme disent nos politiques, par un contrat tacite; mais dans ce cas, voici ce que veut dire ce contrat tacite : Que le plus fort prend ce qu'il veut et que le plus faible donne ce qu'il ne peut refuser ou supporte ce qu'il ne peut éviter. Ainsi, comme toutes les autres possessions héréditaires, le droit d'hérédité dans le gouvernement dépend d'une chaîne de traditions dont le premier anneau forgé par la force ou le hasard et recueilli de temps en temps il est vrai par la sagesse et la clémence est devenu le plus souvent la proie de la fortune et de la force. Les héritiers et les descendans s'enrichissent des usurpations de leurs ancêtres; et il n'est pas besoin de prouver longuement que celui qui a le plus est aussi celui qui reçoit davantage. C'est la conséquence de cette odieuse prise de possession de la terre et des hommes......................... Ainsi notre terre a été la proie de la violence et son histoire que les conquêtes remplissent forme le triste tableau d'une chasse aux hommes. » HERDER.

(16). « Tant de nations de l'antiquité se sont illustrées en cherchant un but moins élevé! Pourquoi n'atteindrions-nous pas une forme plus noble, une gloire plus pure? C'étaient des hommes semblables à nous. Comme eux nous aspirons à la meilleure condition de l'ordre social, selon nos circonstances, nos opinions et nos devoirs; ce qu'ils ont fait sans miracles, comme eux nous devons et nous pouvons le faire. N'attendons de l'auteur des choses que le secours qu'il nous a assuré en nous donnant notre raison, notre industrie, nos facultés. Lorsqu'il eut créé la terre et tous les êtres intelligens qui l'habitent, il forma l'homme et lui dit : sois mon image, un dieu sur la terre. Règne et choisis. Hâte-toi d'accomplir tout le bien que ta nature renferme : je ne t'assisterai point par des prodiges; car j'ai placé ta destinée entre tes mains et ton immuable appui est dans ces saintes lois que j'ai imposées à l'univers.» HERDER.

(17). « Les Allemands n'ont pas le mot obligation ni rien qui réponde exactement à l'idée que représentait ce mot chez les Romains. Leur *fertrag* exprime plutôt un accord après un différent, une transaction qu'un contrat commutatif proprement dit. En même temps ils ont conçu la guerre autrement que les autres peuples barbares. Nous venons de voir que l'idée qu'ils ont de la guerre suppose que les parties ne sont pas satisfaites de la réparation que la loi leur accorde. Cet ordre d'idées analogue dans le droit civil et dans le droit public tient évidemment à une situation particulière des esprits qui conçoivent d'abord l'ordre comme point de départ, comme un antécédent nécessaire, puis la paction ou transaction comme moyen de faire cesser la guerre et de rétablir cet ordre antérieur momentanément troublé. L'ordre est la hiérarchie naturelle des influences morales et si cette hiérarchie est parfaitement développée et assurée dans toute son étendue, la certitude des rapports de subordination que font naître ces influences rend presqu'inutiles les contrats commutatifs. En d'autres termes une hiérarchie intellectuelle repousse l'esprit commercial et n'admet l'échange et les contrats commutatifs proprement dits, *kauf*, qu'autant qu'ils sont indispensables à la conservation du corps social pour la satisfaction de ses besoins matériels.

On peut donc dire, ce nous semble, que les peuples germaniques paraissent considérer principalement cet ordre, cette hiérarchie intellectuelle. C'est le point de départ, l'objet et la fin de leur civilisation. La collision des intérêts et tout ce qui la fait naître n'excite leur attention que d'une manière secondaire et relative.

(18). « *Undè et lex modum ultionis statuit; oculum pro oculo, quæ si dici potest injustorum justitia est.* » C'est un mot de saint Augustin.

(19). Dans la première antiquité on ne connut point le *jus gladii*. Voir les autorités citées par Grotius *de jure belli et pacis*, *p.* 74. La fameuse loi de Rhadamante n'était pas la loi du Talion dans le sens qu'on lui donne ordinairement œil pour œil, dent pour dent. La voici : « *Os an amunetai ton cheiron adikon arksanta, athoon einai.* Que celui qui repousse l'auteur d'un méfait doit être impuni. Grotius prouve par des passages qu'il cite que cette coutume n'exista pas seulement chez les peuples d'origine germanique, mais aussi chez les Grecs et chez les Romains. « *Exulibus quoque ignis et aqua interdici solebat : adhuc enim videbatur nefas quamvis malos tamen homines supplicio capitis afficere.* » On avait coutume d'interdire aux exilés l'eau et le feu ; car il ne semblait pas permis de punir du dernier supplice des êtres qui quoique méchans étaient pourtant des hommes.

(20). « Une autre science nommée Ouzoul appartient spécialement aux Persans. Nous regrettons de ne pouvoir faire connaître en détail ce système d'application des lois, système dont l'invention est aussi ingénieuse que l'usage en est facile. L'*ouzoul* réduit à certains principes élémentaires tous les délits que l'homme peut commettre et les classant ainsi dans des catégories prévues, il simplifie le code pénal et civil. C'est pour ainsi dire la carte typographique de la pénalité et de la criminalité. Les contours en sont nets; la division exacte; et le juge le plus imbécile appliquerait la loi sans embarras. La législation devenue chez certains peuples un casuitisme arbitraire se change ainsi en une véritable science exacte. » *Revue Britanique* 1837.

En poursuivant cette idée on conçoit que l'exactitude mathématique pourrait être poussée encore plus loin et dans la confection de la loi et dans son application.

On pourrait, à l'aide des tableaux synoptiques des condamnations criminelles exactement recueillies depuis un certain nombre d'années, calculer s'aidant du calcul des probabilités quel degré de légitime défense de la part de la société fait naitre l'un portant l'autre chaque fait criminel ou chaque circonstance aggravante déterminée.

En outre avec un pareil ordre de pénalité divisé en catégories exactement correspondantes aux différens degrés de criminalité, il serait facile de faire une machine à juger. L'urne créerait les jurés, la machine prononcerait la peine. Après avoir marqué la nature du délit, le degré de criminalité et les circonstances aggravantes ou atténuantes sur la clef de cette machine, un simple mouvement de rotation ou tel autre ferait obtenir immédiatement le résultat pénal. A peu près comme certains almanachs mobiles ou ces horloges qui marquent toutes les conditions du temps. Le jury étant considéré comme infaillible en ce sens qu'avec un bon système électoral personne n'aurait le droit de s'en plaindre, le sort pour l'indication spéciale du jury de jugement et un mécanisme infaillible et prompt pour l'application de la peine ne laisseraient aucune chance d'erreur. On verrait figurer aux cours d'assises d'un côté l'urne indicative du jury, de l'autre la sphère judiciaire indicative de la peine.

CHAPITRE SECOND.

De la propriété.

PREMIÈRE SECTION.

Historique du droit de propriété.

§ PREMIER.

Forme primitive de la propriété.

SOMMAIRE.

383. *Au berceau des sociétés on trouve, au lieu de la propriété exclusive, un état de communauté ou d'association imparfaite.*

384. *La personnalisation de la nature physique se produit à cette époque dans un ordre inverse à celui qui existe aujourd'hui.*

385. *Evolution de l'idée fondamentale du droit de propriété.*

386. *Preuves et traces encore subsistantes de l'état de communauté primitif.*

387. *Description des* marches.

choses mobilières composant l'hergerathe et la gerade qui fussent obligées au paiement de la dette. Développement du principe que la propriété est la personnalisation de la nature physique La personne a asservi la nature physique et la propriété à son tour a asservi la personne. Sorte de ricorso juridique.

399. *Obligation, dans le même droit, de laisser la meilleure chose de l'hérédité au seigneur ou à l'Église. Raison de cette disposition.*

383. L'habitude où nous sommes de nous regarder comme propriétaires exclusifs des choses que nous avons acquises ou que nos ancêtres nous ont transmises, et d'en disposer selon notre bon plaisir et d'en jouir sans partage ou sans en devoir compte à personne, si des obligations morales que nous considérons comme indépendantes du droit de propriété et agissant en dehors de la sphère qui lui appartient, ne viennent limiter ce principe d'exclusion, fait que notre état social fondé sur l'idée de propriété absolue nous semble être le naturel, le primitif ou un perfectionnement de l'état primitif. Nous nous accoutumons à répéter que la société repose sur la propriété, qu'il n'y a point de société sans propriété et nous donnons à ces propositions le sens que la propriété sans laquelle il ne peut exister de société est précisément celle que nous connaissons.

Cependant ces notions ne sont pas exactes : notre formation juridique de la propriété suppose le lent et successif travail de la civilisation, il suppose en outre un état de société fixé. Mais l'état primitif, la naissance de l'état civil, le contrat tacite, la migration et l'ensemble des faits qui environnent le berceau des sociétés se rattachent à une propriété toute différente de la nôtre, ou, pour parler plus exactement, à un état de non propriété ou de communauté dans lequel l'attribut distinctif de notre propriété, l'exclusion, n'atteint pas indistinctement toutes les choses possédées par l'homme, mais quelques-unes seulement, dans un certain ordre et d'une manière relative et graduelle.

384. A l'origine l'idée de propriété, de propriété absolue n'existait pas ou du moins elle n'embrassait qu'un très petit nombre d'objets, la propriété pour tout le reste rentrait plus ou moins explicitement dans une sorte de communauté. Ainsi l'air, la mer et ses rivages, les fleuves furent toujours et sont demeurés des choses communes ou publiques. L'ensemble du pays occupé par une peuplade, prairies ou forêts, était commun à tous les membres de cette peuplade, la peuplade seule en était propriétaire. Telles paraissent avoir été les marches, institution primitive, digne du plus haut intérêt. Chacun prenait selon ses besoins dans la forêt commune. La maison et le petit espace de terre défriché qui l'entourait formaient une propriété plus privative. Néanmoins la *marklofung*, le droit de préférence qu'avaient tous les associés au cas d'aliénation, lui conservaient encore le caractère d'une propriété commune. Les meubles enfin, tels que les armes, les ustensiles de ménage, les ornemens et vêtemens de corps constituaient une véritable propriété privilégiée qui conserva son caractère propre jusque dans les temps postérieurs où les immeubles devinrent le principal objet de la propriété privée et demeura soumise à des règles spéciales qui n'ont été abrogées que de nos jours.

Mais l'effort juridique s'est concentré sur la propriété, ce grand objet du droit, base de notre édifice social, avec une telle intensité que non seulement la communauté primitive dont les traces sont néanmoins encore vivantes a tout-à-fait disparu, mais que même elle nous est devenue une idée étrangère en quelque sorte, que nous ne jugeons digne que de notre pitié. Nous la renvoyons à ces temps de barbarie où le genre humain, plongé dans les ténèbres, n'avait point acquis des notions suffisantes pour discerner la véritable nature des choses ou nous l'attribuons à un fanatisme misérable qui sacrifie les lois de la raison pour atteindre à une perfection imaginaire. Non seulement l'idée de communauté de biens nous paraît un rêve anti-social, mais encore nous avons gradué la propriété, c'est-à-dire, personnalisé la nature physique suivant un ordre inverse à celui qui existait à l'origine.

Les immeubles en effet sont devenus par l'agriculture le plus important et le plus solide objet de la propriété. C'est sur les immeubles que se sont établies les créations juridiques qui sont l'attribut du droit le plus propre et le plus personnel ou la plus haute puissance de la propriété, sur les immeubles, qui la plupart furent à l'origine un fonds commun. Les meubles au contraire, les vêtemens, les ustensiles de ménage et les autres objets mobiliers qui à l'origine étaient une propriété privilégiée comme recevant plus que toute autre chose le caractère de la personnalité, en sont devenus presqu'insusceptibles par l'adage en fait de meubles possession vaut titre ; et le plus précieux de tous, celui qui représente les valeurs, l'argent monnoyé semble même échapper à toute impression de la personnalité par sa circulation rapide (1). En sorte qu'aujourd'hui, au lieu de trouver dans les meubles l'objet d'une propriété privilégiée et spéciale, l'idée de propriété ou le lien entre l'homme et la chose s'y atténue le plus souvent jusqu'à la simple possession et à la possession la plus instable et la plus fugitive. Enfin les choses communes comme l'eau, l'air, la mer sont devenus l'objet de la propriété privée soit d'une manière directe comme dans les servitudes prédiales, soit d'une manière indirecte par l'effet des lois fiscales qui ne permettent de chasser et de pêcher qu'à la condition onéreuse d'obtenir certains privilèges. L'opération juridique s'est élevée, notamment dans la matière des servitudes prédiales, en droit romain surtout, le droit par excellence, à une sorte de rigueur artistique qui, en dépit de la qualité fugitive et insaisissable de l'objet a précisé l'inflexibilité du principe et a fait naître cette multitude de divisions et de définitions abstraites et difficiles où l'esprit humain semble avoir voulu créer autant de sortes de droits qu'il y a de modalités dans les usages que l'homme retire de la nature physique. Les règles que tout ce qui pend dans mon aire est à moi, que la propriété du dessus emporte la propriété du dessous *in infinitum*, par lesquelles l'homme divise fictivement pour s'en attribuer le domaine, l'immensité de la nature qui lui échappe y ont pris naissance. Le principe de la propriété ne se montre nulle part plus rigoureux, plus sévère, plus casuistique; en sorte qu'il est vrai de dire que le droit semble ici avoir épuisé sa puissance.

385. Le droit ou l'idée de propriété qui dans l'origine n'atteignait nullement ces choses d'un usage universel, qui ne frappait que sous la forme d'une communauté

ou de la non propriété les fonds de terre et les forêts, qui ne se précisait qu'à l'égard de la maison restée encore en communauté sous un certain rapport et ne s'appliquait dans sa plénitude qu'aux choses mobilières à l'usage habituel de la personne, suit donc dans nos sociétés fixées ou dans celles qui ont conservé le droit des sociétés fixées, un ordre précisément inverse. Les meubles échappent en quelque sorte à la propriété ou en sont objet le plus instable; les immeubles en sont le fonds ordinaire et le plus solide. L'usage des choses communes de leur nature dont l'homme ne peut avoir qu'une jouissance fugitive est soumis à des règles inflexibles et sévères où se montre toute la tenacité du principe juridique de la propriété. En sorte qu'il s'est fait une évolution que nous aurons l'occasion de mieux observer et de préciser davantage dans le cours de ce chapitre. L'idée fondamentale, l'idée génératrice du droit de propriété a passé dans le monde extérieur du particulier au général, et ce qui était général ou plutôt commun à l'origine s'est individualisé.

386. Les traces d'un état de communauté primitive sont encore vivantes pour ainsi dire. Elles se retrouvent tout autour de nous. Le droit de meute et de chasse s'est conservé fort tard dans une grande partie de l'Allemagne où il était demeuré comme *précaire* lorsque la communauté en forêts et prairies se fut successivement restreinte par le défrichement du pays. Il ne faut pas néanmoins confondre avec ce droit de meute une garde commune et la chasse qui se fondent sur une propriété réellement subsistante. C'est de cette garde commune que doit être entendue la loi des Visigoths, tit. 5, chap. 2. *Si inter consortes de glandibus fue-*

rit orta contentio pro eo quod unus ab alio plures porcos habet, tunc qui minus habuerit liceat ei secundum quod terram dividit porcos ad glandes in portione suâ suscipere dummodo æqualis numerus ab utraque parte ponatur. Et postmodum decimas dividant sicut et terras diviserunt. Si une contestation s'est élevée entre consorts au sujet des glands parce que l'un d'eux tient d'un autre plusieurs porcs, il est permis à celui qui en a moins par rapport à la quantité de terre qui lui est assignée de recevoir des porcs pour la glandée dans sa portion pourvu qu'on en mette de part et d'autre un égal nombre. Et qu'ensuite ils partagent les dimes comme ils ont partagé la terre. » On peut encore considérer comme un reste au moins traditionnel de cet état de communauté cette loi des Bourguignons fréquemment citée. « *Si quis Burgundio aut Romanus sylvam non habeat, incidendi ligna ad usus suos de jacentivis et sine fructu arboribus in cujuslibet sylvâ habeat liberam potestatem, neque ab eo cujus sylva est repellatur.* Si quelque Bourguignon ou Romain n'a pas de forêt, qu'il ait la libre faculté de couper du bois pour son usage aux arbres jacents et sans fruit dans la forêt de qui que ce soit, et qu'il ne soit pas repoussé par celui à qui elle appartient. *l. Burgund., tit.* 28, *chap.* 1. Les terres vaines et vagues ne sont évidemment que la portion du pays demeurée commune parce que le défrichement successif ne l'a pas convertie en propriété individuelle, soit qu'elle soit toujours restée dans cet état d'indivision, soit que passée aux mains des seigneurs et des justices féodales elle ait été cédée ou abandonnée par ceux-ci à l'usage commun. Enfin la prescription, ce moyen si puissant de fixer la propriété était inconnue au droit germanique. Il n'en est pas question dans les anciennes lois françaises. C'est un décret de Childebert de l'année 595 qui en fait la première mention. Les lois lombardes, visigothes et bourguignonnes ont emprunté au droit romain avec quelques modifications leurs dispositions sur cette matière.

On peut encore voir un reste de cette communauté primitive dans les égards accordés par certaines législations, celle de l'Islande par exemple, aux héritiers et aux voisins en cas de vente d'un immeuble. Ils pouvaient exercer un droit de retrait et expulser l'acquéreur. D'après l'ancien droit suédois le vendeur doit offrir trois fois en public la terre à ses amis en cas qu'ils veuillent la payer. Le droit norvégien contient des règles semblables. Les associés de la marche avaient alors droit à la *markiosung*. Des décisions portent que si quelqu'un voulait en cas de nécessité hypothéquer ou vendre son bien, l'héritier légitime doit être préféré et peut l'hypothéquer ou le vendre par parties.

387. Nous avons parlé des marches et cette institution remarquable, qui paraît être le premier rudiment des sociétés germaniques, nous montre ce que fut la communauté qui se forma naturellement, quand des populations émigrantes vinrent s'établir dans des pays incultes et couverts de forêts. Les notions suivantes que nous extrayons de l'excellent ouvrage de M. Grimm sur les antiquités germaniques nous paraissent d'autant plus précieuses qu'elles s'appuient sur la certitude historique, et que sortant du champ des théories elles peuvent être considérées en quelque sorte comme la nature prise sur le fait.

Le territoire se divisait en cantons, le canton en marches. La marche comprenait la forêt, les fleuves et ruisseaux qui traversent la forêt, les plaines à pâture et prairies naturelles, gibier, oiseaux et abeilles. Mais on n'y comprend pas le terrain où passent la charrue et la faux, la terre labourée, les jardins, arbres fruitiers, les prés qui environnent la maison ni la maison elle-même. Souvent les limites entre *mark* et *aker* furent contestées et on fixa diversement en différens pays ce qui devait être assigné à l'un ou à l'autre. Outre la marche commune chaque village a son terrain propre qui s'appelle *heemsehnaut* et où la bourgade peut mener son bétail ; enfin la communauté de la marche conservait une certaine prééminence sur les maisons et fonds de terre labourable divisés de ses membres. Auprès de chaque *valdmark* il y ua n *gaumark* ou *feldmark* plus étendu auquel il est uni.

Le fonds essentiel de toute marche paraît avoir été une forêt. Quoiqu'il y eut aussi surtout aux possessions des nobles et de beaucoup d'hommes libres des forêts dont la propriété fut divisée, la plupart des grandes forêts de l'Allemagne soumises par les princes au droit de régale ont sans doute été dans l'origine une communauté de marche. La division en possession privée ne se conçoit pas à leur égard et aurait rendu, si elle avait eu lieu, leur régalité postérieure impossible.

Les propriétaires de la marche pris ensemble par opposition aux personnes étrangères à la marche s'appellent *marker*, *inmarker*, *mitmarker*, *markgenossen*. Ils nomment dans les antiquités leur arrondissement la libre marche et leur propriété légitime. Ils déclarent que la marche des villages et des *marker* est un bien propre. Chaque associé d'une marche a le droit d'y prendre du bois pour brûler et pour bâtir. Ces droits étaient fondés sur la nécessité, d'autres l'étaient sur un privilége particulier accordé à certains officiers et par suite attaché à leur château ou à de pieux établissemens; d'autres enfin sur le peu de valeur ou la fortuité des choses qui en faisaient l'objet comme la glandée, le bois mort, le feuillage, les branches rompues par le vent, etc. Chaque *marker* n'avait dans la forêt qu'une part indivise. En outre sa maison, sa cour et son champ étaient en un sens large compris dans la marche. S'il voulait les vendre ou délaisser il ne pouvait le faire que dans la marche et tous les associés avaient une sorte de droit de retrait (*naherrecht*, *marklosung und abtrieb*).

388. On accordait la préséance dans la marche et dans la justice de la marche à un chef soit héréditaire soit électif qui s'appelait maître ou lieutenant de la marche, *oberster marker*, *oberster markrichter*. Ce maître était simple *mitmarker* et non propriétaire de la marche. On choisissait pour l'ordinaire un noble dont le château était situé près de la marche ou dans la marche même. Le droit s'attachait au château et passait avec sa possession aux nobles dont la résidence était plus éloignée ou aux princes. Les marches plus petites et plus faibles furent admises dans l'union des plus grandes et tous les droits de celles-ci ne furent point accordés aux personnes qui faisaient partie de celles-là. Les grandes marches qui en contenaient plusieurs petites reconnaissaient souvent deux maîtres ou lieutenans au-dessus d'elles avec des rangs soit différens soit égaux. Dans les marches de Westphalie le pouvoir demeurait aux communs *marker*.

En outre la surveillance et la justice de chaque marche exigeait des officiers qui étaient au choix des hommes composant la marche. Les officiers avaient certaines prérogatives et s'appelaient *markmeister, holzmeister, forster schutzen, markscheffen* ou simplement *veiser*. Ainsi on trouve en Westphalie entre le *holtrichter* et le *marknoten* proprement dit des officiers nommés *erheren (erbacte)* auxquels appartient le droit héréditaire d'abattre du bois dans la marche. *Aberæ quæ in singulis ferè marcis occurrunt, eminentiori jure præ ceteris gaudentes, hinc indè illimitatum, alibi jus restrictum habent ligna cædendi quâ de re nomen derivatur.* Sous les lieutenans élus la constitution des marches demeura plus libre que sous les lieutenans par droit de naissance, le choix ne tombait pas toujours sur des nobles, mais souvent aussi sur de simples hommes libres. Quelquefois on élisait deux lieutenans, l'un tiré de la noblesse, l'autre pris parmi les hommes libres.

389. Ici M. Grimm fait remarquer la ressemblance qui existait entre la constitution de la marche et celle du peuple. « La marche, dit-il, avait des lieutenans élus ou de naissance comme tout le royaume avait des princes élus ou de naissance et les mineurs des tuteurs choisis ou légitimes. Il y eut des marches sans lieutenant comme il y avait d'anciennes peuplades allemandes sans roi. Dans ces traits fondamentaux l'institution des marches me paraît primitive et n'être nullement imitée de la société publique; réciproquement ce que faisaient les libres *marker* dans leur ressort limité, les hommes libres du peuple le faisaient dans le pays. Aussi le prince des anciens temps n'était point propriétaire du pays, mais simple administrateur, juge, conducteur. Ce

ne fut que dans la suite qu'il s'érigea en dominateur absolu comme le *marker* suprême dans les forêts. »

» Je regarde, continue le même auteur, comme une preuve principalement considérable de la haute antiquité de l'institution des marches, la manière particulière d'opérer leur bornage. Sans haie, sans séparation à l'intérieur, véritable *latifundium arcifinium* dans le sens des anciens, la marche n'avait besoin qu'à l'extérieur d'une division simple et naturelle. Le bornage par la section des arbres, ou l'impression du marteau après un mesurage par verge, perche et cordeau où l'on avait égard à la situation des immeubles vers les quatre parties du ciel, fut précédée, à ce qu'il paraît, d'une délimitation plus ancienne et plus libre que je nomme *hammertheilung*. Elle consistait dans le jet de la hache et du marteau. Dans les fragmens qui nous restent sur les antiquités des marches nous voyons agiter la question de savoir jusqu'où le ressort de la marche s'étend dans le reste de la plaine ou quelle quantité de la marche doit écheoir à chaque particulier. Le lieutenant et le maître de la marche jette de la marche dans le fleuve ou dans la plaine, le pêcheur de la marche dans la plaine. Réciproquement le paysan qui laboure jette dans la marche, le pâtre dans la forêt..... On retrouve en Orient des exemples de cette coutume et si l'on considère que l'usage de nos marches repose plutôt sur une tradition fidèlement conservée que sur une pratique continuée, on peut considérer cette *hammertheilung* comme un monument du plus ancien droit allemand auquel n'atteint presqu'aucune histoire..... Il est à remarquer que l'*hammertheilung* est le plus ancien mode de division connu. Lorsqu'il fut abrogé, la *sonnentheilung* dont on parlera plus bas lui succéda. »

390. Le lien d'association de la marche fondé sur des besoins aussi essentiels que l'usage du bois et la nourriture du bétail dut être puissant à l'origine, mais il s'affaiblit dans la suite par l'extension toujours croissante des droits seigneuriaux. L'élément le plus essentiel de cette communauté était la justice des marches. Les jours de fêtes étaient employés à l'élection ou à la confirmation des lieutenans et officiers, à la lecture des chartes, à l'apport et à l'exposé des dénonciations ainsi qu'à l'admission des peines, et ils se terminaient ordinairement par un banquet joyeux. Le *marker* qui négligeait de remplir des obligations ou qui n'obéissait pas aux ordres qui lui étaient donnés était chassé de la communauté. Les criminels et les perturbateurs n'étaient pas soufferts. Un *marker* qui avait violé la marche en paroles ou en œuvres était dans la nécessité d'obtenir grâce de la marche. Quels étaient les moyens de coërcition contre l'infracteur? On doit creuser une fosse devant sa porte, abattre sa porte, couper et emporter le sceau du puits, fermer la bouche du four, ne lui point donner de feu et lui interdire vache et porcher, le réduire à une telle nécessité enfin qu'il soit forcé de faire ce qui est juste et raisonnable. Ceci rappelle l'interdiction *tecti*, *aquæ et ignis*, qui fut de même que l'expulsion de la marche, une *ademptio civitatis*.

M. Grimm termine en résumant les traits qui appartiennent à une plus haute antiquité : le lieutenant élu ou de naissance, l'*hammertheilung*, le retour à la marche de ce qui cessait d'être labouré, le clair bruit de la hache (on pouvait dans certaines circonstances couper le bois en plein jour et à découvert), l'enlèvement du bois de construction dans l'an et jour, les dîmes des porcs, la peine sévère de la violation de la marche et l'interdiction *aquâ et igni*.

391. L'institution des marches montre à nu ce qu'était la société avant la fixation et la division de la propriété. Communauté de la marche, priviléges des officiers et des chefs, leur promotion par voie d'élection ou par droit de naissance selon les différentes races, usage de la forêt proportionné aux besoins de chacun et mesuré sur la nécessité, propriété plus complète de la maison et du terrain qui l'entoure quoiqu'elle fût encore en un certain sens comprise dans la communauté, expulsion des indignes (ceux qui n'obéissent pas aux ordres donnés ou qui ne font pas ce qui leur incombe), supplice des violateurs de la marche, justice périodique rendue aux jours de fête et dans des assemblées publiques.

On aperçoit ici, en prenant les choses dans leur ensemble, l'analogie qui existe entre nos sociétés modernes qui admettent le morcellement à l'infini de la propriété et sa mobilité la plus complète, et par là sont ramenées à la nécessité d'une réassociation nouvelle et à cet état évidemment primitif du genre humain que nous venons de décrire. Il semble qu'il existe certains traits de ressemblance entre ces deux termes extrêmes des sociétés.

Quoi qu'il en soit, il est évident que la propriété dans son sens absolu, la propriété telle que l'ont faite les lois civiles n'était point connue alors. C'est l'agriculture qui l'a créée, ce fait trouve son histoire chez les peuples germains. On sait avec combien de peine ils s'accoutumèrent à la culture des céréales et comment la culture et le domicile pendant un an firent naître d'abord une sorte de droit de possession dans la communauté dont chaque membre ne pouvait cultiver qu'une année le même champ et prenait part au partage des récoltes serrées dans des greniers communs, possession qui devint plus tard une propriété exclusive (2). Nous saisissons donc la naissance et le progrès du droit de propriété : commençant par la propriété du genre humain ou le partage de la terre entre les nations, les peuplades et les agglomérations hiérarchiques des sociétés émigrantes, formant à l'intérieur de chacune une sorte de communauté ou d'association, se spécialisant et acquérant un caractère plus exclusif en raison du besoin de chacun ou de la nature de l'objet occupé, puis enfin se divisant d'une manière stable et se fixant par l'agriculture. La propriété est devenue dans ce dernier état de communauté de nation ou de peuplade une communauté de famille, et l'industrialisme survenant, l'état économique du genre humain se convertit en une vaste exploitation dont le terme extrême semble être *industrie agricole*. On croirait qu'alors la propriété retourne de la communauté de famille évidemment détruite par sa division et sa mobilité excessives à la communauté de l'espèce humaine ou à l'association générale, en sorte que ce dernier terme serait le point de jonction du cercle de son développement historique.

392. Il résulte de ces considérations que la propriété n'est point spécifiquement absolue, que son idée est différente à chaque époque et dans chaque ordre de civilisation et que la définition que nous en donnent les jurisconsultes, *jus utendi et abutendi*, n'est que son plus grand degré de force dans une société fixée auquel, même

dans ce dernier état, les restrictions nées d'une foule d'obligations morales ne lui permettent jamais d'atteindre et de se maintenir. C'est néanmoins toujours la propriété qui est le fonds de la société; car dans sa compréhension la plus générale elle n'est que la somme des choses que l'homme peut posséder hors de lui-même, ou dans un autre sens, l'ensemble des règles qui déterminent son mode de jouissance de la nature physique, et la société n'existe que pour garantir ces droits et ces règles. La société marche et la nature de la propriété change, elle n'est absolument la même à aucune époque; mais les lois de sa transmission comme celles de sa jouissance subissent une succession de formes ou de nuances diverses qui ne sont que l'expression du changement opéré dans l'idée même et dans la nature de la propriété. Admettre l'idée de propriété absolue telle que nous l'ont transmise les jurisconsultes romains et l'appliquer indistinctement à tous les ordres de civilisation est un mode de procéder vicieux et faux : c'est juger les institutions d'un siècle avec les idées et les opinions d'un autre.

393. On retrouve ici l'action de ce même principe générateur que nous avons observé dans la reproduction de la famille et dont la nature est d'unir en divisant. Cette force intime se manifeste puissamment dans la propagation des peuples. A mesure que le principe de division multiplie et diversifie à l'extérieur, le principe interne d'union élève et généralise. C'est la double opération de toute fécondité. Elle produit une lutte entre deux impulsions différentes d'où naît l'infinie variété dans laquelle surgissent et se combinent tous les élémens de la vie.

Tout peuple doit nécessairement passer par les degrés de civilisation successifs de peuple pasteur, peuple laboureur, peuple industriel. Chacune de ces civilisations suppose celle qui la précède, chacune a son idée propre et son droit (3).

L'enchaînement et la progression qui existent incontestablement dans l'ordre moral entre ces trois époques ou momens de la civilisation, par le développement du principe d'union qui édifie et généralise, continuent d'exister et s'expriment dans toutes les institutions qui accompagnent l'état civil, par conséquent dans les idées sur la propriété, les différentes sortes de droits et dans tout l'édifice juridique. Le principe de division au contraire exerce principalement sa sphère d'activité dans l'état économique et dans l'exploitation matérielle du pays. Et l'on peut établir comme une proposition rationnelle qu'à mesure qu'un peuple avance dans la civilisation il devient plus complètement le maître de la nature physique qui l'environne. De cette proposition en découle une autre que l'histoire justifie également, c'est que la propriété se mobilise et se divise de plus en plus à mesure qu'un peuple subit ces transformations successives. L'industrialisme comprend l'asservissement le plus complet de la nature physique aux besoins et au plaisir de l'homme. De là la division du territoire en une infinité de petites parcelles vers laquelle tend visiblement le système successoral actuel, la facilité de convertir le plus vaste patrimoine en une simple feuille de papier à l'aide des banques et du système de crédit public en vigueur, la faculté créée par les législations modernes de transférer sa propriété par un simple acte de la volonté sans tradition ni laps de temps ni aucune espèce de formalités, la vapeur, les télégraphes, les chemins de fer qui anéantissent l'espace en quelque sorte devant la pensée de l'homme, l'infinie variété des produits de toute espèce que livrent les manufactures, pour le prix le plus modique, à ses plus bizarres fantaisies. En avançant dans la civilisation l'homme devient de plus en plus le maître de la nature physique : il la morcelle, la divise, la pulvérise en quelque sorte et la transforme selon son caprice. Elle devient entre ses mains puissantes comme un jouet incapable de résister à sa volonté.

Mais en même temps les droits de la personnalité sont plus complètement connus, l'individualisme atteint sa plus haute puissance. Le principe générateur a obtenu son dernier développement dans la division, il doit l'obtenir dans la réunion. Cette réunion s'opère dans l'ordre moral, et le propès et la diffusion des lumières, la facilité des communications, l'abaissement de toutes les barrières qui divisaient le genre humain etscindaient ce grand corps en fractions diverses ou même ennemies facilitent et amènent cette réunion. Les limites posées par la situation géographique, les obstacles qui tiennent à un ordre de choses arbitraire et positif n'offrent plus de résistance sérieuse. La société ne peut désormais reposer sur de tels rapports, elle doit chercher son point d'appui dans un approfondissement ultérieur de ses principes fondamentaux, et devenir par-là plus intellectuelle et plus générale. La reconnaissance commune d'un petit nombre d'axiomes qui forment un droit public incontesté, le développement uniforme et analogue de certaines vérités sociales implicitement admises partout sont devenus nécessaires pour donner de l'ensemble et de la consistance à ces élémens disparates, à ces fragmens épars, résultat du morcellement en tous sens qui se consomment dans l'état matériel de la société. Ainsi se préparent les voies à un retour de la propriété vers une association plus ou moins parfaite, transformation dont il est difficile de fixer encore toutes les conditions, mais vers laquelle nous progressons, et qui, dans un avenir indéterminé, semble être inévitable.

394. Nous avons observé l'état de communauté primitive et ses principales transformations. Il y eut néanmoins, dès l'origine, certains objets mobiliers plus spécialement consacrés à l'usage de la personne et soumis à un véritable droit de propriété. Nous avons eu occasion de parler ailleurs de la *gerade* et de l'*hergerathe*, et nous avons vu qu'elles étaient régies dans le moment successoral par des règles particulières. Ce caractère spécial et leur nature différente de celle des autres biens se montrait en outre dans leur affectation aux obligations personnelles et dans le mode solennel de leur aliénation.

Ces institutions remarquables ne sont pas encore très loin de nous, elles se sont conservées en Allemagne jusqu'à nos jours, et n'ont été formellement abrogées en Saxe qu'en 1814. C'est ici le lieu de bien fixer nos idées sur leur caractère et de les examiner de plus près.

« On demande dans un jugement ce qui fait partie de l'*hergeveide* et on répond, le meilleur cheval avec la selle et la bride, le sabre, tous les vêtemens qui touchent le corps et qui sont coupés, une chaudière où l'on puisse entrer avec des éperons, un pot dans lequel on puisse rôtir une poule, un coffre ou l'on puisse serrer un sabre, un lit avec coussins, draps et tout ce qui en dépend, un sac, une faux, puis tout l'ameublement qui est destiné à la main de l'homme selon l'occasion.»

« Appartiennent à la *gerade* tous les moutons, oies, canards, caisses, coffres, boîtes et cassettes où les femmes renferment leurs bijoux et ornemens, tout fil écru ou bouilli, lin, filasse, toile coupée ou non, tous les lits, traversins, coussins, draps de lits, nappes, essuie-mains, manteaux, juppes, bonnets que portent les femmes et qu'elles ont dans leur ameublement, couvertures, peignoirs, rideaux, tapis, coupes, bassins, chandeliers fixés ou non, une chaudière, un poële, les vases à lait, les vêtemens et ornemens de femme, anneau, lin de doigt, lin de ceinture, pendans, colliers, chaînes d'or et d'argent, couronnes, coraux et autres cordons que portent les femmes, ceintures d'argent et bordures de soie revêtues d'or ou d'argent, pacifical comme en portent les femmes, chaise roulante où elles sont portées, tous les ustensiles de femmes, meubles, ciseaux, miroirs, modes, brosses, etc.

395. « L'idée conductrice, dit M. Grimm, était de séparer de la généralité de la fortune tous les objets qui avaient été jouis, portés, employés par le défunt (ou dans le cas de la *vittvengerade* par la femme) que ce fussent armes, vêtemens, ornemens, maison ou ameublement. Même à l'égard des animaux qui furent attribués à l'*heergerathe* ou à la *gerade* la distinction reposait sur ce que le mari avait monté le cheval, la femme vraisemblablement nourri les poulets et les oies, tondu les moutons, attendu les abeilles. Ainsi se forma l'idée d'une propriété plus privée, plus familière (*eines vertrauteren privateren vermogens*), pour laquelle un droit héréditaire plus rigoureux dut être admis. Ce qui avait

été possédé le plus prochainement par les hommes, ne passait, de même que la propriété foncière, qu'aux parens mâles; ce qui avait spécialement appartenu aux femmes demeurait aux parens de ce sexe. L'*hergevathe* n'était utile qu'à ceux-là, la *gerade* complètement utile qu'à celles-ci et devait être respectivement assurée pour leurs besoins. Peut-être y a-t-il en outre dans cette division des choses en mâles et femelles un effet de la division rigoureuse des deux sexes dans l'antiquité, etc.

Les animaux domestiques, les armes et les vêtemens, dit le même auteur, page 556, furent dans l'antiquité les principaux objets de la fortune mobilière *boves, equis, scutum, framea, gladius*; il peut y avoir eu des classifications dont les différences se confondirent plus tard, mais qui eurent de l'influence sur les formalités de l'acquisition et sur le droit d'hérédité.

L'*heergevathe* est l'avoir mobilier qui se rapporte à l'armure et à l'équipement d'un homme, la *gerade* celui qui se rapporte à l'ornement et à la parure des femmes; plus tard on comprit sous l'une et l'autre d'autres meubles qui convenaient au simple citoyen ou au paysan. Elles n'embrassent point la totalité du bien mobilier, mais des objets déterminés d'icelui. Leur nature consiste en ce qu'elles établissent un droit d'hérédité extraordinaire. L'*heergevathe* ne passe qu'à la descendance mâle et aux agnats, la *gerade* à la femme, à la descendance féminine et aux cognats.

A l'*heergevathe* appartient originairement le cheval, l'épée et l'habit militaire du défunt. Ces objets, quand un héros était mort, étaient renvoyés chez lui. Le seigneur féodal après la mort du vassal, après celle d'une personne dépendante, le seigneur du fonds, s'il était capable de porter les armes se les appropriaient. Mais au cas de liberté personnelle c'était le plus proche héritier du sang. »

396. La propriété absolue telle que nous la connaissons n'est donc que le résultat du travail lent et laborieux de la civilisation. Bien des siècles se sont écoulés avant qu'elle prît cette forme. Tout porte les traces d'une communauté de biens à l'origine. La propriété commune ne cessait d'être telle et n'acquérait un caractère privé, qu'en tant que son appropriement était nécessaire pour satisfaire aux besoins de l'individu. Tel fut le bois de chauffage et de construction à l'usage de chaque membre de la marche, tels encore la maison et le champ qui l'entoure nécessaires à la conservation de la famille, qui, quoique la propriété de la famille, n'en étaient pas moins compris dans la propriété commune de la marche. Enfin la portion de la nature physique qui approche l'homme de plus près, qui satisfait le plus immédiatement à ses besoins et lui procure des jouissances plus journalières, est plus sa propriété, il se l'approprie davantage : tels sont le bétail, les meubles, les armes de guerre. Cette propriété a, dans les législations naissantes, et conserve pendant long-temps, un caractère de privilége et de spécialité (4).

La nature physique appartient à l'homme et tout rapport de l'homme à cette nature est un rapport de propriété. Tel est le droit, et en se perfectionnant ou en s'élevant successivement dans la civilisation, la société convertit ce droit en fait et le réalise de plus en plus. La nature physique tout entière entre donc dans la communauté de biens du genre humain, à telle famille, à tel individu, le rapport de communauté disparaît graduellement jusqu'à ce que les divers fils de cet immense réseau qui enveloppe la nature entière réduits à un seul n'expriment plus que le dernier rapport, le rapport le plus immédiat de la nature physique à l'homme ou la propriété la plus absolue. Ce dernier degré, ce terme extrême est la faculté de jouir de sa propre chose jusqu'à sa consommation et la puissance de la propriété s'étend alors jusqu'à la destruction des élémens qui la composent et à leur assimilation à la personnalité humaine.

Ainsi donc, objectivement considérée, la propriété n'est point spécifiquement absolue : elle subit au contraire une une variété de nuances et de formes successives depuis la communauté parfaite jusqu'à une sorte d'identification avec la personne (5).

397. Prise subjectivement, et considérée dans l'histoire où se réflète l'état moral de l'humanité, la propriété exprime la lutte des deux principes contraires de la conservation et du progrès. Son idée sociale, dans chaque ordre de civilisation, donne la mesure la plus exacte selon laquelle se combinent l'individuel et le substantiel.

Chez les Romains l'opposition qui se montre dans l'histoire politique comme antagonisme des patriciens et du peuple, dans la division fondamentale du droit *jus civile* et *jus gentium*, dans le mariage *conventio in manum* et libre mariage, dans le rapport paternel pouvoir rigoureux et complète étrangeté, se reproduit dans la division des choses inanimées en *res mancipi* et *res nec mancipi*.

On comprend ordinairement sous la dénomination de choses *mancipi* à peu près les mêmes objets qui chez les peuples germaniques furent soumis à un droit privilégiaire et spécial, la maison, le champ, les animaux domestiques, certains meubles et ustensiles de ménage, c'est-à-dire, ce qui est le plus personnel et ce que l'homme s'approprie de la manière la plus complète.

Cependant le dernier écrivain qui présente des recherches sur les choses mancipi, Bulhorn, a donné pour résultat définitif que d'après les Douze-Tables il n'y avait que des choses mancipi, c'est-à-dire, seulement livrables par la mancipation, que jusqu'aux empereurs on ne trouve aucune trace de la différence entre les choses *mancipi* et *nec mancipi*, que cette distinction ne s'est introduite que par l'affranchissement de plusieurs choses de la mancipation dans la transmission de leur propriété, ce qui a donné naissance aux choses *nec mancipi*, que toute cette différence a enfin complètement disparu depuis Alexandre Sévère, en sorte que Justinien l'a trouvée déjà tombée en désuétude et n'a fait que confirmer légalement cet état de choses. Cette observation a pour elle, dit M. Gans, l'analogie de toute l'histoire romaine qui commence toujours par représenter le principe rigoureux encore en vigueur, puis montre l'équilibre d'un principe contraire et termine enfin par le principe arbitraire.

La propriété quiritaire est la fixité et la perpétuité de la possession par opposition à la bonitaire qui représente plutôt sa mobilité ou la facile transmissibilité de la chose.

La fixité de la propriété s'exprime par la mancipation par la forme pénible d'une vente simulée devant cinq témoins et un libripens, puis la *cessio in jure*, l'imitation encore plus compliquée d'un véritable procès de vendication et enfin l'usucapion qui élève une possession antérieure au principe de la possession même.

La même dualité qui s'observe dans la chose et dans la médiation de la chose à la propriété se retrouve dans les manières d'acquérir. On distingue le mode d'acquérir en bonitaire et naturel. Le caractère de l'un est toujours un principe favorable à la fixité et à la rigueur, tandis que l'idée de l'autre, précisément inverse, se prête à la rapidité des transactions et à la transmission rapide de la propriété.

Ces deux élémens contraires, la conservation et le mouvement, se retrouvent sous différentes formes et et avec mille expressions diverses dans toutes les sociétés et à toutes les époques. Le point important pour bien saisir le caractère d'un ordre social est d'observer avec soin le rapport exact dans lequels il s'y combinent et leur mode de coexistence.

Si le monde oriental, dans toutes ses institutions, accorda peu de part au principe du progrès, l'universel, le substantiel, l'infini s'y manifestant presqu'exclusivement, il n'en fut pas ainsi du monde romain. Il aurait mieux reconnu ce principe, l'individuel, dans le système de Schlegel et de son école, s'y serait montré sous la forme de l'élément plébéien, mais le vice de cette société aurait été de laisser coexister dans son sein ces deux principes contraires sans les avoir unis et combinés de manière à former un tout harmonique. La puissance d'une civilisation consiste donc à réunir les deux principes et à les associer de telle sorte que de leur opposition naisse l'ordre et de leur équilibre incessant le bonheur et la paix. Se conserver et agir, c'est véritablement vivre.

De nos jours, après avoir intimement uni leurs forces et avoir créé cette magnifique civilisation européenne que la révolution francaise a fait crouler, il semble que la société laisse envahir successivement par l'un de ces termes, la mobilité et le progrès, les médiateurs qui l'enchainaient à l'autre ou les institutions qui l'unissaient au principe de conservation. L'individualisme, la liberté des opinions et le vif besoin de répandre et de réaliser toutes les doctrines qui peuvent enrichir l'avenir de la société sont à leur plus haute période d'énergie, et l'individualisme élevé à sa plus haute puissance, c'est l'élection individuelle, universelle, permanente........ C'est ainsi que subjectivement considérée la propriété exprime sur le théâtre de l'histoire la lutte des deux principes qui résident au fond de toute société. C'est ainsi encore qu'à mesure que la propriété se morcelle et se mobilise, et que l'état économique se fractionne en une foule de parcelles indépendantes, le principe d'union élève l'ordre moral, édifie, généralise.

398. Ce n'était pas seulement dans la transmission successorale que se produisaient les effets particuliers de cette distinction primitive des biens en choses mobilières touchant de plus près à la personne et plus prochainement possédées par elle et les autres biens composant le patrimoine; elle en avait encore, ainsi que nous l'avons dit en commençant, dans les effets de l'obligation personnelle et dans le mode d'aliénation.

La maxime, celui qui s'oblige oblige le sien, consacrée par notre code civil et admise d'une manière plus ou moins complète dans la législation de tous les peuples civilisés, tient à cette sorte d'identification que nous avons observée entre la nature morale de l'homme et la nature physique, c'est la conséquence du caractère personnel que prend la propriété. Cette maxime ne doit donc exister que là où se trouve ce caractère personnel. Or, dans l'état de migration, le caractère personnel n'affectait que les choses mobilières composant l'*heergerathe* et la *gerade*, *res mancipi*. De là vient une modification importante que paraît avoir subie chez les Anglois-Saxons la maxime qu'en s'obligeant on oblige le sien. Ce *sien* était borné sous ce rapport aux choses mobilières composant l'*heergerathe* et la *gerade*. Elles seules avaient ce caractère de personnalité qui soumet la propriété à toutes les obligations, et lui donne les droits de la personne. C'est pourquoi ces choses seules étaient affectées au paiement de la dette.

La propriété est la chose mise en rapport avec la personne. Plus une chose ou une création de la nature physique est *propre* à une personne déterminée, plus elle est rigoureusement soumise au droit de propriété. La propriété est la soumission d'une portion de la nature physique au domaine exclusif de l'homme. C'est l'expression dans la sphère des intérêts matériels, l'enveloppe extérieure de la personnalité. De là nous ne trouvons comprises à l'origine dans l'idée de propriété que les choses qui étaient plus exclusivement propres à la personne, comme les armes, les ustensiles de ménage, le bétail, etc. Le reste qui comprenait les forêts et prairies composant le fonds des *markgenossenchaften* restait dans une sorte de communauté; usage pour chacun, propriété pour tous. La terre à son tour, le sol défriché, à mesure que la société se fixa, devint plus propre à l'homme qui l'arrosait chaque jour de ses sueurs. Elle fut rendue personnelle en quelque sorte, et en devenant personnelle elle acquit le caractère de propriété. La plus haute puissance de la propriété ou la propriété la plus absolue est l'expression de la personnalité la plus puissante ou la plus complètement reconnue. La personnalité passe dans la nature physique et y imprime son sceau pour ainsi dire, en l'érigeant en propriété absolue. Il se fait donc ici un véritable *ricorso*, l'idée parcourt un cercle, subit une sorte d'évolution.

La nature physique est le domaine de l'homme, voilà le principe. En méconnaissant sa destinée et par suite de sa déchéance, l'homme s'est trouvé dans l'impossibilité d'exercer ce domaine. La nature physique lui résiste passivement, elle est opposée à sa nature morale. La personnalité travaille donc à reconquérir la nature physique et en fait rentrer successivement certaines portions dans son domaine, c'est l'effort laborieux de la civilisation. Propriété naissante, soutenue et limitée par la nécessité. La personnalité reconquiert son domaine et devient de plus en plus maîtresse de la nature physique. Elle la divise, la morcelle, la décompose, elle en fait l'expression extérieure de sa substance, elle se l'identifie. Enfin la personnalité se mêle si intimement à la nature physique devenue propriété que celle-ci a les droits et répond aux obligations de la personne, et que la personne n'a de valeur et n'acquiert son complément que par la propriété. La propriété représentant la personnalité et en exprimant la plénitude redevient maîtresse à son tour, elle exige le sacrifice des droits qui dans l'ordre intellectuel n'appartiennent qu'à la personne. Alors les droits de la nature morale sont méconnus. Ce dernier état est encore à beaucoup d'égards celui des sociétés présentes qui touchent au matérialisme. Il veut, pour être rendu à l'ordre intellectuel sur lequel doit reposer la société, subir par voie de progrès et non par voie de retour, une transformation ultérieure.

Les systèmes actuels de crédit public, les régimes hypothécaires généralement admis, la rapidité des communications entre les peuples, la facilité des transactions commerciales et l'esprit d'association en font concevoir la possibilité. Mais nous ne pouvons en déterminer les conditions et toutes les conséquences. C'est à l'action successive des lois providentielles, à l'autorité, légitime appréciatrice de sa nécessité, qu'il appartient de proclamer ou du moins de reconnaître le mode d'une pareille transformation sociale. *Nous ne savons pas.*

399. L'hérédité anglo-saxonne nous présente un autre phénomène digne de remarque dans l'obligation imposée au testateur de laisser au seigneur ou à l'Église la meilleure chose de son hérédité. Ce retour pouvait n'être point injuste dans son principe, lorsque le seigneur ou l'Église représentaient la communauté. En entrant dans le patrimoine du disposant, la propriété était sortie de la communauté, il était naturel qu'elle y rentrât à son décès. C'était la meilleure chose de l'hérédité qui échéait au seigneur ou à l'Église, ce qui suppose un droit absolu de ceux-ci à la totalité. Les deux autres tiers dont le testateur pouvait disposer représentaient, selon la remarque de M. Philips, l'*heergerathe* et la *gerade*, c'est-à-dire, cette portion du patrimoine qui était la plus propre au disposant. La personnalisation du patrimoine fonda la faculté si exorbitante de tester qui peut être regardée comme la plus haute puissance du droit de propriété. Elle s'exprime littéralement dans

cette maxime d'un sens profond, *hereditas sustinet personam defuncti.*

Ainsi évolution du droit de propriété, son origine et sa fin. Devenu l'expression de la personnalité, il s'identifie avec elle et s'étend jusqu'à exiger le sacrifice des droits de la personnalité qui l'avait conquis. L'hérédité ou le patrimoine transmis et conservé est l'expression de la personnalité dans la sphère de la fortune familiale. C'est le droit de propriété élevé à sa plus haute puissance.

§ SECOND.

Ses phases ultérieures.

SOMMAIRE.

400. *Anciens modes de contracter.*

401. *Les contrats se constatent à l'origine par témoins comme tous les autres faits. De l'usage de l'écriture.*

402. *Du partage des terres. Caractères différens qu'il revêt.*

403. *Le droit d'occupation prend sa source dans le partage des terres, ou plutôt dans l'état d'association antérieur plus ou moins parfait que celui-ci suppose.*

404. *La division des propriétés se retrouve chez tous les peuples civilisés. L'usage de marquer le terme de ses*

possessions paraît avoir pris naissance en Egypte. Son histoire mentionne plusieurs partages des terres.

405. *Partage de la terre promise chez les Hébreux. Altération qu'y subit la propriété par la loi du jubilé et de l'année sabbatique.*

406. *Partage des terres à Sparte.*

407. *A Athènes ce partage fut constamment refusé par Solon, qui fit entrer d'une manière indirecte par le cens l'élément de la propriété dans l'organisation de l'état.*

408. *Le partage est encore une suite de la conquête. Exemples chez divers peuples. Loi licinia.*

409. *De l'assignation étrusque. Citation de Niebuhr.*

410. *Subseciva. Particularités de la propriété limitée.*

411. *De la sonnentheilung chez les Germains, et sa ressemblance frappante avec le mode suivi par les agrimenseurs romains.*

412. *Système centésimal qui régnait dans la division territoriale ainsi que dans la constitution politique.*

413. *Diverses sortes de biens dans le moyen âge et leurs dénominations.*

414. *Le caractère de la propriété est déterminé par la manière dont la personnalité s'y empreint. Application de ce principe aux pécules, à la féodalité.*

415. *Influence de la personnalité sur le principe même de la propriété dans la propriété féodale.*

416. *Forme de la propriété dans les sociétés spirituelles.*

417. *Retours à l'égalité de partage primitive que subit nécessairement la propriété absolue. Trois termes entre lesquels se développe, dans chaque ordre de civilisation, l'idée sociale de propriété.*

418. *Dans les états constitutionnels l'Église peut être, sans inconvénient, salariée par l'État.*

419. *Conséquences que contient implicitement le principe absolu de la sécularisation.*

420. *La nature morale ne peut être l'objet d'une propriété.*

421. *Des nexi et explication de la manière dont se forme l'idée juridique de cette affectation de la personne aux obligations qu'elle contracte.*

422. *Comparaison de ce que fut l'addiction des débiteurs à Rome et chez les Germains. Textes.*

423. *Citation de M. Grimm sur la question de savoir si, dans l'antiquité, les créanciers allemands furent autorisés à tuer, à vendre ou à détenir en esclavage leur débiteur.*

424. *Ce que devint l'esclavage dans la féodalité. Aux différentes époques du droit tantôt les rapports personnels prédominent, tantôt ceux de l'homme à la chose.*

425. *L'homme n'est point une chose et ne peut être*

dans le commerce. Il ne peut pas y être, même sous un rapport limité.

426. *Quelle est la nature du droit personnel par opposition à la propriété.*

427. *De l'hérédité du pouvoir. Tout pouvoir est une protection.*

400. La nécessité de témoins pour constater l'aliénation des choses précieuses fut dans l'ancien droit allemand, comme dans toutes les sociétés où n'existe pas encore l'influence des tribunaux, de règle générale. Pour les immeubles les témoins étaient toujours nécessaires, mais non pour les meubles, si ce n'est, d'après plusieurs textes cités par M. Grimm, en ce qui concerne certains objets mobiliers qui rappellent encore la forme primitive de la propriété *(de mancipiis, de terrâ, casis vel sylvis). Prohibitum erat ne quis emeret vivum animal vel pannum usatum sine plegiis et bonis testibus.* Les anciennes lois normandes et les lois suédoises en particulier sont encore plus précises. Elles distinguent la vente solennelle ou non solennelle suivant les objets. Vendre solennellement était vendre en présence d'un médiateur (d'un ami), et de deux témoins. Aux termes d'une ordonnance qu'il cite on doit acheter et vendre d'une manière solennelle l'esclave, le bétail avec cornes et sabot, les vêtemens faits, les armes fabriquées, l'épée avec son fourreau, l'argent et l'or tissus, la maison avec porte et serrure ; sans cette forme au contraire l'épée nue, l'habit non fait, tout ce qui se trouve dans les boutiques et au marché.

Il n'est pas douteux que dans l'antiquité tous les

contrats importans, ceux notamment qui comprenaient la cession d'un fonds de terre ou d'objets précieux de l'avoir mobilier furent conclus solennellement. Cette solennité consistait ou dans l'emploi de certains symboles, ou dans l'usage de mots techniques, ou dans la présence des témoins.

« Le plus remarquable symbole pour les contrats sur l'avoir mobilier, dit M. Grimm, est le tuyau de paille *(stipula, festuca)*. Mon opinion que primitivement la stipulation romaine elle-même ne fut pas seulement célébrée de vive voix, mais aussi avec une paille *(ore et calamo)* est confirmée par l'usage indien. Les Indiens, habitans des montagnes, qui tiennent aux anciennes coutumes, rompent en deux parties un tuyau de paille dans la conclusion de leurs contrats. Cela se pratiquait vraisemblablement aussi dans d'autres contrées de l'Asie et l'identité d'une forme de droit commune aux Indiens, aux Romains et aux Allemands dont la langue et les traditions se touchent par tant d'endroits ne doit pas étonner. »

L'avoir mobilier consistait principalement en bétail; les animaux domestiques ne furent pas seulement le prix pour lequel les autres choses furent acquises, ils servirent aussi souvent à acquitter les amendes et les impôts. L'ancienne monnaie fut frappée de l'empreinte d'un animal, et pouvait toujours, même après que son usage se fut répandu être évaluée ou payée en bétail. C'est pourquoi la loi ripuaire et la loi saxonne contiennent une réduction de l'argent en bétail et en armes. Quelques peines et amendes payables en bétail se sont conservées en Allemagne jusques dans ces derniers temps.

Dans la revendication du bétail le propriétaire devait le toucher de la main et du pied en affirmant qu'il lui appartenait, *conjurare cum dextrâ armatâ et cum sinistrâ ipsam rem tenere*, dit la loi ripuaire. Cet usage paraît avoir existé par toute l'Allemagne (6).

401. Un contrat n'est qu'un fait et il se constate à l'origine des sociétés où l'usage de l'écriture n'est pas répandu, par le témoignage des hommes comme tous les autres faits. On suppose que d'un certain nombre de personnes présentes à la passation d'un contrat, il en survivra au moins assez pour en conserver le souvenir, lorsqu'il deviendra nécessaire d'en exiger l'exécution. Les Juifs n'eurent long-temps ni notaires, ni registres, ni contrats. Deux citoyens voulaient-ils former une convention réciproque, ils déclaraient leur volonté en présence de témoins, dans un lieu public, elle devenait irrévocable. Le même usage se retrouve en Grèce, chez les peuples germaniques et dans toutes les sociétés naissantes. En Allemagne l'écriture ne devint une solennité d'usage que dans le sixième siècle, et long-temps encore dans plusieurs sortes de contrats l'ancienne forme fut observée.

A mesure qu'un peuple avance dans la civilisation l'usage de l'écriture devient plus universel et plus exclusif, le droit étend son empire jusqu'à proscrire dans la plupart des cas la preuve testimoniale, enfin l'écriture passe même à la solennisation des constitutions politiques. La convention entre les gouvernans et les gouvernés est constatée comme les autres contrats par l'écriture. L'usage des constitutions écrites devient général.

D'un autre côté l'accord exprès ou tacite ou le pacte

social, fond de toutes les constitutions qui se laisse voir si clairement dans les garanties mutuelles, les associations de *marches*, la constitution cantonnale et les autres formes que prennent les sociétés naissantes, s'individualise et se diversifie. L'élément contractuel devient à mesure que l'*imperium* qui s'était posé comme l'interprète de la vengeance divine perd du terrain, la base commune de presque toutes les obligations morales, qui s'évaluent, entrent dans le commerce, et se résolvent la plupart en dommages intérêts. Il se fait donc encore une évolution analogue à celles que nous avons déjà observées, jusques dans la forme de toutes les conventions sociales. Le particulier devient le général, le général le particulier, et le droit tout entier prend un nouveau caractère qui rappelle son point de départ et reflète les temps primitifs.

402. A la communauté des propriétés immobilières que l'on peut considérer comme correspondant à l'état de migration ou le suivant de très près, succède, à mesure que l'agriculture fait des progrès et que la société se fixe, le partage des terres. Nous avons eu l'occasion, au titre des successions, d'observer ce moment social et nous avons remarqué avec Montesquieu qu'il est chez tous les peuples et chez les Romains en particulier le fondement de la loi successorale. Aussi la loi successorale à cette époque a-t-elle un caractère éminemment conservateur. De là naissent les priviléges de la masculinité, ceux de l'agnation, les mesures prises pour perpétuer les familles et empêcher la confusion de leur patrimoine. Et cette succession de faits n'est-elle pas naturelle et légitime? Aux lois d'association qui ont présidé à la migration et à l'état de commu-

nauté, succèdent les lois de conservation qui établissent le partage égal entre les familles et en assurent autant que possible la perpétuité. Aux lois qui assuraient et déterminaient la jouissance en commun d'un pays inculte, succèdent les lois qui atribuent à chaque famille la portion du pays défriché nécessaire à sa subsistance et qui lui en assurent la possession continuée ou la propriété. Le partage des terres est le point de départ de la législation d'une société fixée, c'est la conséquence et l'évolution finale de la migration et d'un état de communauté antérieur, entre ces deux états successifs c'est comme un terme commun.

Le partage des terres a néanmoins différens caractères : ou il n'est que cette transformation économique et sociale dont la nécessité résulte du défrichement, comme cela arriva chez les peuples germaniques dont la migration fut si persévérante, si puissante, si nous l'osons dire ; ou c'est la suite de la conquête d'un pays déjà cultivé, telle fut la division partiaire opérée par les barbares à la chute de l'empire romain, tel fut encore le partage de la terre promise chez les Juifs. Ou c'est la conséquence d'une réforme politique comme à Sparte, à Rome et dans les républiques anciennes, qui eurent toujours pour signe de ralliement dans tous leurs troubles civils la proclamation des lois agraires ; ou enfin il est primitif comme en Egypte où l'on ne rencontre pas de traces historiques d'un état antérieur à la culture des terres. Le partage des terres est le fondement du droit civil, notamment en matière de successions et de propriété, il se lie intimement à l'organisation politique et civile qui a pour principal objet à cette époque de régler l'état économique du peuple qui se constitue;

il s'opère souvent d'après un mode symbolique et religieux qui atteste sa haute antiquité et conserve des traces d'un état de société primitif antérieur que nous ne connaissons qu'imparfaitement; enfin il se lie au système de l'impôt, de la colonisation, de la conquête, et fait toujours, à toutes les époques de crise, l'éternel sujet des débats politiques.

403. Le droit d'occupation que nous considérons comme une des sources du droit de propriété naît du partage des terres, en ce sens qu'il n'est légitime que parce que chacun est censé avoir été convenablement ou suffisamment partagé. C'est la raison qu'en donne Burlamaqui. « Avant le partage des terres elle eût été une usurpation parce que, dit-il, t. 3, p. 162, lorsqu'on cherche l'origine et le fondement de la propriété il ne faut pas supposer un homme isolé, mais un homme vivant avec les autres hommes en société naturelle et usant des biens de la terre en commun.................. S'il y avait quelque coin de terre qui n'appartînt à personne la prise de possession suffirait pour en acquérir la propriété, parce que la communauté primitive n'ayant plus lieu, les hommes sont censés être plus ou moins suffisamment partagés; et par là un coin abandonné de tout le monde sans propriétaire s'offre naturellement au premier occupant parce qu'il ne sait pas avec qui convenir pour s'en emparer. » La raison du partage des terres réside donc dans un état de communauté antérieur et c'est pour cela qu'il est ordinairement égal entre toutes les familles qui font partie de la communauté ou que, s'il ne l'est pas comme cela arrive dans le cas de la conquête, il image l'ordre hiérarchique militaire qui appartenait à cette société. En principe le par-

tage des terres repose sur la société naturelle entre tous les hommes qui composent un même peuple, c'est-à-dire, sur l'ordre intellectuel, et la raison des restrictions successorales n'est que le désir ou la nécessité de conserver autant que possible les suites de ce partage égal.

404. La division des propriétés quoique postérieure à l'état de communauté primitive, remonte à la plus haute antiquité; on la trouve en usage chez tous les peuples civilisés sous différentes formes (7).

L'usage de marquer par des arbrisseaux et des pierres le terme de ses possessions paraît avoir pris naissance au milieu de l'Egypte. De tout temps on y avait mesuré les champs, on les avait environnés de limites : les irruptions du Nil avaient rendu cet usage nécessaire.

Anciennement les prêtres et le monarque possédaient seuls en Egypte, ils possédaient chacun héréditairement le tiers des terres de l'empire. On supposait qu'Iris leur avait donné ces immenses possessions pour les engager à rendre de grands honneurs à Osiris.

Hérodote attribue à Sésostris un partage des terres, on en fit des portions égales et le sort décida entre les citoyens : le roi exigea seulement qu'on lui payât chaque année une redevance prescrite. Néanmoins suivant d'autres autorités ce partage aurait eu lieu entre les différentes classes de citoyens plutôt qu'entre les individus et les familles et aurait eu principalement un caractère politique. On a cherché à expliquer ces divergences en les entendant de plusieurs partages successifs. L'un fait par Sésostris aurait destiné les meilleures terres aux guerriers. L'autre par Joseph, fils de Jacob, aurait donné à tous les Egyptiens une égale portion de terre quadrangulaire, ou, comme on l'explique, dont un cinquième eût été réservé à Pharaon.

405. Les Hébreux s'établirent dans la terre promise par voie de migration. On retrouve chez eux le partage des terres. Les princes des tribus présidèrent à ce partage avec le grand prêtre Eléazar et Josué.

Après la victoire sur les Amorrhéens Moïse en avait partagé les terres entre les descendans de Ruben, ceux de Gad et la demi tribu de Manassé. Les peuples situés en deça du Jourdain ayant été aussi vaincus, Josué donna aux autres tribus le pays qu'ils habitaient. Le sort détermina la portion de chacune d'elles. La tribu de Juda, celle d'Ephraïm, l'autre demi tribu de Manassé eurent les premiers la portion qu'on leur destinait. Le reste du pays fut ensuite divisé entre le reste des Hébreux. Le sort encore y présida, mais d'après un plan tracé où l'on avait combiné la fertilité des terres, leur étendue et les moyens de subsistance qu'elles offraient avec la population des tribus. Aucune portion n'avait été assignée à la tribu de Lévi : ils eurent en échange des redevances journalières, des contributions annuelles et des cités.

La même puissance de conservation et de perpétuité que nous avons observée dans la succession juive et qui nous l'a fait reconnaître comme la plus rationnelle des lois successorales, celle qui fut la plus conséquente à son principe, se retrouve dans leurs idées sur la propriété.

Le partage fait par Josué avait assigné à chaque tribu des terres qu'elle devait héréditairement conserver et transmettre. L'aliénation qui en était permise ne pouvait être que temporaire; c'était une sorte de substitution perpétuelle.

« Au bout de sept fois sept années qui forment quarante-neuf ans, le dixième jour du septième mois, temps de la fête d'expiation, on sonnera du cor, dit le Lévitique, dans toute la terre d'Israël, et on sacrifiera la cinquantième année qui est la jubilaire. La liberté sera rendue à ceux d'entre vous qui l'avaient aliénée. Chacun rentrera dans ses anciennes possessions et retournera à sa première famille. Vous ne semerez pas, ne moissonnerez pas, ne recueillerez pas, mais vous mangerez les premières choses qui s'offriront à vous. »

Ainsi toutes les aliénations ne furent en quelque sorte que des cessions d'usufruit ou de jouissance, elles étaient toujours affectées de la condition du rachat; de là naissait la plus grande variation dans le prix des immeubles qui se vendaient plus ou moins cher selon qu'on était plus ou moins éloigné de l'année jubilaire. Ainsi enfin les inégalités de fortunes résultant de la nature même de la propriété qui tend à s'accumuler en un petit nombre de mains, de la différence des talens, des emplois, du nombre des enfans et de mille circonstances accidentelles étaient neutralisées, autant que possible, par cette institution et ramenées périodiquement à l'égalité de partage primitive.

« La terre ne se vendra point à perpétuité parce qu'elle est à moi, dit l'Ecriture, quelques versets plus bas; vous êtes comme des étrangers à qui je la loue. Si un Juif devenu pauvre vend son héritage, son plus proche parent pourra le racheter. S'il trouve de l'argent il le rachètera lui-même en supportant les fruits perçus depuis la vente et lui rendant le surplus. S'il n'en trouve point il attendra le jubilé, etc. »

Les dettes contractées par les Israélites entr'eux se

remettaient tous les sept ans : c'était un des privilèges de l'année sabbatique qui, sans être aussi étendus que ceux de l'année jubilaire, y avaient le plus grand rapport. Dans l'une et dans l'autre il était défendu sous peine du fouet de semer, de planter, de cultiver. Les fruits que la terre produisait d'elle-même servent seulement à nourrir le propriétaire, ses domestiques, ses troupeaux. Il est défendu de les vendre. Nous verrons plus loin la raison de ce singulier phénomène de l'année jubilaire qui vient chez les Juifs altérer si essentiellement l'idée de propriété.

406. A Sparte le pouvoir suprême fut partagé entre deux monarques. Chaque tribu formait une masse isolée et distincte dont les maisons étaient séparées des autres par un espace vide où s'élevaient quelques temples et quelques tombeaux. Lycurgue fit 9,000 parts du territoire de Sparte et les distribua aux citoyens qui l'habitaient. Il partagea en 30,000 portions le reste du pays et les distribua aux habitans de la Laconie. Chaque part donnait un revenu annuel de 70 médimnes d'orge pour l'homme et 12 pour la femme, et de l'huile et du vin dans la même proportion. Ne semble-t-il pas, s'écria-t-il en revenant après une longue absence, que la Laconie soit l'héritage de plusieurs frères qui viennent de faire leur partage?

On croit que l'aîné recevait la part que son père avait eue. La loi veilla au supplément nécessaire pour une famille nombreuse. On assignait une portion de terre aux nouveaux-nés après leur examen corporel. D'un autre côté il était défendu de diviser la portion reçue originairement.

Les Lacédémoniens eurent des colonies en Crète, en

Sicile, en Italie, dans la mer Egée, dans l'Asie-Mineure, en Afrique et les Spartiates ayant été irrévocablement fixés à 9,000 comme les portions de terre qu'on leur assigna, ceux qui excédaient ce nombre y étaient envoyés.

La pesanteur des monnaies, la prohibition des dots, l'interdiction des testamens, l'exclusion des femmes de l'hérédité maintinrent quelque temps les effets du partage égal. L'admission des femmes et la faculté testamentaire les détruisirent et rendirent la pauvreté générale.

407. La constitution de l'industrielle Athènes ne repose pas comme celle de Sparte sur le partage des terres. Solon le refusa même formellement aux réclamations de ses concitoyens, mais par l'introduction du cens il fit entrer, dans une proportion combinée, l'élément de la propriété dans l'organisation générale de l'administration publique. Les citoyens furent partagés en quatre ordres ou classes : ceux dont les terres rapportaient 500 mesures au moins de grains ou d'huile; ceux dont elles rapportaient plus de 300 mesures et qui pouvaient entretenir un cheval pour la guerre; ceux dont les revenus étaient au-dessus. La dernière classe n'avait que le droit de voter dans les assemblées du peuple.

Au reste le partage égal des terres eut lieu dans beaucoup d'autres républiques. Montesquieu cite une loi de Philolaüs de Corinthe qui établit que le nombre des portions de terre et celui des hérédités serait toujours le même. Il parait que cette loi fut faite pour les Thébains.

408. Le partage des terres est encore une suite de la

conquête. C'est ainsi que chez les Bourguignons il y eut un partage à moitié à titre d'hospitalité ; chez les Visigoths une expropriation des deux tiers, en vertu du droit de conquête. On peut voir dans M. Savigny l'exposé lucide et plein d'intérêt de la manière dont se fit le partage des terres chez les divers peuples barbares qui vinrent fondre sur l'empire romain. Leur mode de partage montre le procédé suivant lequel s'amalgamèrent ces populations.

Chez les Romains l'occupation violente ou la dédition ou la cession par traités de paix étaient des manières d'acquérir. Il était de maxime que tout pays conquis devient la propriété de l'état vainqueur.

Les Sarrasins donnèrent au droit de conquête la même extension. Dans les villes qui se soumirent la propriété fut respectée, mais non dans celles qui étaient soumises par le sabre. Dans l'Inde ainsi que dans toute l'Asie et dans l'ancienne Egypte toute propriété territoriale avait le caractère d'*ager publicus*. Le prince y est exactement propriétaire du pays et la possession privée ne s'y distingue qu'en tant qu'il exige, qu'il laisse ou donne sa part du produit.

Il était de règle dans l'ancien droit romain que l'usucapion est absolument impossible contre l'état. Ce fut la conséquence naturelle de ce que toute propriété quiritaire provenait de l'état, une foule d'exemples d'immeubles revendiqués par lui après une longue usurpation prouvent avec quelle rigueur ce principe fut appliqué jusqu'à la censure de Vespasien.

En vertu de la loi licinia, toute propriété qui n'est pas plus grande que cette loi ne le permet et qui n'est ni extorquée par violence, ni dérobée ni prêtée doit être protégée contre les tiers.

Tout citoyen romain doit être autorisé à s'emparer du pays nouvellement conquis s'il n'est pas laissé aux anciens propriétaires ou donné en partage au peuple, ou concédé pour l'établissement d'une colonie, et à l'exploiter pourvu qu'il n'excède pas la mesure fixée par cette loi. Personne ne peut en posséder plus de 500 arpens en terres labourables et en plantations, ni faire paître sur ses prairies plus de cent têtes de gros bétail et cinq cents de petit.

409. La cérémonie de l'assignation, d'origine étrusque, eut ce caractère de perpétuité, de tenacité en quelque sorte propre à toutes les institutions romaines. Elle survécut de plus de 500 ans à la chute de l'empire d'Occident. Toute terre assignée était inviolable en vertu de cette cérémonie religieuse et conséquemment l'état ne pouvait la reprendre.

« L'unité de terre labourable, dit M. Niebuhr, était chez les Romains l'actus de 14400 pieds carrés, par conséquent un carré dont chaque côté mesure 120 pieds. Un carré de 50 arpens contient en surface 10 actus carrés et c'est une centurie non de 100 arpens, mais de 100 actus. La centurie seule a son nom propre et fut en usage dans l'origine. Elle contient sept fois la mesure d'un lot plébéien de sept arpens.

« La racine carrée de l'actus romain ou fondus, 12 verges de 10 pieds, est à celle du versus étrusque ou Ombre composé de 10 de ces mêmes verges dans le même rapport précisément que l'année civile romaine est à l'année cyclique. Nous connaissons par un fragment d'un bon écrit de Varron le versus ou vorsus, mesure de la terre chez ces peuples, qui doit s'être conservée en Campanie depuis le temps de la colonie étrusque. Une centurie de 100 actus contient donc 144 vorsus, c'est-à-dire, le carré de 12. Les lignes de l'ancienne limitation romaine, la décumane comme les cardinales, étaient en conséquence toujours tirées à 1200 pieds de distance les unes des autres. La limitation étrusque au contraire procédait sans doute de mille en mille pieds, en sorte que douze centuries étrusques correspondaient à dix centuries romaines; tant est prononcé le rapport du système duodécimal romain au système décimal étrusque. »

410. Tout le district dont l'assignation était ordonnée se partageait d'après ces règles : la loi agraire déterminait le district, la grandeur des lots et combien de citoyens devaient occuper le pays. La division se faisait par allotissement. Les terrains labourables et plantés étaient seuls assignés ou donnés en propriété. On ne prenait point en considération la nature du terrain. Il s'ensuivait que toutes les centuries qui se composaient entièrement ou en partie de terre non labourée ou qui par la rencontre de limites irrégulières ne pouvaient avoir une mesure pleine, ne venaient point en partage. Ces immeubles demeurèrent sous le nom de subseciva la propriété du peuple romain, et avec eux les centuries complètes de terre labourable qui pouvaient rester lors de l'allotissement.

Le pays limité et tiré au sort avait de commun avec la propriété quiritaire qu'il était libre d'impôts. L'obligation à l'impôt direct était si essentiellement propre aux autres terres que le pays de domaine public donné en paiement fut affecté de l'intérêt nominal d'un as par arpent en reconnaissance de la propriété de la république et pour conserver à celle-ci son droit de retour.

Au reste, le pays limité avait certaines particularités de droit dont il ne s'est guères conservé que l'impossibilité de s'accroître par alluvion, parce qu'il était formé suivant une mesure fixe. Presqu'exclusivement admis dans la plupart des contrées de l'Italie, ordinaire dans les provinces de l'ouest, ce genre de propriété fut extrêmement rare en Orient.

411. A l'ancienne division par le jet du marteau succéda, chez les peuples germaniques, la division suivant les contrées du ciel, *sonnentheilung*, qui eut, comme l'ancienne limitation romaine, un caractère religieux et symbolique. Il s'en est conservé des traces dans le Nord. Chez les Romains l'augure considérait aussi les contrées du ciel comme dans l'inauguration du prince et du consul. Deux lignes fictives se coupant à angles droits lui servaient de point de départ. DECUMANUS, *limes qui fit ab ortu solis usque ad occasum. Cardo* qui était au fond la ligne principale coupée par le *decumanus*. Les lois suédoises et danoises font mention d'une division semblable : *Agri secundùm solis et cœli regiones collocati divisio ut fundus ad meridiem situs meridionales, ad septentrionem collocatus septentrionales portiones habeat ac sic in reliquis.* Après cette division selon les contrées du ciel se faisait un mesurage dont le champ labourable qui environne la maison était la base. *Area est mater agri.* Le champ labourable détermine la portion de prairie, la portion de prairie la portion de bois, la portion de bois la portion de roseaux (marécage), la portion de roseaux divise l'eau par filets ; là où on ne peut poser de pierres d'une manière visible, un tronçon ou une

perche doit diviser la partie de roseaux. La loi jutique pose également la règle que tout le reste de la terre, labourable ou non, doit être divisé d'après l'immeuble d'habitation. Les règles de l'ancienne division selon le soleil et les parties du ciel paraissent s'être perdues dans l'intérieur de l'Allemagne. Néanmoins on observait la direction vers l'Orient dans le franc fief, dans la consécration du duc et dans l'établissement du lieu de supplice, et M. Grimm voit dans cette coutume, peut être dans l'assignation du terrain destiné aux duels en Espagne, une trace de cette ancienne division. Il remarque jusques dans les formules et les expressions une ressemblance frappante avec le mode d'opérer des agrimenseurs romains.

412. Pour arriver à la division des champs et des terres il faut remonter à celle du pays. Les bornes entre les peuples étaient déterminées par des fleuves, des forêts, des montagnes ou des marques aux pierres et aux arbres. Le nombre des pierres posées équivalait dans certaines contrées au même nombre de témoins assermentés.

M. Grimm reconnait dans l'ancien mode de division du territoire un système centesimal qui régnait aussi sous d'autres rapports, dans le choix des guerriers et des compagnons du prince. Il y a cent hommes de chaque village, cent comtes, l'arrondissement des Semnons se divisait en cent cercles que Tacite nomme *pagi*. Les anciens actes allemands mentionnent l'*huntari* comme un district qui comprend dix *villæ* ou *prædia*. C'est aussi le sens de l'ancien normand *huntari* et de l'Anglais-Saxon *hundred*....... Chez les Anglais-Saxons un arrondissement comparable à notre gau s'appelait un *shire*, ancien danois *scira*. *Hundred* formait la subdivision en telle sorte qu'il contenait dix dixièmes, chaque dixième *(troding)* dix *thunas* ou *villæ*. Ainsi de même que l'anglais-saxon *hundred* contenait cent *thunas*, l'ancien normand *hundari* cent *prædia*, l'allemand ou l'ancien danois *huntari* contenait probablement cent *veiler*. Mais le *gau* comprenait plusieurs *huntari*, le *shire* plusieurs *hundrede* dans un rapport indéterminé. Cependant le dixième anglais-saxon a son recteur et son président qui ne sont évidemment que le *tunginus* et le *centenarius* de la loi salique. L'ancienne expression *tûn* doit donc avoir signifié *villa*, *predium*. *tûn* est l'ancien danois *zûn*, *saun* et désigne un immeuble fermé protégé par un entrelacement d'osier. »

413. Outre ces divisions territoriales qui prennent évidemment leur source dans le système social des populations germaniques et dans leur hiérarchie militaire, on trouve dans le moyen âge diverses autres divisions dont les noms sont tirés des circonstances qui y donnèrent lieu. *Sors* dans la loi des Bourguignons, dans la loi des Visigoths et ailleurs, de l'allotissement qui se fit à l'époque de la conquête. L'anglais-saxon *hyde*, peau, de l'antique mesurage avec des lanières de cuir. *Huoba*, *mansus* qui désigne l'habitation et fut le mode de division de tout le royaume de France au neuvième siècle. Les actes rédigés en Allemagne prennent souvent *mansus* pour la partie habitée de l'immeuble, *area*, *curtis* et lui opposent l'*huobe* qui s'y joint comme terre labourable. Les *manses* consistaient dans des concessions de droits incomplets de propriété dont le seigneur habitait *la cour*, *curtis*, *aula*, autour de laquelle se groupaient les *mansi*, esclaves ou ingénus indépendans de la cour. On

a voulu, dit M. Grimm, faire dériver de ces concessions au *jus curtis* toute notre ancienne constitution de biens, mais la dépendance de la cour comparativement à la jouissance de la marche, est évidemment quelque chose de beaucoup plus récent.

Avec le temps naquirent divers degrés de propriété mixtes sous les noms de *meierguter*, *fogteiguter*, *landfridelrecht* et autres. En même temps que la position des personnes non libres s'adoucissait, celle du commun des personnes libres empirait, et les deux états se confondirent en certains points. Tout l'avantage d'une propriété légitime eut aux yeux du pauvre peuple moins de valeur que la protection puissante d'un grand sous laquelle il vivait en paix. Alors les personnes libres devinrent dépendantes, soit par l'offre de leurs biens, soit par l'acceptation de biens qui leur étaient concédés, soit par abus ou par une confusion d'idées insensible.

414. Après avoir posé comme une idée fondamentale, que la propriété est la nature physique personnalisée, nous venons d'exposer les principaux modes selon lesquels s'opère cette impression de la personne sur la chose ou sur la nature physique à l'origine des sociétés. Les différens caractères de la propriété résultent de la manière différente dont la personnalité s'y empreint et s'y reflète. C'est cette conséquence ultérieure du principe posé d'abord, qui nous reste à développer.

La doctrine des pécules nous en offre une application remarquable. Ici deux personnalités sont en présence; elles expriment dans la sphère des intérêts leur relation familiale; et selon que l'une de ces deux personnes juridiques absorbe l'autre dans sa substantialité ou qu'elles se distinguent et s'affranchissent l'une de l'autre, leurs patrimoines respectifs se confondent ou se séparent. La première de ces deux personnalités est supérieure à la seconde et l'enveloppe toute entière dans les cas ordinaires. Tout ce que le fils acquiert appartient au père par droit d'accession. Si cependant la personnalité du fils est assez puissante, en raison de la nature des biens qu'il acquiert et y demeure assez fortement empreinte pour résister à l'action absorbante du pouvoir paternel, la règle générale souffre exception et les biens acquis par le fils demeurent sa propriété au lieu d'être celle du père : tels sont le pécule castrense, les biens provenant du côté maternel, les gains nuptiaux, qui tous soit par leur origine, soit par leur destination portent plus spécialement l'empreinte de la personnalité du fils.

Il résulte encore de ce principe que le caractère de la personnalité détermine le caractère de la propriété, en telle sorte que la qualité de la personne fonde le droit spécial de la propriété, détermine son espèce juridique, et que là où la société des personnes est ordonnée suivant un certain mode, hiérarchique par exemple, la propriété reflète cet ordre et devient pareillement hiérarchique. L'action réciproque de deux personnalités en présence se montre dans la doctrine des pécules, leur influence fixée ou leur subordination dans la propriété féodale.

La propriété est donc un bien qui non seulement porte le sceau de la personnalité, mais encore qui est déterminé tant dans sa qualité que dans la nature du lien juridique par le droit de la personne.

Donc si la propriété, dans un état de société fixé et ordonné d'une manière hiérarchique, doit être hiérarchique et hiérarchique comme les personnes, dans un état de société matériel et mobile elle doit prendre ce dernier caractère, résultat qui ne peut s'obtenir que par son absolutisme et par la facilité de la convertir à chaque instant dans l'objet le plus facilement transmissible. Plus l'état social est instable et matériel (l'industrialisme), plus cette facilité doit s'accroître. Alors la propriété absorbe la personnalité, et les individus, perdant toute détermination *qualitative* n'ont plus qu'une détermination *quantitative*. C'est le système des majorités numériques.

Une société matérielle et mobile ne consulte que la majorité numérique et détruit violemment toute hiérarchie des propriétés. Une société durement fixée privilégie les influences et frappe d'inaliénabilité les propriétés. Mais la raison sociale qui veut le mouvement et la vie sans exclure la conservation, consulte l'expression vraie de la majorité des influences. Elle laisse aux libres conventions la détermination et la répartition des propriétés, en même temps qu'elle assure au commerce et à l'égalité civile, avec la libre concurrence, la faculté de les réaliser à chaque instant en valeurs de la circulation la plus rapide.

Ainsi les droits de la propriété et ceux des personnes sont dans un rapport intime. Leur raison commune réside dans l'état moral et intellectuel de la société.

415. Dans la propriété féodale, par exemple, cette influence de la personnalité sur le principe même de la propriété, allait jusqu'à en altérer le principe et la

personne elle-même voyait sacrifier ses droits les plus essentiels.

Nos ancêtres ne voulaient pas qu'un roturier pût acquérir un fief. On n'accordait cette prérogative qu'au chevalier ou au fils de chevalier et de dame né en loyal mariage.

Insensiblement l'usage contraire prévalut. D'abord on consentit que le roturier devenu héritier d'un fief par succession fût *demené* comme gentilhomme, c'est-à-dire, jouît de toutes les franchises d'un gentilhomme. Ensuite on le déclara capable d'acquérir un domaine noble à l'exception des baronies, pour lesquelles on exigeait une permission expresse du prince. Enfin il passa en loi que la possession des fiefs, continue en ligne directe, anoblissait à la troisième génération.

Les droits des personnes, leurs qualités et leur ordre hiérarchique pénétraient si intimement l'idée féodale de la propriété que cette qualité et cette hiérarchie soumettaient à une foule de modalités le droit des propriétés et celui des personnes, et violaient même souvent l'un et l'autre.

« Tout baron, dit Beaumanoir, peut obliger ses vassaux à lui livrer leurs forteresses lorsqu'il en a besoin pour y mettre garnison ou pour y renfermer ses prisonniers de guerre. Les usages de Catalogne lui permettent une fois dans sa vie de mettre son vassal hors du château qui relève de lui, d'y demeurer dix jours, d'y établir garnison pendant ce temps, enfin d'y vivre aux dépens de son inférieur. » La féodalité avait introduit une foule d'autres violations également flagrantes et du droit de la propriété et de celui des personnes (8).

416. Nous pourrions encore trouver un exemple de l'application de notre principe dans la comparaison que nous avons faite des dispositions de nos anciennes coutumes sur la faculté de disposer. Il en résulte ce fait incontestable généralement parlant, que la propriété est d'autant plus privilégiée et plus inaliénable qu'elle se rattache à des existences plus puissantes ou d'un intérêt plus élevé. Nous avons suivi cette hiérarchie dans les règles de transmission des différentes classes de propriété : propriété mobilière, propriété immobilière, propriété patrimoniale, propriété noble ou féodale, propriété ou domaine de la couronne (9). Au sommet de cette graduation il faut placer les biens de l'Église.

Les sociétés spirituelles, en général, ne connaissent pas la propriété ou ce n'est qu'une propriété inaliénable dont la jouissance et l'administration est répartie aux plus capables ou aux plus dignes.

« Conformément à ce principe nous voyons dans toute l'histoire, dit M. Haller, que les biens ecclésiastiques ne furent point aliénés par leurs maîtres ecclésiastiques ou que cela n'arriva que dans les cas d'extrême nécessité. Chez les Égyptiens les prêtres ne pouvaient pas aliéner leur champ. Chez les Juifs les biens et les revenus de l'Église étaient une substitution perpétuelle. Les prêtres n'avaient rien de propre. Chez les Bourguignons aucun prêtre ou abbé ne pouvait sans l'évêque ni celui-ci sans le consentement de l'archevêque se les approprier ou les laisser à sa famille. Chez les Allemands les donations de l'Église étaient permises, la vente de ses biens défendue *lex allemann*, lib. 1, tit. 23 (10).

Tout le monde connait l'esprit de pauvreté des communautés religieuses et l'altération essentielle qu'elles font subir à l'idée de propriété. Cependant la tendance des communautés religieuses n'est pas précisément l'esprit de pauvreté. Si cet esprit a existé dans quelques ordres, comme dans la règle de Saint-Benoît qui défendait de recevoir des donations, la tendance générale était au contraire un esprit d'appropriation dans l'intérêt de la communauté. Mais l'esprit de ces communautés fut l'abdication du principe d'exclusion, du rapport individuel par lequel la propriété se réalise dans notre état de déchéance, l'abdication du principe d'exclusion, de division, de travail comme fondé sur l'intérêt privé et créateur de la propriété individuelle. Le travail des moines est fondé plutôt sur l'obéissance et la nécessité que sur l'intérêt personnel. Ce n'est pas le travail industriel et productif. Ce n'est pas le travail économique. Que restait-il donc de la propriété dans leur constitution? Domination sur la nature physique jouissance ou usage selon le besoin de chacun, c'est-à-dire que l'idée de propriété, sous le nom de pauvreté était simplement ramenée à son type primitif, à son point de départ, à ce qu'elle devrait être naturellement sans la dégradation de la société. Seulement on doit remarquer que ces deux élémens dans lesquels se résumait la propriété, quoiqu'appartenant à son idéal, n'étaient développés encore que d'une manière fort imparfaite et conformément au but tout spécial que s'était proposé le fondateur de l'ordre. Ce n'est pas ici le lieu de rechercher si cette tendance est ou non favorable au bien général de l'humanité, et si cette direction est compatible avec la nécessité du travail comme moyen créateur de la propriété, si en un mot elle conduit à une plus haute prospérité économique. Il suffit d'observer que les sociétés spirituelles, quoiqu'elles puissent méconnaitre plusieurs des lois de l'ordre intellectuel et tomber dans des aberrations plus ou moins graves sur les principes politiques, que ces sociétés qui visent à l'intellectuel et qui ont la prétention de l'imager le plus parfaitement, repoussent le rapport exclusif et individuel de l'élément de la propriété et s'attachent à son idéal, qu'elles font subir à la propriété usuelle une transformation plus ou moins complète, pour la rendre plus applicable à leur mode particulier d'organisation (1).

417. Chez tous les peuples dont la législation eut un grand degré de fixité, la propriété, l'idée de propriété a subi dans sa nature même d'importantes modifications à son principe. Les Hébreux eurent la loi du jubilé et de l'année sabbatique. La propriété chez les Egyptiens dont l'état économique se maintint pendant tant de siècles à un si haut point de prospérité paraît avoir été soumise à une police sévère. Les Pharaons eurent un véritable domaine direct sur les terres de leurs sujets. L'Europe du moyen âge dont la civilisation fut si puissante et surtout si conservatrice admit dans la féodalité la modification la plus essentielle au principe de la propriété.

La propriété absolue au contraire, pleine et exclusive, semble perdre en durée ce qu'elle acquiert en absolutisme.

Les républiques anciennes demandaient des lois agraires dans leurs troubles civils. La société juive, si fortement constituée, avait soumis la propriété à l'admirable restriction du jubilé, sorte de révolution légitime et régulière. Les états constitutionnels modernes proclament la banqueroute dans leurs bouleversemens politiques. Tel a été le sort de la propriété chez les peuples qui eurent le plus vif sentiment du droit.

Restent les états despotiques et les sociétés féodales. Dans les premiers la propriété n'a aucune garantie. En Turquie la cession de biens n'est pas admise et l'intérêt de l'argent est excessif. Dans les secondes la propriété est soumise à des rapports de hiérarchie personnelle qui en scindent les divers attributs et font assigner une partie de ces droits à une classe de personnes et l'autre partie à l'autre.

L'histoire nous montre donc la propriété sous deux formes ou grandes divisions principales, hiérarchique ou absolue. Hiérarchique, elle cesse en tant d'être propriété, c'est-à-dire que comme droit elle perd en partie sa réalité pour suivre la condition du rapport personnel qui la domine. Absolue, elle est soumise à l'inévitable retour périodique du partage égal. Loi agraire, jubilé, banqueroute, ou, sous telle autre dénomination que l'on voudra, un retour plus ou moins violent au droit péremptoire essentiellement lésé par l'absolutisme du droit de propriété.

Libre à chacun de définir la propriété, le droit de jouir et de disposer de sa chose de la manière la plus absolue, pourvu qu'on reconnaisse que dans toute société où la propriété prend ce caractère, la nature en opère périodiquement et nécessairement la destruction.

Et combien l'ordre logique ou l'enchaînement naturel des idées et l'ordre historique ou celui des faits se montrent ici intimement unis! Combien cette idée de la propriété n'est-elle pas fondamentale et caractéristique de l'état particulier de la société qui l'adopte sous une forme donnée?

Nous voyons la propriété s'établissant à l'origine des sociétés et se mesurant sur la nécessité seule. Dans une société fondée sur l'empire du droit la propriété devient le droit de jouir et de disposer de sa chose de la manière la plus absolue, définition qui, si elle était appliquée par la loi dans toute sa compréhension, serait presque le fait revêtu de la légalité. Enfin dans l'ordre intellectuel et à mesure qu'on s'en rapproche, la propriété devient un simple usufruit, ou la jouissance et l'administration seulement. Association plus ou moins complète des intérêts matériels, propriété comprise dans le fonds social et dont les dépositaires ne sont que les administrateurs.

En deux mots, dans l'état de nature la propriété n'est guères que l'*usage*. Dans l'état de droit absolu elle est la disposition et la consommation, *uti usque ad consommationem*, dans l'état de société intellectuelle elle est l'administration et la jouissance répartie selon la *dignité* de chacun. Entre ces trois termes il existe une foule d'états intermédiaires qui se forment de la combinaison ou de la fusion de deux de ces termes ou même des trois à la fois. Ici comme dans toutes les idées sociales il se fait une évolution successive. Le principe de la propriété qui résidait dans chaque peuplade ou communauté passe à l'individu par l'effet du morcellement, l'usage qui appartenait à l'individu passe au général et dans les choses demeurées communes ou publiques et même par l'effet du commerce et le progrès des arts dans les choses privées; enfin le principe d'association qui devient de jour en jour plus actif et qui cherche à se réaliser, ramènerait, de fait et sans violer le principe de la propriété, la propriété dans le général et l'usage ou la jouissance et l'administration dans le particulier.

418. Par la nature des choses, le pouvoir ou le droit personnel purs ne sont qu'usufruitiers. Le pouvoir qui repose sur la propriété est un fait plutôt qu'un droit personnel. Mais le pouvoir en soi, qui appartient essentiellement à l'ordre intellectuel, n'est le plus souvent qu'usufruitier, administrateur ou même, s'il est élevé à un très haut degré de puissance morale, il n'est plus même administrateur. Débarrassé des soins qui concernent son entretien, il reçoit ce qui est convenable par des dons volontaires ou forcés qui ont ordinairement une sorte de caractère religieux.

Et quoiqu'il existe une différence essentielle entre l'intellectuel et le spirituel, le dernier appartenant exclusivement à la société religieuse tandis que l'ordre intellectuel qui a une compréhension beaucoup plus générale est la partie vivante et progressive de toute société civile ou religieuse, c'est pour cette raison cependant que l'Église peut être, sans inconvénient grave, salariée par l'État.

Dans une société où tous les employés de l'état ne sont que les officiers du prince, les administrateurs de ses revenus et les préposés de ses établissemens propres, stipendiés par lui et obligés directement à sa personne, il en est autrement. L'Église ne peut être payée par l'État, il faut qu'elle ait une fortune et des revenus indépendans. Mais dans un gouvernement constitutionnel où les officiers publics et les stipendiés de l'état ne sont pas les hommes de la maison du prince, mais les dépositaires d'un pouvoir supérieur au prince lui-même et dont celui-ci ne possède qu'une portion, des mandataires de la puissance publique en un mot; dans un état où le salaire n'est pas distribué par le prince en son nom personnel et pour les services qui lui sont rendus, mais par l'état à raison des services rendus à l'état et à la société, l'Église peut, sans devenir la stipendiée du prince, recevoir une portion du revenu annuel commun, à raison des services qu'elle rend à la société. C'est le peuple qu'elle enseigne et qu'elle dirige au spirituel, c'est aussi le peuple qui la paie et la soutient.

Il y a plus, et on peut dire qu'en supposant la séparation complète du temporel et du spirituel les choses ne peuvent pas être autrement, et l'Église ne peut vivre que de dons ou d'impôts annuels sans posséder, comme telle, aucune propriété foncière même inaliénable. Car dès que l'Église est propriétaire, elle devient, par cela même et selon la mesure de sa propriété, indépendante et souveraine, elle réintroduit dans la société les principautés ecclésiastiques.

419. La conséquence extrême du principe de la sécularisation va donc à la destruction des biens de l'Église. Elle va plus loin encore, si on la presse avec rigueur. Elle tend à une transformation fondamentale du pouvoir religieux.

L'Église est l'établissement de la religion comme institution séculière. La sécularisation fait disparaître ou repousse cet établissement insécularisable. L'Église, dans le développement hypothétique que contient implicitement le principe absolu de la sécularisation, cesserait d'exister sous sa forme présente pour se fonder dans une société intellectuelle et générale. L'élément religieux rentrerait dans le sein de la société entièrement pur et libre, débarrassé de toutes entraves, de tout préjugé, de tout souvenir odieux. Le pouvoir temporel et le spirituel, artistiquement scindés et rivaux jusqu'ici, s'uniraient dans un ordre social intellectuel et hiérarchique où l'empire du fait serait exclus des affaires publiques par l'élection rationnelle, et où la propriété absolue, subirait, par suite d'un système parfait d'association, une transformation radicale et complète.

L'hérédité a sa raison dans la mort, la propriété morcelée dérive, dans l'état présent des choses, d'une sorte de nécessité. Ces institutions ne sont pas un bien en soi, elles ne sont bonnes que relativement à la position qu'occupe l'humanité depuis sa déchéance. Nous ne savons pas jusqu'à quel point les effets de cette déchéance peuvent être reculés ou réparés.

420. La propriété est l'empreinte de la personnalité sur la nature physique. La nature morale en est insusceptible, elle la repousse.

L'homme porte l'empreinte de sa propre personnalité. Il ne peut, sans une sorte de monstruosité, recevoir, en passant dans le domaine d'un autre homme, le cachet d'une personnalité étrangère.

Chez les Romains l'esclave fugitif ne pouvait être acquis par prescription parce qu'il se possédait lui-même et qu'il ne pouvait se posséder que pour le compte de son maitre. Cette raison puisée dans la nature même de l'homme, aurait dû conduire ces juris consultes si pleins de sagacité, à la conséquence ultérieure que l'homme ne peut jamais devenir la propriété d'un autre homme, ni être l'objet d'aucun mode d'acquérir *parce qu'il se possède lui-même.* On peut ajouter comme une proposition exacte nonobstant le jeu de mots qu'elle présente, que ce n'est qu'en tant qu'il ne se possède pas que l'homme peut légitimement perdre sa liberté : tels sont les furieux, les malfaiteurs, les esclaves de la peine, etc.

On sait qu'en dépit de ces principes l'homme fut dans toutes les législations des sociétés antiques et jusques dans le moyen âge, l'objet d'un droit de propriété et du droit de propriété le plus dur et le plus intolérable. Non seulement il fut l'objet d'un droit de propriété déterminé, mais il reçut même plus ou moins pleinement l'application de cette idée. Les modifications que subit la propriété dans sa personne, prouvent que cette personne fut considérée comme un objet naturellement susceptible d'être soumis, à différens degrés et sous toutes les formes, à son impression juridique.

421. La faculté de se vendre en cas de nécessité soi et les siens fut malheureusement une disposition du droit commun aussi bien dans le Nord qu'en Grèce et en Asie. On doit se garder de confondre avec elle le droit du créancier de prendre son débiteur à son service pour se remplir de ce qui lui était dû par son travail ou même par la vente de sa personne. Ces deux faits qu'il est essentiel de distinguer pour la saine intelligence de l'ancien droit romain, avaient cependant la même source et plusieurs effets communs.

Le débiteur malheureux qui était revendiqué devant le préteur n'avait à attendre que les chaînes et les horreurs de la servitude. Il était adjugé au créancier, *addictus*, et passait avec toute sa famille dans son absolue propriété.

Pour éviter ce malheur on imagina un mode d'affectation de la personne du débiteur au service du créancier. On suivait la formalité de la mancipation laquelle avait régulièrement pour effet de faire passer la chose mancipée dans le domaine quiritaire de l'acquéreur; mais le créancier recouvrant le capital de sa créance, le débiteur recouvrait la liberté; on appela ce mode d'affectation *nexi*. La vente n'était que simulée, elle produisait seulement une affectation réelle de la personne à l'acquittement de la dette, et Varron définit *nexum* cette formalité en vertu de laquelle la propriété de la chose reste et la chose est obligée.

Il n'y eut évidemment à contracter des engagemens en cette forme que les citoyens sans propriété. Ceux qui possédaient quelque chose avaient un autre moyen d'assurer leurs obligations par la *fiducia* d'un immeuble. Les *nexi*, quoiqu'au service du créancier et affectés d'une manière réelle à l'acquittement des obligations qu'ils avaient contractées, jouissaient néanmoins de toute la protection des lois. Il en existait même une disposition formelle *nexo solutoque idem jus esto*. Les ventes simulé s furent si usuelles, elles servirent à des affaires si importantes, que l'usage limita à ce sens l'expression commune de laquelle furent exclus les *mancipia*, transmission réelle de la propriété.

422. Cette dureté envers les débiteurs qui chez les Romains fit naître l'addiction de leurs personnes et leur réduction à la même condition que les criminels d'état, se retrouve chez les peuples germaniques, quoiqu'avec un caractère un peu différent. Chez ceux-ci c'est plutôt un moyen de s'assurer de l'insolvabilité du débiteur et de le contraindre à employer toutes ses ressources à

son acquittement, que la mise au service du créancier des facultés et de la personne du débiteur pour obtenir par son travail ou sa vente le recouvrement de la créance. L'addiction germanique ressemble davantage à la contrainte par corps. Néanmoins le point de départ est le même et dans toutes les législations les services du débiteur sont considérés comme une sorte de dédommagement pour son insolvabilité.

« *Componat secundum legem. Si verò non habet ipse se in servitio deprimat et per singulos menses vel annos quantùm lucrare quirivit persolvat cui deliquit donec debitor universum restituat. Leg. Bajuv.* » Que le débiteur transige selon la loi. S'il n'a pas, qu'il se réduise en esclavage et qu'il paie par mois ou par année tout ce qu'il pourra gagner à celui envers lequel il a délinqué. « Une autre disposition du droit de Lubeck portait : *Judices debent eumdem debitorum custodiæ præconis deputare per duas hebdomadas servandum et in illo tempore à præcone modicè pascendum, et post duas hebdomadas judicium tradet eumdem in manus et potestatem illius cujus debitor est, ita quod eumdem arctare et vinculis constringere valeat non vexando corpus suum aut ut egrediatur anima de corpore ipsius dabit que sibi panem et aquam tandiù illum tenendo donec secum componat et debitum persolvat aut remittatur eidem.* Les juges doivent remettre le même débiteur à la garde d'un hérault qui le retiendra pendant deux semaines et pourvoira pendant ce temps d'une manière modique à sa nourriture et après deux semaines un jugement le livrera en la puissance de celui dont il est le débiteur, en sorte qu'il puisse le resserrer et l'enchaîner sans toutefois tourmenter son corps ou lui arracher la vie et lui donnera du pain et de l'eau et le gardera jusqu'à ce qu'il transige ou qu'il paie sa dette ou qu'elle lui soit remise. » Il paraît qu'aucun terme n'était assigné à cette détention et qu'elle durait jusqu'à ce que le créancier pour s'épargner la garde et la dépense du prisonnier se décidât à le relâcher.

Pareillement à Rome trente jours après la sentence le débiteur était livré pendant soixante jours au pouvoir du créancier qui le faisait garotter et devait lui donner une livre de blé par jour pour sa nourriture. *Secum ducito, vincito aut nervo aut compedibus 15 pondo ne minore aut si volet majore vincito. Si volet suo vivito, ni suo vivit qui eum vinctum habebit libras farris in dies dato, si volet plus dato.* » Qu'il l'emmène avec lui, qu'il l'enchaîne avec le nerf ou les entraves. Qu'il l'attache à un poids de 15 livres ou plus s'il veut. Que le débiteur vive du sien s'il veut, s'il ne vit pas du sien, que celui qui l'aura enchaîné lui donne une livre de farine par jour, plus s'il veut.

Le mode de procéder des Romains avait un résultat certain. Mais la législation germanique ne produisait qu'une sanction imparfaite des obligations personnelles. Si le débiteur germain s'obstinait à ne pas remplir ses engagemens ou s'il demeurait dans l'impossibilité d'y satisfaire, il finissait par recouvrer sa liberté et le créancier restait les mains vides, tandis que le débiteur romain une fois adjugé ne recouvrait plus la liberté qu'il n'eût acquitté sa dette. Le créancier après l'expiration des soixante jours et la triple proclamation de la dette était autorisé à le tuer et à le vendre (*Posteà de capite civis pœnas sumito aut si volet, uls Tiberim venundato.*).

423. Dans l'antiquité les créanciers allemands ne fu-

rent-ils point aussi autorisés se demande M. Grimm, à tuer, à vendre ou à détenir en esclavage leur débiteur?

« Un pareil droit de vie et de mort semble résulter, dit-il, d'une concordance plus étendue des deux droits, qui est fort remarquable. *Si pluribus addictus sit*, portent les Douze-Tables, *tertiis nundinis partes secanto. Si plus minus ve secuerunt, sine fraude esto*; c'est-à-dire, si le condamné était obligé envers plusieurs créanciers ils pouvaient le couper selon le rapport oncial de leur créance, et si l'un d'eux coupait plus ou moins que sa portion, c'était sans préjudice. Chaque créancier était autorisé à assouvir sa vengeance et à mutiler sans pitié celui auquel, comme esclave sans valeur, ils ne pouvaient laisser la vie. » L'auteur prétend établir par d'anciennes histoires que la coutume de mutiler les débiteurs insolvables a aussi existé chez les peuples d'origine germanique. Il cite une disposition de la loi salique ainsi conçue : *Tunc illum qui homicidium fecit, ille qui in eum in fide suâ habet* (le fondé au *vergeld* par conséquent le créancier) *per quatuor mallos præsentem faciat et si eum nullus suorum per compositionem voluerit redimere de vitâ componat* (le créancier pouvait alors lui ôter la vie) *l. salic.* 61. » Que celui qui a sous sa garantie celui qui a commis l'homicide, le représente à quatre malles et si aucun des siens ne veut le racheter par composition, qu'il compose de sa vie. « On peut, ajoute-t-il, restituer par la pensée les lois incomplètes du moyen âge sur le traitement des débiteurs prisonniers, par cette analogie du droit salique, par ses récits et par les antiquités septentrionales et romaines. Mais le crime de mutilation n'existait plus peut-être dès le temps de nos anciennes lois qui n'en disent pas un mot. »

424. Nous avons traité de l'esclavage dans notre seconde partie, et nous avons vu qu'il s'est conservé quoiqu'avec des adoucissemens et sous des formes diverses, suite du caractère de dépendance personnelle qu'il acquiert dans la féodalité, jusques dans le moyen âge. Le système féodal était un puissant obstacle à sa destruction. Le serf, homme de corps, absolument dépendant, était attaché à la glèbe, se vendait avec le fonds, ne pouvait ni s'établir ailleurs, ni acquérir, ni donner, ni se marier, ni changer de profession, sans la permission du seigneur. Tout ce qu'il gagnait était pour le seigneur du châtel, où il était levant et couchant. L'affranchir eût été abréger le fief dont il faisait partie. Il était défendu de le faire sans le consentement du baron ou chef seigneur. La peine eût été la perte de l'hommage, lequel passait au supérieur dans le même état qu'il était auparavant. Le suzerain, en confirmant la grâce accordée par son inférieur, éteignait pareillement une portion de son fief, en sorte que l'affranchi se voyait dévolu successivement de seigneur en seigneur jusqu'au roi, qui en toute rigueur pouvait seul affranchir et les terres et les personnes (12).

A certaines époques on rapporte tout aux obligations morales, à l'attachement spontané, dans l'origine du moins, de l'homme à l'homme, en un mot à la foi et à l'hommage. Les droits sur les choses sont en quelque sorte, dédaignés de la législation, ils sont mal définis ou plutôt ils ne sont considérés par elle que comme les accessoires de ces liens moraux. A d'autres époques les liens moraux se relâchent ou ils sont presqu'entièrement subordonnés aux liens de droit, qui ne sont que des fictions à l'aide desquelles l'homme exprime sa puissance sur le monde physique. On ignore les droits personnels ou les rapports exacts et vrais de l'homme à l'homme comme intelligences raisonnables et membres d'une même société. L'homme est assimilé à une chose, et la puissance maritale, paternelle, l'esclavage, la faculté exorbitante de tester sont des conséquences du droit de propriété. Il vient des temps enfin où par une dégradation du pouvoir qui se restreint à l'un des nombreux moyens d'influence de l'homme sur l'homme et au dernier de tous, tout droit personnel semble se résumer et se résoudre dans la propriété.

425. L'homme n'est point une chose et ne peut jamais être dans le commerce. C'est pour cela et pour cela seul que l'esclavage est contraire au droit naturel. La vente des hommes nous paraît aujourd'hui une chose monstrueuse, mais leur louage est-il plus raisonnable? Et en quoi diffèrent, si ce n'est du plus ou moins, l'esclavage ou l'homme mis dans la propriété de l'homme et la domesticité prise dans un certain sens ou l'homme mis dans l'usufruit de l'homme? Les choses qui ne sont pas dans le commerce ne peuvent pas se vendre, mais peuvent-elles davantage se louer? Et quand le code civil a dit, on ne peut louer ses services qu'à temps, n'aurait-il pas dit, l'esclavage est permis en tant qu'il ne dépasse pas certaines limites, si l'on entendait par services, la mise à la disposition d'un homme de toutes les facultés d'un autre, sans restriction?

Tout rapport de droit dans lequel l'homme est assimilé à une chose est essentiellement faux. L'homme, comme objet du droit ou considéré objectivement, ne peut donner prise qu'à des obligations toutes morales dont l'infraction est une faute, un délit ou un crime, il ne peut tomber passivement sous un lien fictif de droit indépendant de sa volonté et qui se résolve en dommages intérêts en cas qu'il s'y soustraie.

Une personne peut s'obliger de me faire pour un certain prix un ouvrage déterminé, c'est alors un pur lien de droit, c'est une chose à faire que j'achète et non le service de l'homme. Mais une personne ne peut se louer, même pour un seul instant, en ce sens qu'elle ne peut mettre *toutes ses facultés indéterminément* au service d'une autre personne pour un prix convenu. Le louage ne tombe que sur les animaux et non sur les intelligences qui ne peuvent jamais, sous aucun rapport, entrer dans le commerce.

Si la mise dans le commerce de l'homme sous un certain rapport et pendant un certain temps n'est pas contraire au droit naturel, cette mise dans le commerce pour toujours et sous tous les rapports n'est pas contraire au droit naturel. Si l'esclavage provisoire n'est pas contraire au droit naturel, l'esclavage péremptoire ne lui est pas contraire. Il est vrai que cette conséquence n'effraie pas M. Hugo et les écrivains qui comme lui ont professé que l'esclavage n'était pas contraire au droit naturel. C'est une funeste erreur. Avec tous les adoucissemens imaginables et sous toutes les formes possibles l'esclavage est toujours contraire à la nature, en tant qu'il met l'homme en *qualité de chose* dans la *propriété* ou dans l'*usufruit* de l'homme. Cet alliage odieux de termes incompatibles est une monstruosité. Qu'il existe d'ailleurs chez les peuples les plus civilisés des institutions ou des usages qui rendent l'homme plus malheureux que l'esclavage ainsi que le prétend M. Hugo, qui cite pour exemples les prisonniers de guerre, la mendicité, les travaux forcés, etc., etc., peu importe cette circonstance, la question n'est pas-là.

426. Quelle est donc la nature du droit personnel ou du pouvoir et en quoi diffère-t-il de la propriété?

A l'origine ces deux choses se confondent le plus souvent. Tous les états patrimoniaux sont considérés par les publicistes comme la propriété du prince, propriété dont il peut disposer selon son caprice, et l'histoire est pleine d'exemples de cet étrange abus du droit de propriété. Un roi de Geth avait fait présent à David d'une des villes de son petit empire; un des Seleucides donnait à ses concubines des cités et des peuples. Dès le temps d'Abraham les rois avaient, ils exerçaient du moins le droit de céder et de distribuer des terres à leurs amis ou à leurs alliés (13).

M. Haller distingue trois sortes de souverainetés, patrimoniale, militaire, ecclésiastique. Cette division existe de fait; mais primitivement toute souveraineté est ou militaire ou religieuse ou pour parler d'une manière plus générale, quoique moins précise, intellectuelle. Aucun pouvoir légitime ne se fonde que sur un acquiescement au moins tacite. Toute corporation acquisitive, occupation, conquête, colonie est nécessairement à son origine une migration qui reflète d'une manière plus ou moins parfaite les lois les plus essentielles de l'ordre intellectuel. La souveraineté patrimoniale n'est qu'un état secondaire, c'est une forme ultérieure de la société. En se fixant la société forme l'idée de propriété, qui n'est autre chose que le fait primitif reconnu droit propre et rendu héréditaire. Mais l'homme ne peut avoir sur l'homme un droit propre ou de propriété. Tous les droits personnels sont, par leur nature délégués ou de représentation. Ce n'est qu'à l'aide d'une fiction que la propriété elle-même, le domaine sur la nature physique, la propriété civile passe du caractère de fait à celui de droit. Cette fiction dans son idée absolue est celle de la fixité de la société ou de la perpétuité de sa forme présente, de son immortalité. Aussi était-ce la fiction fondamentale de la société romaine, l'empire du droit par excellence : *Sacra privata perpetua manento.*

« En petit comme en grand, dit M. Haller, tout revient à la possession et à l'usage commun d'une supériorité réelle, en sorte qu'on ne domine sur les hommes qu'en les *servant* en quelque manière, c'est-à-dire, non en recevant d'eux des ordres, mais leur étant utile et les aidant de ses propres forces, se rendant nécessaire et satisfaisant non pas leurs fantaisies, mais leurs besoins essentiels. »

L'idée de pouvoir, prise dans un sens absolu, se transforme en celle de sacrifice.

Et l'idée de propriété, prise dans un sens absolu, devient l'immobilité, la plus grande fixité possible de la société.

Le droit sur la personne résulte ou d'un service ou d'un sacrifice ; car le service de la personne pouvoir va jusqu'à la consommation.

Et le droit sur la nature physique ou la propriété atteint sa plus haute puissance par la propriété foncière, l'hérédité et le privilège. C'est l'immobilité.

Si la propriété se mobilise à l'excès, instable et morcelée en petites fractions sur lesquelles le droit n'a plus de prise, elle perd en quelque sorte son existence et des deux élémens qui se partagent l'empire du monde, il n'y a plus que l'intellectuel qui conserve de la force et de la fécondité, lui seul est dès-lors capable de fonder un ordre social puissant : en d'autres termes, l'hérédité meurt et l'élection prédomine.

427. M. Haller dit avec raison qu'il n'est au pouvoir d'aucun prince de rendre sa puissance héréditaire. Cela est évident en fait, mais quelle en est la raison ? c'est que le pouvoir n'est point une propriété. Dès-lors la faculté d'en disposer à un temps où l'on n'existera plus, extension excessive du droit de propriété, ne peut s'appliquer au pouvoir. L'exercice de cette faculté suppose, même en ce qui concerne la fortune privée, l'action d'une puissance supérieure à l'ordre domestique, la puissance publique. Le pouvoir public intervient réellement à l'origine et se conserve, aux temps même où il a cessé d'intervenir, dans la solennité des formes. La société seule peut proclamer ces maximes d'état, qui déterminent la nature du pouvoir : elles appartiennent à une sphère plus haute que la volonté des gouvernans; et le roi d'un peuple en état permanent de migration est aussi inhabile à déclarer sa couronne héréditaire, aliénable, partageable comme son propre patrimoine, que celui d'un peuple fixé et assis sur la propriété territoriale l'est à la déclarer élective et patrimonialement intransmissible. Entre ces deux états extrêmes des sociétés il existe une foule de degrés intermédiaires, dans lesquels le pouvoir participant et de la propriété et du droit personnel, mélange et combine diversement les lois des deux ordres : car par la propriété il appartient au fait et par le droit personnel à l'ordre intellectuel.

Pour nous l'intérêt des peuples est la loi suprême, et s'il est bon que le pouvoir public soit héréditaire, ce n'est pas qu'il soit un patrimoine constitué dans l'intérêt de ceux qui le possèdent, c'est que la sécurité des gouvernés et la bonne administration de l'état l'exigent. La loi et la loi seule peut donc déclarer la couronne héréditaire, et cette loi, il ne dépend du libre arbitre du souverain ni de la maintenir ni de l'abroger.

Tout pouvoir est une protection et lorsqu'il se voit réduit à l'impuissance absolue de protéger d'une manière efficace il cesse en tant d'être pouvoir. Son action protectrice est sa raison d'origine, sa loi d'accroissement, son terme et sa fin. Dans l'anarchie du moyen âge, la force matérielle étant presque l'unique moyen d'influence, les hommes d'armes, les seigneurs avec leurs châteaux forts, possédèrent le pouvoir, c'est la raison de la puissance féodale. Quand, à Rome, l'ascendant du talent et de la vertu donna aux citoyens illustres le moyen de défendre au sénat, au forum les droits des peuples méconnus et de procurer aux opprimés une protection efficace, on vit naître les rapports si honorables de clientelle et de patronage. Aujourd'hui que l'opinion est reine du monde et que sa mobilité en fait varier chaque jour l'expression publique, les supériorités intellectuelles et morales doivent avoir la prééminence. Le génie, le talent, la vertu, tels seront les attributs du pouvoir dans une société qui s'agite dans d'immenses luttes sur toutes les doctrines vitales, sur tous les principes fondamentaux qui régissent les sociétés. Le but d'un système d'élection rationnel est de désigner et de faire connaître ces précieuses qualités qui concilient à l'éligible l'estime et la confiance de tout ce qui l'entoure. Tel sera son résultat inappréciable si un esprit de persécution et de privilége ne vient pas, au nom sacré de la liberté, flétrir et paralyser ses nobles efforts.

NOTE.

Malthus a démontré que la population croît en progression géométrique, tandis que les subsistances n'augmentent que suivant une progression arithmétique. Ce principe n'a été contesté que parce qu'on a confondu les principes abstraits avec la réalité concrète, l'accroissement spontané et naturel de la population avec son accroissement réellement subsistant, modifié par la nécessité des subsistances et par les circonstances éventuelles de destruction. Mais il nous semble évident que la loi de Malthus est rationnellement exacte, c'est-à-dire qu'il existe dans la nature même de la génération une force logarithmique ascendante, tandis que l'homme consommant, dans le cours ordinaire des choses, tous les produits de la terre, l'accroissement des subsistances ne se fait que suivant une progression arithmétique. Les seuls intérêts composés croissent en progression géométrique.

Tous les termes d'une progression arithmétique étant distans entr'eux d'une quantité égale, on conçoit que leur série construit une ligne droite ascendante.

Chacun des termes d'une progression géométrique étant distant de celui qui le précède d'une quantité égale au terme précédent multiplié par la raison, on conçoit également que la ligne qui résulte de la jonction des points ainsi déterminés doit être une courbe et s'élevra d'une manière très rapide.

Le problême de législation et d'économie politique d'un mode de répartition des biens, fondé sur un juste équilibre et une harmonie constante entre l'accroissement de la population et celui des subsistances paraît, à l'aide de ces considérations, se réduire ainsi à la solution d'un problême de géométrie : trouver une moyenne ou du moins une relation constante entre les deux lignes que nous supposons tracées et dont l'une représente la progression arithmétique, l'autre la progression géométrique.

Si nous essayons de superposer ces deux lignes en faisant coïncider leurs origines, il est évident 1. que plus elles seront prolongées plus elles divergeront; 2. que ces deux lignes étant de nature différente, aucune moyenne ne peut exister entr'elles, toute ligne intermédiaire entre la courbe et la droite qui représenterait une autre progression géométrique quelconque, serait séparée de la courbe d'accroissement de la population d'une quantité déterminée par la différence des raisons des deux progressions et de la ligne d'accroissement des subsistances par l'infini. Et l'infini se retrouve toujours entre deux lignes représentatives, l'une d'une progression géométrique, l'autre d'une progression arithmétique. 3. Le seul moyen de les faire coïncider ou du moins de retenir leur écartement en deçà de certaines limites est, ou de ramener par un *ressaut* à chaque terme, l'accroissement de la population à l'accroissement des subsistances: c'est le privilége qui se trouve admis dans la législation de toutes les sociétés fixées, ou de puissancier la production, c'est-à-dire par une combinaison harmonique de tous les intérêts qui ne peut avoir lieu que dans un système parfait d'association générale, élever l'accroissement des subsistances lui-même à la progression géométrique, en même temps que la diffusion des lumières et la moralité croissante des classes inférieures des sociétés pourrait maintenir l'accroissement de la population dans les limites de l'intérêt bien entendu. Hors de là une crise soit dans l'élément de la population, soit dans celui de la richesse est inévitable à de plus ou moins grands intervalles : révolution, migration, conquête, découverte d'un nouveau monde, banqueroute nationale, détresse publique et privée, etc.

Tachons de donner à ces considérations morales l'exactitude d'une démonstration mathématique. Il ne faut pas perdre de vue que l'accroissement des subsistances est supposé demeurer ce qu'il est, c'est-à-dire, que nous nous plaçons dans le système de la propriété morcelée et que nous raisonnons sur la masse du genre humain, considérée tout matériellement sans avoir égard à telle ou telle organisation sociale. Le lecteur ne devra donc pas s'effrayer de l'énorme disproportion de nos résultats. Dans l'état habituel des choses la misère décime les populations et rend superflues l'épée et la balance du législateur.

Le principe de Malthus est exprimé par les progressions suivantes :

—	1 pop.	Q pop.	Q^2 pop.	Q^3 pop. ….	etc. ….	y
—	0 r .	1 r .	2 r .	3 r ………	etc. …..	x
—	0 a .	1 a .	2 a .	3 a ………	etc …..	t

Dans lesquelles 1 représente la population au point de départ, Q représente la population au bout du laps de temps a, Q^2 au bout de 2 a, etc.

r représente l'accroissement des subsistances qui correspond au laps de temps a, c'est-à dire, la raison de la progression arithmétique qui représente l'accroissement des subsistances dans sa totalité au bout de la première période choisie on aura A + 1/100 de subsistances si r = 1/100, A + 2/100 à la fin de la seconde, A + 3/100 à la fin de la troisième, et pour plus de simplicité on peut considérer la suite naturelle des nombres comme représentant l'accroissement des subsistances.

Ces trois progressions veulent dire ceci. Dans un intervalle d'un an la population augmente dans le rapport géométrique d'1 à Q, la quantité des subsistances augmente de r ou de 1.

Cela posé, considérant tous les termes des trois progressions comme des nombres abstraits, représentant par y un terme quelconque de la première, par x un terme quelconque de la seconde, par t un terme quelconque de la troisième. Nous aurons entre x, y et t les deux relations suivantes $y = Q^t$ (1).

$$x = t \quad (2).$$

équations dans lesquelles t joue le rôle de variable indépendante, et qui, considérées géométriquement, représentent, savoir: l'équation (1) une logarithmique, l'équation (2) une droite à 45 degrés sur l'axe des temps.

r étant la raison de la progression arithmétique et Q la raison de la progression géométrique, il faudrait, pour résoudre le problême que nous nous sommes proposé, que l'on eut toujours la relation $\frac{r\,m}{Q^n} = p$ si l'on appelle p le rapport constant qu'il s'agit d'établir entre les deux accroissemens. Or r et Q sont des quantités sur lesquelles le législateur n'a pas de prise, il semble donc que le problême est insoluble.

Néanmoins le législateur peut substituer à la décimation aveugle du sort la décimation régulière du privilége et ramener ici, d'une manière indirecte, l'accroissement de la population à l'accroissement des subsistances. Ainsi considéré, le privilége peut être défini le rapport d'inégalité qui doit exister dans la répartition des patrimoines, pour qu'un juste équilibre entre l'accroissement de la population et celui des subsistances ne soit pas rompu.

Pour obtenir la formule de ce privilége rationnel, remarquons que si l'on écrivait en série la progression arithmétique d'une part et que de l'autre on développât aussi en série $y = Q^x$ qui est l'équation de l'accroissement de la population en fonction de son logarithme, ou, pour employer la lettre en usage dans les formules logarithmiques $y = a^x$, on aurait les deux valeurs qu'il s'agit de comparer exprimées en quantités homogènes, se développant d'un pas égal et devant, dans leur intégralité, s'équilibrer parfaitement. On pourrait donc les égaler terme à terme (*).

Effectuant ces opérations on a pour les deux développemens,

$$x = 0 \,.\, 1 \,.\, 2 \,.\, 3 \,.\, 4 \,.\,.\,.\,.\,.\,.\; \text{etc.}$$

$$a^x = 1 + kx + \frac{k^2 x^2}{1.2} + \frac{k^3 x^3}{1.2.3} + \frac{k^4 x^4}{1.2.3.4} + \text{etc.}$$

Dans lesquels x est l'accroissement des subsistances, $a^x = y$ l'accroissement de la population, a est la base logarithmique de l'accroissement de la population considéré dans sa relation avec l'accroissement des subsistances, K élevé à une puissance marquée par le nombre des termes est le coëfficient du développement de l'exponentielle a^x, c'est-à-dire : $a - 1 - \frac{(a-1)^2}{2} + \frac{(a-1)^3}{3} - \frac{(a-1)^4}{4} + \ldots\ldots$ valeur qui est comme on le voit une fonction de la base logarithmique (1).

L'expression générale de notre égalisation est $\frac{K^m x^m}{1.2.3..m}$ discutons cette formule.

En supposant que la droite qui représente l'accroissement des subsistances ait son origine sur l'axe des Y perpendiculaire à l'axe des X, elle aura pour équation $y = a\,x$. Si l'on fait $x = 0$ dans cette équation, elle devient $y = 0$ c'est l'origine; si l'on fait $x = 1$ on aura $y = a$, $x = 2$, on aura $y = 2\,a$ et ainsi de suite, où l'on voit que l'abscisse et l'ordonnée sont toujours entr'elles dans le rapport de 1 à a. a est donc un rapport constant qui multiplié par la suite naturelle des nombres exprime l'accroissement des subsistances. Sup-

(1) Egalant ces deux développemens terme à terme la première équation reduite à son premier terme se réduit à $x = 0$ auquel cas la seconde devient $a^0 = 1$. On a donc pour les termes successifs de notre égalisation,

$$a^0 = 1$$
$$K\,x = 1$$
$$\frac{K^2 x^2}{1.2} = 2$$
$$\frac{K^3 x^3}{1.2.3} = 3$$
$$\frac{K^4 x^4}{1.2.3.4} = 4$$
$$\ldots\ldots\ldots\ldots\ldots\ldots$$
$$\frac{K^m x^m}{P.m} = m$$

en appelant P, 1. 2. 3. 4., etc. jusqu'au dernier terme m exclusivement.

primant pour plus de simplicité ce rapport constant qui est le même à tous les termes, ce qui n'altère pas les autres relations des deux lignes que l'on veut comparer, on a $y = x$ ou $y - x = o$, qui construit une droite dont l'abscisse et l'ordonnée sont toujours égales ou une droite indéfinie faisant avec l'axe des X un angle de 45°.

Si l'on fait abstraction du temps c.-à-d. si l'on suppose que les deux valeurs qui expriment l'une la courbe logarithmique de l'accroissement de la population, l'autre la droite qui représente l'accroissement des subsistances croissent d'une maniere incessante et continue, il ne pourra pas arriver, tant que subsiste la relation $y = a^x$, que l'une de ces lignes se sépare de l'autre. Il ne pourra pas arriver par exemple que la ligne d'accroissement de la population ait des oscillations qui la fassent descendre au-dessous de la ligne des subsistances. En effet soit le plus petit terme du développement a^x, égal à zéro, on aurait pour ce terme $y = o$. si $x = o$ on aurait $y = a^o = 1$ et pour tous les termes supérieurs on aura toujours également la relation $y = a^x$ qui ne permet pas de supposer l'un quelconque des termes du développement a^x plus petit que le terme correspondant d'y. Il est évident de plus que la relation $y = a^x$ subsistant pour tous les termes du développement, la courbe est constamment tangente à la droite et ces deux lignes se confondent.

Que si l'on suppose qu'il y ait cessation de continuité entre les termes successifs des deux lignes et que les termes de l'une et de l'autre ne s'égalisent que dans certains intervalles de temps périodiques, la courbe logarithmique pourra, pour ces intervalles, se détacher de la ligne des subsistances, mais ne pourra, tant que a demeure réel, s'élever au-dessus de cette ligne. elle ne la quittera que pour prendre la direction de l'axe des X dans l'intérieur de l'angle formé par l'une et l'autre. Car a^x étant développé se compose d'un nombre infini de termes qui s'approchent de plus en plus de sa valeur totale, chacun d'eux pris isolément doit demeurer inférieur à a^x, aucun ne peut lui être supérieur sans violer la relation $y = a^x$. Si a négatif donnait $(-a)^x > y$, il en résulterait $x\,l\,(-a) > l\,y$

ou $l(-a) > \frac{ly}{x}$ mais par hypothèse $\frac{ly}{x} = la$ on aurait donc $l(-a) > la$ ce qui est absurde. La relation proposée serait donc évidemment imaginaire.

Il faut donc, après avoir construit l'axe des X et des Y, et tiré à 45° sur l'axe des X la droite représentative de l'accroissement des subsistances, concevoir que l'accroissement de la population, déterminé par une suite de termes dont chacun se développe successivement dans une période donnée, fait naître une série de courbes logarithmiques comprises dans l'angle de 45° de manière que chacune d'elles soit tangente en un point à la droite de l'accroissement des subsistances. La série de ces courbes successives, dont chacune représente un terme de l'équation du développement exponentiel a^x, construit la courbe générale de l'exponentielle.

Chaque courbe étant tangente en un point à la droite de l'accroissement des subsistances, la courbe générale a^x aura autant de points de tangence avec cette droite qu'il y a de termes dans l'équation. Elle ne peut en avoir un plus grand nombre. Soit en effet $y = f(x)$ l'équation générale de la courbe, l'équation de sa tangente étant $y - f(x') = a(x - x')$ il est évident que la substitution dans l'une de ces deux équations de la valeur d'y qui n'est multipliée par aucun facteur, ne peut élever le degré de l'autre équation. Si l'on suppose que l'équation générale soit du degré m, elle aura donc m point de contact et n'en aura pas davantage.

Ceci bien conçu, il est aisé de nous rendre compte du sens de la formule d'égalisation que nous avons posée $\frac{K^m x^m}{P.m} = m$ Supposant $K = 1$, chacun des termes du développement Kx, $\frac{K^2 x^2}{1.2}$, $\frac{K^3 x^3}{1.2.3}$, ... $\frac{K^m x^m}{1.2.3....m}$ représente une courbe logarithmique et en l'égalant à m nous imposons à cette courbe la condition d'être tangente en un point à la droite d'accroissement des subsistances et de se développer en dedans de l'angle de 45°. Chaque valeur successive de m fera donc surgir une nouvelle courbe logarithmique soumise à la même condition et ces courbes croissant respectivement entr'elles dans un rapport logarithmique, chacune d'elles coupera celle qui la précède suivant un certain point d'intersection à partir duquel elle se dirigera vers la ligne d'accroissement des subsistances jusqu'au point de tangence où elle se détachera de nouveau de cette droite pour suivre son développement vers l'axe des X dans l'intérieur de l'angle de 45°. Et comme chacune d'elles est représentée par $\frac{x^m}{P.m} = y$ d'où $\frac{x^m}{y} = P.m$, on voit que leurs ordonnées sont proportionnelles aux puissances de leurs abscisses. On aura donc une série de branches de courbes logarithmiques ayant le même axe et pour tangente commune une droite inclinée sur cet axe de 45°. Chacun de leurs points d'intersection est un angle qui est le point le plus divergent de cette droite, vers laquelle elles remontent en figurant à peu près les flots de l'Océan si on les suppose se suivant sans interruption et croissant en raison des puissances successives des nombres qui les représentent. La tangente demeure donc toujours la limite de la courbe générale de l'accroissement de la population.

Toutes ces relations sont comprises dans notre formule d'égalisation générale.

En effet de $\frac{K^m x^m}{P.m} = m$ on tire $K^m \times \frac{x^m}{P.m^2} = 1$ d'où $K^m = \frac{P.m^2}{x^m}$. Alors l'égalisation générale devient $\frac{P.m^2}{x^m} \times \frac{x^m}{P.m^2} = 1$ équation dans laquelle le facteur constant K se montre sous la forme de valeur neutralisant la puissance logarithmique. C'est donc la base privilégiaire dont l'introduction dans la répartition de la propriété peut harmoniser les deux accroissemens.

Si l'on fait $\frac{x^m}{P.m2} = 0$ ce qui construit la courbe logarithmique $\frac{x^m}{P.m2} = y$ d'où $x = \sqrt[m]{P.m2}$ y il reste $\frac{P.m2}{x^m} = 1$ ou $\frac{P.m}{x^m} = \frac{1}{m}$. Pour plus de simplicité en faisant $\frac{1}{m} = m'$, on a $\frac{P.m}{x^m} = m'$ qui construit la ligne $\frac{P.m}{x^m} - m' = y$ d'où

$$y\,x^m = P.m - m'\,x^m$$

$$x^m = \frac{P.m}{y+m'} \qquad x = \sqrt[m]{\frac{P.m}{y+m'}},$$

multipliant les deux termes de la fraction sous le radical dans cette dernière équation par $y - m'$, on aura

$$x = \sqrt[m]{\frac{P.m\,y - P.m^2}{y^2 - m'^2}}.$$

Egalant à zéro la quantité sous le radical on a $\frac{P.m\,y - P.m2}{y^2 - m'^2} = 0$ équation qui n'est satisfaite que par $y = m$ d'où $x = \sqrt[m]{\frac{0}{0}} = \frac{0}{0}$ qui est le signe de l'indétermination ; c'est-à-dire que $y = m$, quel que soit x ou le chiffre de la population = celui des subsistances. Le facteur $\frac{P.m}{x^m} - m$ représente donc la tangente de 45°. D'ailleurs on peut toujours faire $x = m$ puisqu'il est indéterminé, auquel cas on a $x = y$ ou la tangente de 45°.

On voit donc qu'à l'aide de cette décomposition de l'égalisation générale en deux facteurs, on obtient à volonté l'accroissement privilégiaire rationnel ou l'accroissement réel de la population selon qu'on supprime l'un ou l'autre.

Le résultat auquel nous sommes arrivé signifie que lorsqu'on veut obtenir l'accroissement rationnel de la population, à chaque valeur différente de m, qui exprime tout à la fois le temps et les subsistances, répond une courbe logarithmique tangente à la droite de 45° représentant l'accroissement des subsistances exprimé par la suite naturelle des nombres, et que lorsqu'on prend l'accroissement réel ou le second facteur, il faut que le chiffre de la population soit toujours égal au chiffre des subsistances, quelque soit x.

Résumant ce qui précède, dans l'égalisation générale

$\frac{x^m}{Pm} \cdot \frac{Pm}{x^m} = m$, $\frac{x^m}{Pm} = y$ représente la courbe logarithmique de l'accroissement rationnel de la population, $y = m$ représente l'accroisement de la population égal à celui des subsistances, ou, géométriquement, la surface de l'angle de 45° que fait cette ligne avec l'axe des X, il est donc nécessaire que l'autre facteur représente l'espace compris entre la courbe et la tangente, à chaque terme, ou en considérant l'ensemble des termes, la série d'espaces compris entre la série des courbes logarithmiques et la droite. C'est proprement la partie flottante de la population. Essayons de discuter son expression.

Remarquons d'abord que les deux facteurs $\frac{x^m}{P.m}$, $\frac{P.m}{x^m}$ sont inverses, ce qui devient sensible si on les remplace par leurs valeurs y, y', auquel cas l'égalisation générale se réduit à $y\,y' = m$ d'où $y = \frac{m}{y'}$ et

$y' = \frac{m}{y}$ où l'on voit que que quand y croît y' diminue et vice versâ jusqu'à ce que $y = m$.

Observons ce qui arrive quand on donne différentes valeurs à x dans l'équation $\frac{x^m}{P.m} \times \frac{P.m}{x^m} = m$.
A mesure que x croît, $\frac{x^m}{P.m} = m$ croît, $\frac{P.m}{x^m} = y'$ diminue jusqu'à ce que $\frac{P.m}{x^m} = y$ soit égal à zéro, auquel cas on a $y = m$ ce qui exprime le point de tangence de la courbe d'accroissement de population avec la droite d'accroissement des subsistances. Au-delà du point de tangence x croît encore, mais m augmente depuis m jusqu'à $m + 1$ appelant $\frac{1}{b}$ la fraction dont m s'accroît dans cet intervalle, l'égalisation générale devient

$$\frac{x^{m+\frac{1}{b}}}{P.\left(m+\frac{1}{b}\right)} \cdot \frac{P.\left(m+\frac{1}{b}\right)}{x^{m+\frac{1}{b}}} = m + \frac{1}{b}$$

où l'on voit qu'à mesure que cette fraction augmente ou que b diminue, $\frac{x^{m+\frac{1}{b}}}{P.\left(m+\frac{1}{b}\right)}$ continue de croître dans un rapport logarithmique, dans le rapport de $\frac{1}{b}$ à puissance $\frac{1}{b} = \sqrt[b]{\ }$, $\frac{P, m+\frac{1}{b}}{x^{m+\frac{1}{b}}}$ augmente aussi dans un rapport logarithmique inverse, c'est-à-dire dans le rapport de puissance $\frac{1}{b}$ ou racine b^{es}

à $\frac{1}{b}$. Le premier terme y croît donc plus rapidement que l'autre, y', dans la proportion de $\frac{1}{b}$ à $x^{\frac{1}{b}} = \sqrt[b]{x}$: ce qui fait renaître, après le point de tangence, la branche logarithmique qui s'étend dans la direction de l'axe des X à l'intérieur de l'angle de 45°.

En un mot appelons r le rapport d'un nombre à sa racine, l'expression de la relation d'accroissement des deux termes sera $r : \frac{1}{r}$ à mesure que b augmente r diminue et le rapport logarithmique augmente depuis $\frac{1}{\infty} = 0$ à $\frac{1}{1} = 1$. Alors $\frac{1}{b}$ devient 1 et la valeur $m+1$ dans le temps et dans l'accroissement des subsistances fait naître une autre courbe logarithmique qui coupe la première après le point de tangence. Les relations se répètent à chaque nouvelle courbe et forment la courbe générale oscillante de la fluctuation de la population.

On voit que les limites de cette courbe sont d'une part les points de tangence, de l'autre les points d'intersection ou la suite des sommets des points d'intersection des courbes successives, et joignant ces points d'intersection par une ligne, cette ligne sera déterminée par la série des termes de l'équation générale du développement de l'exponentielle, ce sera donc une courbe logarithmique. D'où l'on peut conclure, ce que l'on savait déjà, qu'il est nécessaire, pour que cette partie flottante de la population s'évanouisse, ou que l'accroissement des subsistances se confonde avec la logarithmique, ou que la logarithmique se confonde avec la tangente. C'est ce qu'avait exprimé déjà la résolution du second facteur qui donnait $y = m$ quel que fût x.

La force ascentionnelle de l'accroissement de la population allant toujours en croissant dans un rapport logarithmique avec l'accroissement des subsistances, et les conditions de la vie humaine demeurant les mêmes, le temps demeurant par conséquent une variable indépendante, on conçoit que le mouvement de la population est entraîné dans ses oscillations hypothétiquement périodiques par une vitesse toujours croissante.

Il suit delà que plus l'état économique d'une société est florissant, plus le danger de la détresse est grand, plus cette détresse est terrible. Il s'ensuit encore que s'il est vrai que la prévision légale destinée à diminuer les trop grands écarts des deux principes puisse se relâcher aux époques où l'état économique devient plus florissant par rapport à l'état antérieur, la nécessité de cette prévision et des précautions privilégiaires renaît quand la richesse se soutient dans le même rapport d'accroissement, parce qu'alors les écarts redoutés deviennent de plus en plus imminens et considérables. L'expérience semble au reste justifier ces assertions. Il n'est point de pays plus industriel que l'Angleterre, il n'en est point où ces alternatives de détresse et de prospérité soient plus sensibles. Point cependant où la loi successorale soit plus privilégiaire. L'aristocratie ou l'état oligarchique semblerait donc être le gouvernement le plus naturel des états industriels, c'est-à-dire, des états dont l'industrialisme est l'état habituel et ordinaire. La détresse alternante n'atteint que les classes ouvrières. Ce sont elles aussi qui forment l'accroissement éventuel de la population. Les familles aristocratiques sont la partie conservatrice de l'état et sa partie conservée.

Si donc on laisse la nature agir seule on pourra par intervalles avoir de plus grandes masses de population, mais on sera exposé à de plus grandes détresses et cela d'autant plus que la richesse industrielle sera plus développée.

Faisons une hypothèse concrète et prenons la population de la France pour exemple. On sait qu'elle croît chaque année d' $\frac{1}{188}$ et qu'elle doit doubler dans 131 ans. Le premier terme 1 de la progression sera égal à 36 millions et le dernier à 72 millions on aura donc

$$\left(\frac{189}{188}\right)^{131} = 36{,}000{,}000 \ldots\ldots\ldots\ldots 72{,}000{,}000$$

$$= \frac{72}{36} = 2 \quad K = \frac{la}{le} = \frac{0{,}00230}{0{,}43429}$$

il serait aisé de calculer quel serait, dans l'hypothèse de Malthus, le privilége du statu, ou l'extrêmement petite fraction dont s'accroît annuellement, dans cette hypothèse, la décimation de la population par la détresse. On peut la représenter par la formule

$$\frac{\frac{1}{188}\,p}{S\left(1+\frac{1}{y}\right)}$$

L'idée fondamentale du privilége est celle-ci : la détresse décime incessamment la population suivant un certaine fraction qui devient chaque année $\frac{1}{n}$. Si l'on pouvait substituer une décimation régulière à cette décimation fatale, on en retirerait plusieurs avantages; 1. la misère empêcherait la population de naître au lieu de la tuer; 2. elle ne se ferait pas sentir à la population restante; 3. elle épargnerait à tous, en introduisant un élément de fixité dans les fortunes, la peine d'attente trompée et affermirait l'ordre public. Mais si la loi n'a de prise qu'au décès de chaque individu sur la répartition des patrimoines, la vie commune étant de 32 ans, il en résulte la nécessité d'une période très longue et conséquemment d'un privilége successoral très élevé. C'est le mode privilégiaire de l'ancien régime.

Ce qui fait élever le privilége ou plutôt ce qui le forme est le laps de temps pendant lequel il n'agit pas : s'il agissait incessamment ou à des intervalles très rapprochés, il disparaîtrait ou deviendrait très peu sensible. Supposons que l'impôt annuel remplace la décimation privilégiaire. Son augmentation serait très peu sensible et cette augmentation étant attribuée exclusivement aux fonctionnaires publics, devient en leur faveur un véritable privilége. Cela explique et l'élévation de l'impôt et le caractère patrimonial que la plupart des fonctions publiques tendent à prendre dans nos états modernes. Ce n'est respectivement à l'ancien ordre de choses qu'une substitution de rôles, et à tout prendre le présent mode privilégiaire est beaucoup moins onéreux que l'ancien.

Par l'introduction d'une base privilégiaire, la différence entre les deux accroissemens se trouve périodiquement rompue. L'oscillation irrégulière de la fortune fait place à l'oscillation mathématique du privilége. L'excès de la population frappe sur le mode de répartition des patrimoines, et sous la forme de privilége, amortit cette impulsion excessive en réduisant son développement sous la loi d'accroissement des subsistances.

Ainsi dans une société fixée, le privilége agit sur l'exubérance de la population de la même manière que la caisse d'amortissement agit sur l'accroissement de la dette publique. L'une et l'autre institutions sont destructives si elles excèdent les limites que leur assigne le principe rigoureux de la conservation. Dans l'état présent des fortunes privées et publiques, l'une et l'autre peuvent sembler également nécessaires dans ces limites.

Le privilége amortit la population publique au bénéfice des populations privées, c'est-à-dire qu'il décime la nation pour conserver les familles existantes. L'amortissement privilégie la fortune publique au détriment des fortunes privées.

Elles ont l'une et l'autre cette particularité qu'en supposant même que leur existence soit absolument nécessaire pour conserver le présent ordre de choses, leur action au delà des limites rationnelles devient infiniment plus destructive que ne le serait leur non existence. Ce sont des modes subversifs appliqués à un état de choses subversif. Leur seule existence révèle la plaie qui dévore le monde.

Ces résultats du calcul mettent dans tout son jour la manière dont la base privilégiaire, exprimée au point de départ par une fraction très petite, croît suivant une progression géométrique décroissante, et qui, pour les nombres très élevés qui sont toujours ceux des populations, augmente bien moins rapidement qu'on ne serait porté à le penser. Ce même résultat montre clairement aussi de quel ordre est la nécessité qui fait naître le privilége ou la fixation de la propriété. La raison de la propriété, dans l'histoire comme en théorie, est l'insuffisance des subsistances créées pour les populations créées ou la disproportion naturelle et nécessaire qui existe entre l'accroissement des subsistances et l'accroissement de la population, de la même manière que la raison du pouvoir ou la nécessité de la représentation qui en est la source, réside dans l'impossibilité physique que le genre humain tout entier, qu'un nombre d'hommes supérieur à 4 ou 500 puisse s'accorder et s'entendre pour gérer ses affaires. Ce sont deux nécessités naturelles ou physiques résultant des conditions dans lesquelles l'homme a été placé sur le globe terrestre. Leurs limites peuvent être reculées indéfiniment, jamais franchies. — Le progrès consiste à rechercher et adopter le mode de répartition le plus equitable et le plus productif ou le plus fécond, celui qui fait le bien être du plus grand nombre.

L'établissement des priviléges qui a lieu aux époques où les sociétés se fixent, est donc un effort visible de l'humanite vers un ordre rationnellement privilégiaire, de même que dans les temps de crise on observe une tendance manifeste vers une élection générale et rationnelle. Posée la nécessité de la propriété morcelée, le genre humain ne peut se considérer que comme nation, comme état. Dans les questions qui concernent son existence, l'état, société éternelle, déclare tout ce qui est nécessaire à sa conservation. Un privilége très élevé est établi et l'humanité dont le torrent mine sans cesse dans le cours des âges la construction juridique, adoucit, oblitère, élimine le privilége, lequel s'amoindrit successivement et finit par disparaître.

Nous avons donc démontré que le privilége, est dans la nature de toute société fixée qui admet le mode de répartition des intérêts reçu dans la civilisation présente et nous avons assigné ses limites rationnelles.

Néanmoins avant de se déterminer sur la nécessité ou l'opportunité de son application, on doit faire plusieurs observations importantes.

Et d'abord il faut être bien fixé sur le sens des différentes valeurs et constructions auxquelles le calcul nous a fait arriver.

La série des courbes logarithmiques représente l'accroissement de la population privilégiaire et la tangente de 45°. l'accroissement réel de la population, son accroissement présentement subsistant, abstraction faite des catastrophes qui peuvent la faire descendre. Car quoique la détresse décime les populations elle les laisse vivre en ce sens que, conformément à ce mot de Montesquieu : là où deux individus peuvent vivre commodément il se fait un mariage, l'accroissement de la population ne demeure jamais en arrière de l'accroissement des subsistances. Tout ce qui vit a, dans un sens rigoureux les subsistances nécessaires pour qu'il vive. La tangente représente donc l'accroissement réel et la série des courbes logarithmiques l'accroissement privilégiaire de la population. Et la différence entre l'accroissement privilégiaire et l'accroissement réel qui fait la partie flottante de la population, celle qui est décimable par le privilège et réellement décimée par la détresse, est l'espace ou la série d'espaces compris entre cette droite et les courbes logarithmiques qui se coupent selon certains angles et remontent incessamment, en suivant un accroissement puissanciel, vers la tangente des subsistances. Il faut bien concevoir encore que, quoiqu'idéalement la population remplisse toujours à pur et à plein la mesure de l'accroissement des subsistances, il arrive néanmoins dans la réalité que la détresse refoule de temps en temps cette tendance naturelle, soit par le sentiment de la misère qui empêche les mariages ou les rend inféconds, soit par des disettes qui surviennent de temps à autre. Enfin les guerres, les émigrations lointaines ou d'autres causes font descendre fréquemment la population au-dessous de l'accroissement naturel des subsistances, et dans tous ces cas, après que la crise a cessé, la population s'élance de nouveau vers cet accroissement avec la tendance logarithmique qui lui est propre. C'est ce qui explique la si prompte réparation des grands désastres. En sorte qu'il existe toujours une fluctuation figurée par la série des espaces compris entre les courbes logarithmiques et la tangente. Seulement elle est régulière par l'effet du privilége, elle est irrégulière par le jeu des chances ordinaires de destruction.

On voit pareillement que cette partie flottante ou décimée est dans l'état présent des choses, la partie de l'accroissement naturel de la population qui est refoulée par l'infériorité de l'accroissement naturel des subsistances et serait, dans un état rationnellement privilégiaire, la partie de l'accroissement naturel de la population qui devrait être éliminée par le privilège pour que la population subsistante ne fût pas torturée par la détresse.

Il faut aussi se souvenir dans l'application des résultats généraux que, quoique nous ayons supposé l'accroissement des subsistances identique avec celui du temps, parce qu'effectivement tous deux croissent suivant la même loi et qu'on peut toujours adopter deux unités qui se correspondent pour le temps et les subsistances, cependant il existe entre ces deux quantités la relation $x = t = m r$.

La loi de Malthus est parfaitement exacte idéalement, c'est-à-dire, en tant qu'elle exprime les deux tendances naturelles des principes qu'il compare, mais l'énorme disproportion qui en résulte s'élimine heureusement en partie, dès qu'on passe à une application même purement théorique.

L'expérience apprend qu'au-dessus d'une certaine somme de population l'accroissement naturellement logarithmique de la génération se fait d'une manière beaucoup plus lente que cela n'avait lieu avant qu'elle eut atteint ce terme. La progression géométrique reçoit alors de fréquentes brisures qui proviennent soit de l'importante modification que subissent les mœurs et les habitudes des sociétés avancées soit, comme le dit Niebuhr, de ce que la nature n'aurait qu'une certaine somme de vie humaine à répartir par chaque lieue carrée.

En second lieu, quoique l'accroissement des subsistances soit incessamment dépassé par celui de la population, il a néanmoins un principe de perpétuité qui manque à la force ascendante de la population. Car les besoins font naître les besoins, les jouissances appellent d'autres jouissances et la richesse multiplie la richesse.

Il est vrai que jusqu'à ce que la richesse d'une nation se soit fixée par de vastes améliorations agricoles, elle dépend de l'accroissement de la population, mais après ce terme la richesse d'un pays peut jusqu'à un certain point se conserver même avec une notable diminution momentanée dans le nombre de ses habitans. Ces deux considérations qui n'altèrent pas directement la loi de Malthus laquelle continue de subsister en principe et vers laquelle les deux forces observées convergent toujours par la nature des choses, apportent cependant dans son application des sources de compensation qui rapprochent les résultats d'une sorte de commun moyen terme dès qu'elles deviennent concrètes.

« Quelles que soient les dispositions que la sagesse et la prudence d'un législateur puisse leur dicter au sujet des lois sur les successions, dit Malthus, p. 174, il faudra toujours reconnaître la vérité du principe que la division des propriétés territoriales est un des plus puissans moyens de distribution de la richesse, lequel va à maintenir et à augmenter la valeur échangeable et à encourager la production future; et que la distribution ainsi obtenue continue à mesure qu'elle s'étend, à produire un effet de jour en jour plus favorable sur la richesse, jusqu'à ce qu'elle se rencontre avec son principe antagoniste et commence à nuire à la faculté de produire. Cela doit arriver plus tôt ou plus tard, selon les circonstances qui dépendent principalement de l'activité du commerce étranger et intérieur et de la masse des consommateurs effectifs outre les propriétaires fonciers. Si la demande est grande, abstraction faite de l'agriculture, une longue diminution dans les facultés productives peut faire pencher la balance; et tout changement qui sera défavorable à l'accumulation, aux entreprises et à la division du travail, sera désavantageux aux progrès de la richesse. Mais si le pays est mal situé pour le commerce étranger, et si ses goûts, ses habitudes et les communications intérieures ne sont pas de nature à encourager un commerce actif dans l'intérieur, rien ne pourra faire naître une demande suffisante de produits qu'une subdivision facile des propriétés foncières ; sans une telle subdivision un pays peut avoir de grandes ressources naturelles et cependant rester dans un état de léthargie avec un sol sans culture et une population mourant de faim quoique peu nombreuse. »

La disproportion qui existe entre l'accroissement de la richesse et celui de la population provient principalement de la mauvaise combinaison des intérêts. C'est plutôt parce que le bien être social ne se répand pas uniformément dans toutes les classes de la société que parce qu'il y a une insuffisance réelle que la détresse se fait sentir. La division des propriétés tend à faire disparaître ou à amoindrir cette dernière cause de différence et de mécompte. Elle aura cette tendance aussi long-temps que la division et le morcellement des propriétés rendront le sol plus productif, ce qui est le cas dans presque tous les états de l'Europe où la féodalité avait formé partout d'immenses domaines. Le principe du morcellement doit donc continuer d'agir et être favorisé jusqu'à ce qu'une excessive division fasse sentir la nécessité de réunir ces parcelles éparses pour rendre l'exploitation plus productive, ce qui est arrivé déjà sur plusieurs points. Tel est donc le moment où le principe d'indivision qui s'exprime naturellement dans le privilége successoral devra être réintroduit dans la législation et y suivre la progression que nous lui avons assignée. Jusqu'à cette époque le partage égal doit être conservé.

(*) A^x représente dans sa totalité l'accroissement éventuel d'une population et tant que x demeure indéterminé, a^x est indéterminé, le développement en série donne une suite de termes dont chacun se déduit du précédent suivant une certaine loi et approche de plus en plus de la véritable valeur de a^x. Mais ce développement en série de l'accroissement de la population est assujéti à la loi de l'accroissement des subsistances puisque ces deux développemens doivent toujours s'équilibrer parfaitement et qu'ils s'équilibrent de fait par la décimation incessante de la détresse, par conséquent a^x et x étant développés en quantités homogènes peuvent être égalés dans leur intégralité ; c'est-à-dire que l'accroissement de la population égale toujours de fait l'accroissement des subsistances. Je dis de plus que ces deux développemens sont égaux terme à terme.

En effet faisons cette égalisation, nous aurons $\frac{K^m x^m}{P.m} = m$

nous avons aussi $y = a^x$. Supposons $y = m$ ou l'accroissement total de la population égal à l'un des termes de l'accroissement des subsistances nous en déduirons $\frac{K^m x^m}{1.2.3.m} = a^x$; mais $a^x =$

$$1 + Kx + \frac{K^2 x^2}{1.2} + \frac{K^m x^m}{1.2.3.\dots m}$$ nous aurons donc

$$1 + Kx + \frac{K^2 x^2}{1.2} + \dots \frac{K^m x^m}{1.2.3..m} = \frac{K^m x^m}{1.2.3..m}$$ c'est-à-dire que lorsqu'on fait la totalité de l'accroissement de la population = un terme de l'accroissement des subsistances, la totalité de l'accroissement de la population se réduit à un seul de ses termes et au terme correspondant. L'égalisation terme à terme est donc légitime.

SECONDE SECTION.

Nature de la propriété et son idéalisation.

SOMMAIRE.

428. La propriété est de droit naturel.

429. De l'occupation. Explication et justification de ce droit.

430. La détermination précise du point de départ de la propriété fait entrevoir le progrès dont elle est susceptible et sert à faire connaître quels objets elle embrasse.

431. Du domaine de la mer. Citation de M. Proud'hon.

432. Nous rattacherions à d'autres idées sa neutralité.

433. Le partage de la mer n'est qu'une impossibilité morale.

434. Le rapport de propriété est duel. L'un ou l'autre ou même tous les deux peuvent s'altérer sans que l'idée de propriété cesse, il en est autrement des termes entre lesquels ce rapport existe.

435. Quoique l'idée de propriété change avec le progrès social sa nature ne change pas. Conditions que l'on y retrouve toujours et dont le plus haut développement rend la propriété plus parfaite.

436. *La propriété commença t-elle par la possession, ou la propriété comme droit est-elle un progrès ultérieur de la propriété.*

437. *Quelle propriété se produisit la première à l'origine, la mobilière ou l'immobilière?*

438. *Si la possession est un fait ou un droit.*

439. *On s'est trop arrêté au rapport exclusif de la propriété. Le morcellement lui est-il essentiel?*

440. *Les cours d'eau qui ne sont ni navigables ni flottables font-ils partie du domaine public comme le prétend M. Proud'hon, ou sont-ils restés dans l'état de communauté négative?*

441. *Citations de M. Proud'hon desquelles il résulte que c'est la qualité d'eau courante et indomptable qui les soustrait à la propriété privée.*

442. *Enumération des différens droits que l'on peut avoir sur et à l'occasion des cours d'eau. Ils sont soumis à une double division du droit de propriété.*

443. *Injustices que produit le morcellement parcellaire appliqué aux cours d'eau.*

444. *Inconvéniens et difficultés qu'il fait naître.*

445. *Idéal de la propriété dans un ordre social intégral et parfait.*

446. Comment on peut concevoir que se réalise cet idéal de la propriété.

447. Termes que cette transformation de la propriété ne pourrait dans aucun cas franchir sans violer le principe même de la propriété.

448. Restriction que pourrait y subir la transmission successorale.

449. Magnifique développement de l'individualité vers lequel tend incessamment le mouvement progressif des sociétés.

450. Sorte de fluidité qu'acquiert la propriété considérée objectivement quand on la généralise.

451. Comment la société franchit la résistance qu'oppose à cette transformation la propriété immobilière.

428. Les notions historiques que nous venons d'exposer étaient nécessaires pour pouvoir, en rapprochant les diverses phases de son développement juridique, dégager le principe de la propriété de tous les élémens qui s'y adjoignent d'une manière non essentielle et parvenir à bien connaître sa nature, c'est-à-dire, sa force propre, sa compréhension et son développement éventuel.

L'homme a besoin, pour entretenir sa vie, de s'assimiler différentes portions de la nature physique. S'il était privé d'air, de lumière, d'abri ou de vêtement, il périrait aussi infailliblement que si les alimens lui étaient refusés. Il est donc dans la nécessité constante et actuelle de s'approprier les élémens naturels et les produits qui sont indispensables au soutien de son existence. La nécessité est le fondement de la propriété comme de tous les droits civils.

L'homme ne pouvant subsister qu'en s'assimilant des portions de la nature physique, il a le droit éminent de se les approprier Le droit de propriété considéré d'une manière facultative est donc un élément essentiel au complément de toute personnalité, mais ce n'est encore dans l'état de nature que la propriété en puissance d'action, pour ainsi dire, il appartient à l'état civil de la formuler et de lui donner une existence extérieure et sociale. Le formalisme du droit n'atteint son complément et sa perfection qu'à l'aide des institutions civiles. Ainsi dans l'état de nature l'homme possède de fait des choses qui lui sont propres, il a aussi d'une manière éminente et implicite un droit de propriété sur ces choses. Ce droit est réel, mais il ne prend la forme qui lui convient, il ne peut, considéré objectivement et comme un être de raison, comme une substance juridique, acquérir la force et produire les effets qui lui appartiennent, que dans l'état civil et à l'aide des institutions civiles.

429. On entend par propriété, dit M.r Proud'hon, dans son traité du domaine public, ce qui est propre à chacun de nous ou ce qui appartient à l'un exclusivement aux autres.

Cette définition ne comprend que le rapport exclusif du droit de propriété. Elle ne fait pas suffisamment connaître sa compréhension.

On rapporte ordinairement l'origine du droit de propriété à l'occupation. C'est en effet par une prise de possession ou un commencement d'usage, selon la nature de la chose, que commence toute propriété; mais il faut entendre d'une manière très large cette prise de possession ou reconnaître que beaucoup de choses qui n'en sont nullement susceptibles tombent néanmoins dans le domaine de l'homme.

Il convient ensuite de fixer ses idées sur le droit d'occupation et sur la raison qui le fonde.

La terre entière avec tout ce qu'elle contient est destinée à l'homme. Tout ce qui peut lui être de quelqu'utilité dans la nature lui appartient, et tant que le travail ou la prise de possession ou un autre motif de préférence ne l'a pas individualisée, l'état de communauté négative sinon de fait, au moins de destination et d'acquisition éventuelle subsiste. Cet état de communauté ou d'association plus ou moins parfaite que l'on est forcé de concevoir à l'origine des sociétés a sa racine dans la nature morale sur laquelle repose toute personnalité. C'est l'ordre intellectuel ou un reflet de l'ordre intellectuel.

L'occupation est bien le point de départ de la propriété, de celle du moins qui excite de plus fréquentes contestations entre les hommes, mais elle n'est pas sa raison. Le droit d'occupation a besoin lui-même d'être justifié, et il l'est d'une part par la nécessité, cette grande maîtresse des hommes et des choses, de l'autre par la nature morale de l'homme ou par la nécessité métaphysique qui ne permet de concevoir l'existence du genre humain qu'en société ou dans un état de communauté ou d'association plus ou moins parfait.

« La communion négative, dit M. Proud'hon dans son traité du domaine public, ou si l'on veut la société négative qui existèrent d'abord ne furent jamais telles que, dans le dessein du créateur, les hommes ne dussent avoir sur les choses qu'un usage commun : certainement le genre humain n'a jamais été destiné à vivre de manière à ne puiser ses alimens que dans la même gamelle, et quand on devrait aller jusques-là, l'on serait bien forcé de convenir encore que les diverses cuillerées puisées par les divers individus seraient devenus propres à chacun d'eux : il faut donc toujours en revenir à ce point, que la propriété individuelle sur les choses qui n'appartenaient encore à personne dut naturellement s'établir par le droit du premier occupant.»

La communauté négative existait à l'origine en ce sens que la terre était également ouverte à tous. Ses biens étaient offerts à chacun, mais ce n'était qu'en tant que chacun s'emparait d'une portion de ces biens selon sa convenance que la communauté négative s'anéantissait pour faire place à la propriété privée soit des individus soit des peuplades qui exerçaient l'occupation. Le fond du droit de propriété, comme de tous les droits en général, est donc un contrat fondé sur un acquiescement au moins tacite. Tous les droits reposent sur le contrat ou la reconnaissance d'une loi supérieure commune. On ne trouve hors de là que l'aveugle contrainte ou la nécessité. C'est ce qui a fait dire sans doute à Burlamaqui que le droit d'occupation reposait sur ce que les terres abandonnées ou non découvertes étaient censées n'être pas nécessaires à l'existence de la société dont tous les membres sont présumés être nantis d'une portion suffisante à leur conservation.

C'est donc à ce sens qu'il faut restreindre l'idée de cette communauté négative antérieure à toute propriété civile proprement dite. Les choses éventuellement utiles sont affectées à tous, communauté de destination, communauté d'acquisition éventuelle. Elles sont appréhendées, saisies par chacun en raison de ses besoins, cette prise de possession constitue une acceptation qui spécialise la propriété, lui donne un caractère individuel et la fait sortir de l'état de communauté primitive.

430. Cette détermination précise du point de départ de la propriété civile fait entrevoir déjà le progrès dont elle est susceptible ou les termes entre lesquels elle doit se mouvoir. La propriété en puissance est ou peut être commune, la propriété effective et réelle est nécessairement individuelle et spéciale. La propriété ne se réalise qu'en s'individualisant et elle se réalise d'autant plus qu'elle devient plus individuelle. Ces deux propositions qui partent des deux termes extrêmes du droit de propriété sont donc vraies : rendez la propriété plus *commune*, elle devient moins réelle, plus idéale. Rendez la propriété plus spéciale, plus individuelle, elle acquiert plus de réalité et devient moins idéale. Il semble que la plus haute puissance du droit de propriété, sa plus belle forme si on l'ose dire, serait celle d'un médiat entre l'idéal et l'individuel qui réunît dans sa substance les deux termes extrêmes de l'un et de l'autre. Mais aucun médiat ne peut réunir ces deux termes qu'en puissance d'action et d'une manière représentative. La forme la plus haute du droit de propriété sera donc celle où le droit de propriété sera tout à la fois, et le plus idéal ou le plus généralisable, et le plus réel ou le plus soumis à la volonté de l'individu,

le plus individuel : le plus généralisable objectivement; le plus individuel, subjectivement.

Cette détermination précise du point de départ de la propriété sert encore à faire connaître quelles sont les choses qui en sont susceptibles. Ce sont, sans exception, toutes celles dont l'usage est ou peut être de quelqu'utilité à l'homme.

La généralité de cette réponse se justifie suffisamment par la déduction rigoureuse selon laquelle elle découle des principes que nous avons posés. Elle se justifie en outre pleinement dans la doctrine des servitudes qui, en droit romain surtout, l'empire du droit par excellence, s'épuise en efforts artistiques pour donner à chacune une forme propre à l'aide de laquelle elle puisse soumettre aux règles et aux délimitations juridiques les élémens eux-mêmes qui naturellement leur échappent. Dans la doctrine des servitudes l'eau, l'air, la lumière, les eaux courantes deviennent l'objet d'un droit *propre* et formel ou d'un véritable droit de propriété modifié de diverses manières, l. 21 § 2 ff *quod vi aut clam.* l. 1 ff *de servitut. præd. urban.*

431. Les jurisconsultes néanmoins exceptent du droit de propriété les choses communes telles que l'air, la mer, les eaux courantes, et la question du domaine de la mer entr'autres a donné lieu à une célèbre controverse entre Grotius et Selden qui, dans deux traités ex professo, l'un sous le titre de *mare clausum*, l'autre sous celui de *mare liberum*. ont exposé les raisons qui peuvent faire considérer cet élément comme susceptible de propriété ou lui résistant de sa nature. La question est grande et les progrès toujours croissans des arts et du commerce pourront la faire renaître tôt ou

tard, pour certaines mers intérieures du moins qui ne seraient pas nécessairement un passage indispensable au commerce du monde.

M. Proud'hon a éloquemment résumé tout ce qu'on peut dire de mieux pour soutenir l'opinion commune que la mer n'est pas susceptible de propriété. Néanmoins ses raisons ne nous ayant pas pleinement satisfait nous devons les soumettre au lecteur.

« La véritable raison, dit-il, c'est que quand il s'agit de la mer l'occupation ne peut être qu'actuelle et qu'il ne lui est pas donné de se revêtir des qualites que la font passer à l'état de propriété. L'occupation en effet doit laisser des traces, il faut qu'elle s'exerce sur une matière susceptible d'être façonnée et subjuguée par le travail de l'homme, de sorte que ce travail s'ajoute à la matière, la transforme et grave dans son sein la main de ce nouveau créateur. Tout cela est impossible lorsque l'industrie humaine agit sur la mer. Le navire vogue et fend l'onde, mais l'onde reste toujours la même : elle ne l'assimile pas et le vaisseau après avoir fui ignore pour ainsi dire par où il a passé. On occupe donc la mer, mais on ne la possède pas; on la parcourt, mais c'est comme les oiseaux qui voltigent dans les airs, sans que l'art de l'homme si puissant à modifier tout le reste puisse parvenir à marquer ici la place qu'il a eue et la route qu'il a tenue. Celui qui voulait enchaîner la mer n'était assurément pas plus fou que celui qui aspirait à se la soumettre par le droit de propriété. »

Cette raison tirée de l'impossibilité où est l'homme de prendre possession de l'élément fluide et de le transformer par le travail, qui paraît si décisive à M. Proud'hon, n'est point métaphysique et absolue. L'air, la lumière sont aussi des élémens insaisissables et néanmoins la propriété les atteint, en tant qu'ils peuvent procurer quelqu'utilité dans un intérêt privé, et c'est un principe qui a passé dans notre code que la propriété embrasse toute l'étendue de terrain et d'espace comprise entre des plans perpendiculaires prolongés à l'infini suivant les limites de notre domaine. C'est ce que l'art. 552 traduit en disant que la propriété du sol emporte la propriété du dessus et du dessous. Pourquoi cette même idée viendrait-elle, semblable à la vague impuissante, expirer sur les bords de l'Océan?

Tout ce qui existe dans la nature est destiné à notre usage et nous appartient. La nature physique a été faite pour l'homme et lui a été donnée en partage. Il dépend de lui de la soumettre et de la maîtriser jusqu'à un degré qui nous est inconnu. Entre l'élément le plus fixe, celui auquel les jurisconsultes ont appliqué l'idée de propriété morcelée, la terre, et le plus fluide, le plus insaisissable, le calorique par exemple, quelle autre différence y a-t-il sous ce rapport que du plus au moins? Le droit de propriété existe sur toutes choses, en principe, et dans le fait sa réalisation est plus ou moins complète selon le progrès des arts et l'état plus ou moins avancé de la société. Il n'existe point de corps dans la nature qui soit tellement soumis à la puissance de l'industrie humaine que celle-ci puisse en disposer sans restriction selon son caprice. Pour arriver à un semblable résultat il faut élever la propriété à son idéal et la *monétiser*. Il n'en existe point qui soit tellement en dehors du système général de la création que son utilisation éventuelle, et, en tant, son occupation par le genre humain ne puisse être conçue ou espérée. Par conséquent rien n'échappe complètement à la personnalité humaine, rien ne lui est parfaitement soumis ou ne s'y assimile essentiellement ; les limites de la possibilité de l'occupation sont donc inassignables. L'eau du torrent qui se précipite, le vent qui soufle de l'un à l'autre Océan, la masse d'eau qui séjourne dans le lac nous paraissent tout aussi susceptibles ou tout aussi insusceptibles que la mer du domaine privé de l'homme, de l'occupation. L'homme, être mortel et périssable, n'imprime sur tout ce qui l'entoure que des traces fugitives, qui s'évanouissent en présence de l'immensité de l'espace et du temps, et entre le flot qui se referme sur la poupe du navire, la campagne qui reverdit après le passage meurtrier d'un troupeau, la terre qui se couvre de broussailles quelques années après la ruine des plus florissantes cités, quelle différence encore une fois que du plus au moins? La distance de quelques minutes, quelques semaines, quelques années change-t-elle donc l'incorrigible nature (14)? Tout appartient à l'homme et tombe sous son domaine, en tant qu'il a la puissance de l'exercer. Cette puissance nous n'en connaissons pas les limites.

422. Mais nous rattacherions à d'autres idées la neutralité de l'Océan. Nous dirions que dans la nature aucune des choses utiles à l'homme n'est à l'état de propriété morcelée ; la terre, le sol lui-même y a été soumis par la civilisation seule, les autres périodes ayant laissé subsister en grande partie du moins, l'indivision d'origine, et que si la mer y est restée c'est uniquement parce que l'avantage commun du genre humain exige impérieusement cette indivision. Mais ce n'est pas la

civilisation qui a manqué de volonté et d'audace. Le pays le plus éminemment industriel, l'Angleterre, est celui qui a montré le plus d'obstination dans ses prétentions au domaine exclusif de la mer. Le principe du morcellement, conséquent avec lui-même, s'étendrait jusques-là, le jour où par le moyen de quelqu'art qui n'a pas encore été découvert, il deviendrait possible d'exercer sur la mer une occupation assez habituelle pour que cette exclusion fût utile.

Et quelles raisons de différence si puissantes pourrait-on donner en faveur du domaine de la mer entre une région maritime très poissonneuse ou abondante en coraux et en perles fines, pêchée par une même nation depuis un temps immémorial, et des steppes, des déserts de sable qui ne peuvent servir que de passages, dangereux et peu sûrs d'un pays à un autre? Les sables brûlans de l'Afrique sont-ils plus susceptibles de prise de possession que le banc de Terre-Neuve par exemple, dont les bas fonds sont l'objet d'une pêche si lucrative? Sur la mer on établit des balises, des stationnaires, des forces protectrices, des radeaux et des machines fixées avec des ancres. On dépose sur les côtes voisines des matériaux et des cabanes, on y laisse des établissemens considérables pendant l'hyvernage, tandis que nos caravanes ne traversent qu'en tremblant des plaines immenses d'un sable brûlant et mobile, bien loin qu'elles songent à y déposer la moindre trace de leur passage.

453. Quant aux objections que l'auteur accumule à la page 209 sur l'impossibilité de diviser l'élément fluide, il est aisé d'y répondre. Comment la terre elle-même a-t-elle été partagée? Chacune des grandes di-

visions du genre humain a occupé ou s'est attribué les contrées qui étaient le plus à sa convenance, et ce partage de fait subsistera, sauf les éventualités de la guerre jusqu'à ce qu'un système d'association universelle, si jamais il existe, donne la possibilité de procéder à un partage rationnel, c'est-à-dire, opéré pour le plus grand avantage de tous (15).

Ainsi sur cette grande question que nous n'avons touchée que pour mieux faire sentir la compréhension de l'idée de propriété, notre opinion est que si la mer est en dehors du domaine de l'homme dans l'état présent des choses, cela tient à une considération morale et non à une nécessité métaphysique. Il est utile au genre humain que la mer demeure libre comme une vaste route ouverte au commerce des nations, il n'est pas contraire à la nature des choses qu'elle soit propriétairement divisée. Cette division n'implique ni contrariété dans les termes ni aucune répugnance d'idées.

434. « Il ne faut pas être surpris, dit M. Comte, t. 2, p. 74 de son traité de la propriété, si les hommes qui ont tenté de donner en quelques lignes une définition exacte et complète de la propriété ont tous échoué; une telle définition ne me semble pas possible à moins d'y consacrer plusieurs volumes. Il faut ajouter que l'influence des lois romaines, les doctrines du moyen âge et des erreurs de quelques grands écrivains suffisaient pour égarer les meilleurs esprits. »

L'auteur voit partout la propriété naître du travail et il développe les conséquences de ce fait, dans toute l'étendue de son ouvrage, avec cet esprit géométrique qui lui est propre.

Cette idée est féconde et vraie, néanmoins elle ne

fait connaître qu'un des côtés du droit de propriété. Elle est l'idée économique du droit de propriété, elle n'est pas encore son idée juridique. Celle-ci veut, pour être développée, l'admission d'un autre élément.

La propriété est un rapport d'utilité, mais elle est aussi un rapport de domination de l'homme sur la nature physique. Le rapport d'utilité fait naître la propriété comme un fait, il lui donne sa réalité matérielle, mais le rapport de domination doit aussi être pris en considération, il est le côté idéal de la propriété, sa forme juridique; c'est l'état civil qui le réalise ou le complète. Le rapport est duel et l'on ne peut s'attacher exclusivement à l'un d'eux sans s'exposer à s'arrêter à des résultats insuffisans ou inexacts.

La propriété est tout à la fois un rapport d'utilité et un rapport de domination de l'homme sur la nature physique, c'est son idée la plus générale, c'est en cela que consiste l'essence de la propriété, mais ce double rapport peut changer et il change en effet dans chaque ordre de civilisation : il est susceptible de plus et de moins. L'un d'eux peut disparaître, tous deux peuvent s'affaiblir et s'oblitérer graduellement sans que pour cela l'idée de propriété s'évanouisse. Il en est autrement des termes entre lesquels existe ce rapport, la personne et la chose. Ces termes ne peuvent être altérés essentiellement sans faire évanouir l'idée de propriété. Si par exemple la personnalité devient tellement multiple que la propriété soit commune au genre humain, ou tellement variable qu'elle puisse changer à tous les instans, l'idée de propriété s'anéantit, quelle que soit la raison qui produise cette multiplicité ou cette rapide succession de personnes. C'est ce qui a lieu de fait à l'égard des élémens d'un usage commun tels que l'air, la mer, les eaux courantes. Il en est de même si la chose se réduit à un pur signe, devenant par-là purement idéale et perdant toute réalité : tel est le cas de la dépréciation du papier monnaie.

435. La propriété est un rapport d'utilité et de domination de l'homme sur la nature physique. Le formel de ce rapport peut changer et il change en effet avec le progrès social et dans chaque ordre de civilisation, mais l'essence même, le fond de l'idée de propriété, sa nature ne change pas. Ainsi il y entre toujours deux termes, l'homme et le monde matériel, la personne et la chose. La chose peut être idéalisée ou être une représentation de la nature physique, alors la propriété se généralise; la personne peut être variable, successoralement la même, une ou multiple, etc. La propriété devient, en tant que ces changemens s'opèrent, mobile, fixe, exclusive ou indivise, etc.; et le rapport qui existe entre ces deux termes est toujours un rapport d'utilité et de domination. Le rapport d'utilité est le résultat du travail, le rapport de domination est celui de l'état civil ou de la loi. La nature de la propriété est plus complète, la propriété est plus elle-même selon que l'un et l'autre de ces rapports sont élevés à une plus haute puissance. Plus la propriété est productive, plus aisément elle se plie à tous les caprices de la volonté et à toutes les conceptions de l'intelligence, plus elle réunit à un degré éminent les traits fondamentaux qui constituent l'idée de propriété.

D'une part l'individualité la plus absolue, de l'autre la passivité la plus absolue. D'une part la société assure et garantit de la manière la plus parfaite les effets de la volonté individuelle agissant avec toute sa liberté dans le mode de disposition et de jouissance. De l'autre elle rapproche la nature physique de la personnalité et franchit l'intervalle immense qui les sépare en représentant la nature physique par un signe. Ce signe exprime l'idéal de toute propriété objective et la rend comme telle plus intellectuelle et plus générale, ou plus parfaitement pliable à toutes les lois de la nature morale.

436. Quelle propriété se forma la première : la propriété mobilière ou l'immobilière? Commença-t-elle par la possession, ou la possession comme droit n'est-elle au contraire qu'une formation u'térieure, une dépendance et un développement de l'idée de propriété?

Il est difficile de répondre d'une manière générale et absolue à cette question, soit parce que les faits primitifs sur lesquels la société se fonde sont obscurs et mystérieux, soit parce qu'il faudrait pour énoncer des résultats exacts, distinguer et les divers peuples et les différens ordres de civilisation. Sous le rapport moral, c'est-à-dire dans l'aptitude acquisitive inhérente à l'homme et dans sa volonté, la propriété est aussi ancienne que la possession : le sentiment de la propriété est le plus spontané et le plus énergique; mais dans sa forme civile, la possession, du moins en ce qui concerne les biens immobiliers, précède incontestablement la propriété. Le droit de propriété immobilière telle que nous la concevons est une suite d'un état civil développé, il le suppose en même temps qu'il lui sert de base. Ce n'est que par la loi successorale, par l'affectation du patrimoine aux obligations personnelles, par la faculté de disposer contractuellement d'une manière sûre et rapide et par une foule d'autres institutions que la propriété immobilière a acquis sa forme civile. Ici la possession a, dans le fait, précédé la propriété, cette propriété qui repose sur l'agriculture et sur tout l'ensemble du droit civil. Mais on peut dire aussi en un autre sens que la possession comme telle ou la possession détachée de la propriété a été un progrès social et juridique. La possession ainsi conçue est une création ultérieure de la loi civile qui, en assurant à *la* possession seule certaines garanties et d'importans priviléges, l'a érigée en droit formel et indépendant. En sorte qu'on retrouve encore dans le développement historique de l'idée de propriété sous ce rapport comme dans toutes les institutions civiles une sorte de ricorso ramenant des formes analogues à celles qu'avait prises l'institution à son origine, à la différence que le particulier a passé dans le général et le général dans le particulier. La propriété primitive était commune et l'usage s'individualisait, aujourd'hui la propriété est tout individuelle, et l'usage, par la facilité et la rapidité des transactions commerciales, tend à se généraliser de plus.

Il est certain à l'origine que la propriété, la propriété immobilière du moins, ne fut qu'une possession plus ou moins incertaine et passagère qui entra successivement, à mesure que la société s'enrichit et se fixa par le travail agricole, dans la forme civile de la propriété. Le droit de propriété se forma et devint un être juridique substantiel, tellement qu'il put être conçu exister par lui-même et indépendamment de la possession. Alors la possession s'en est détachée, l'une et l'autre subsistèrent séparément, la possession ne fut plus qu'un signe non essentiel, un annexe de la propriété, elle put être cédée et transmise indépendamment de celle-ci; à mesure que les idées s'épurèrent et se généralisèrent sur cette partie de l'état civil, les actions possessoires naquirent et prirent plus d'importance, jusqu'à ce qu'enfin la possession se produisant comme un droit propre tout à fait distinct de la propriété, fit naître l'*adage*, *nihil commune habet proprietas cum possessione*. C'est par rapport à la possession une sorte de retour apparent à son état primitif, elle subsiste seule comme elle existait seule avant la formation de la propriété immobilière; par rapport au tout juridique, c'est un progrès, un développement, puisque la propriété qui n'existait pas s'est formée, s'est complétée et que les actions possessoires et les attributs de la possession ne sont plus qu'une sorte de luxe juridique, souverainement utile et raisonnable dans le système de la civilisation, mais enfin une création toute factice entée sur l'idée fondamentale de la propriété.

437. Quant aux choses mobilières, la propriété et la possession durent exister simultanément tout d'abord. Ces choses ont été sans doute, dans les rudimens de l'état civil, le premier objet d'un droit de propriété civile. On en trouve les traces dans ce mode antique de poursuite des objets soustraits *cum licio et lance* et dans la recherche devant douze personnes libres de la commune qui y correspond dans les institutions germaniques. Sa puissance se maintint assez tard dans les formes de la mancipation et dans le droit successoral privilégié des armes, du bétail et des effets à usage qui s'est conservé en Allemagne jusqu'à nos jours. Ici le travail de la civilisation a été en premier lieu de mobiliser en-

core ce genre de propriété, d'en rendre la transmission de plus en plus rapide et facile. L'établissement des monnaies substitué aux échanges a contribué à ce résultat. En second lieu de séparer d'une manière de plus en plus parfaite le droit du fait, en sorte que les obligations personnelles et toutes leurs suites, le gage, la contrainte par corps, le système des lois pénales, etc., ne fissent nullement obstacle à la plénitude du droit de propriété qui subsiste comme création formelle de la loi civile et par sa seule force. Le lien fictif de la propriété est devenu si puissant et tellement indépendant de la possession, dans sa substance, que, comme l'a dit Bentham, l'aliment que je m'assimile peut ne pas m'appartenir tandis que je conserve la propriété de mon habit qu'un de mes amis porte aux grandes Indes. Cette séparation néanmoins du droit et du fait, en ce qui concerne les meubles, qui n'exista point à l'origine, n'a pu se formuler explicitement d'une manière parfaite dans la loi civile, parce que la nature des choses y résiste, ainsi que le prouve la maxime encore en vigueur, en fait de meubles possession vaut titre.

Telle est l'origine de la propriété chez tous les peuples émigrans, c'est-à-dire pour l'immense majorité du genre humain. Quant aux peuples sédentaires d'origine, qui sous des patriarches et dans l'état pastoral ou agricole se seraient peu à peu et d'une manière successive répandus dans les contrées voisines, on peut concevoir le droit de propriété même immobilière comme n'ayant jamais passé par l'état précaire et incertain d'une communauté indivise et comme civilement formé dès le principe.

438. Il est utile de mettre de l'exactitude même dans

les notions purement théoriques et dont on n'aperçoit pas au premier abord les conséquences pratiques et d'application ; car tout se tient dans l'étude du droit, et l'interprétation des textes est connexe et doit faire un tout systématique avec les déductions métaphysiques ou purement doctrinales qui servent de prolégomènes à la science. M. Troplong agite la question de savoir si la possession est un fait ou un droit : la réponse ne nous semble pas incertaine. Il n'est pas douteux que dans l'état civil la possession est devenue un droit, soit à cause des priviléges ou effets de droit qui résultent du fait seul de la possession, soit à cause de la faculté de la compléter accordée par la loi civile à celui qui n'a réuni que quelques-uns de ses caractères. La possession civile est un droit : en la séparant de la propriété le droit l'a formalisée et lui a donné une existence propre. Quant à la possession naturelle ou d'origine, la pure détention, il est clair que si on l'abstrait de tous les effets de droit qui s'y rattachent elle demeure comme dans le principe *res meri facti*.

M. Troplong soutient que tous les effets de droit que la loi accorde à la possession ont leur source dans la présomption de propriété qu'elle fait naître, tandis que la possession en soi n'est toujours qu'un pur fait. Par une conséquence de cette distinction, il substitue partout dans la discussion à laquelle il se livre au mot possession celui de propriété présumée. Mais la loi, quand elle énonce les effets civils de la possession parle précisément de possession et pas d'autre chose et quand elle formalise les actions possessoires lorsqu'il s'agit par exemple de définir les effets de la possession annale, elle s'occupe si peu de propriété qu'elle interdit même au magistrat de s'enchevêtrer dans la question de propriété. Une possession d'an et jour, paisible et suffisante pour prescrire, suffit pour faire adjuger le possessoire, lors même qu'il existe au fond les titres les plus décisifs, en sens contraire, en faveur du pétitoire. Il faudrait dans le système de M. Troplong aller jusqu'à dire que le magistrat doit accorder les effets de la propriété à une présomption de propriété qui se trouve formellement détruite par des titres précis lesquels peuvent avoir été déposés en ses mains. Ce serait, il faut en convenir, un assemblage d'idées assez bizarre et nous ne pouvons croire que le législateur ait pris une semblable position. Il est bien plus raisonnable et simple de dire avec Savigny que la détention purement naturelle est un fait, mais que la possession civile est un droit réel et formel tout à la fois, soit à cause des effets de droit spéciaux qu'elle produit, soit par la faculté légale attachée à la seule existence de quelques-uns de ses caractères, de l'intégrer et de compléter les autres. C'est précisément cette séparation de la possession de l'idée de propriété et la formation de la possession comme droit, comme supplément et complément de la propriété, qui constitue le progrès juridique de la possession et par suite celui de la propriété dans l'état civil. — La plus grande sécurité et la plus libre jouissance dans chaque position sociale assise et déterminée.

459. Les jurisconsultes et les économistes se sont trop arrêtés au rapport exclusif du droit de propriété. Ils ont limité et circonscrit son idée au lieu d'approfondir son sens et de développer sa compréhension. Les premiers sont partis du droit d'occupation pour en faire le développement de la propriété civile, mais l'occupa-

tion n'est elle-même qu'un fait qui veut être justifié pour s'élever au caractère de droit et sa justification consiste dans cet état de communauté ou d'association plus ou moins parfaite dont le principe réside au fond de la nature morale de l'homme. Les seconds ont fait dériver la propriété du travail, et ils ont montré avec autant de talent que de bonheur les effets prodigieux de l'action de l'homme sur la nature physique. La nature en effet ne devient économiquement utile à l'homme que par le travail et dans la plupart des cas, elle est plutôt le *suppositum* du travail et de la richesse qu'elle n'est à elle seule un bien et une richesse. Tel quartier de nos opulentes cités borné à quelques arpens de terre surpasse en valeur un nombre considérable de lieues carrées des contrées les plus fertiles du nouveau monde où la main de l'homme n'a pas fait encore sentir sa puissance. Mais ils ont considéré le travail comme isolé de sa nature ou fait dans des intérêts opposés et désunis; de là l'inexactitude de plusieurs de leurs conséquences. De là encore l'impossibilité d'appliquer leur doctrine à plusieurs cas d'une grande importance néanmoins et d'autant plus intéressans que les collisions fréquentes auxquelles ils donnent lieu rendent plus nécessaire de remonter aux principes, de les apurer en quelque sorte et de les appliquer dans toute leur pureté native.

La propriété est de droit naturel, elle est le fondement de l'état civil. On ne conçoit ni la conservation de l'ordre social ni celle de l'individu sans le secours de la propriété, mais en est-il ainsi du morcellement? La propriété est de droit naturel et toute violation de son principe est une sorte de sacrilége, en est-il ainsi de la propriété morcelée? La division des intérêts et le morcellement sont-ils essentiels à son idée, et ne serait-ce pas un scrupule exagéré que de repousser avec effroi tout essai ou toute théorie qui aurait pour objet de rejeter ou de restreindre cet effet de la propriété civile ?

La propriété naît du travail, mais il est des portions de la nature physique auxquelles le travail de l'homme n'a pas été appliqué et qui lui sont néanmoins d'une utilité incontestable. La propriété naît de l'occupation, mais il est des choses qui échappent complètement à la prise de possession ou à l'occupation, quelque factice ou arbitraire qu'on veuille l'imaginer. Prenons pour exemple les cours d'eau. Les fleuves et les rivières navigables font partie du domaine public, les textes les plus précis ne permettent pas d'élever de doute à cet égard ; mais en est-il de même des simples cours d'eau flottables à bûches perdues ? Sont-ils aussi dans le domaine public ? Ne faut-il pas les considérer comme des propriétés privées, puisqu'ils procurent aux fonds riverains une utilité permanente? Ne doit-on pas les mettre plutôt au nombre des choses communes telles que l'air et la mer, en tant qu'ils composent une masse d'eau courante qui renaît sans cesse et échappe comme telle à tout domaine privé; en sorte que nul n'aurait le droit de repousser le voyageur qui s'y désaltère, dans un lieu où il n'est pas obligé, pour arriver au bord de l'eau, de traverser la propriété d'autrui et d'y causer quelque dommage ?

440. M. Proud'hon, dans son traité du domaine public, s'est écarté de l'opinion commune qui regarde ces cours d'eau comme susceptibles de propriété privée,

il les range dans le domaine public et peut être a-t-il fait fléchir en cela la rigueur des principes qu'il pose. Leur conséquence logique conduirait, ce semble, à laisser ces cours d'eau dans une sorte de communauté négative, pour tout ce qui n'est pas considéré comme un accessoire des fonds riverains, et acquis par une prise de possession réelle ou par des travaux apparens et un long usage.

Voici comment il s'exprime à cet égard :

« Si nous remontons jusqu'à l'origine de la propriété foncière, il est incontestable que la terre ferme a été seule l'objet de l'occupation primitive des hommes et du partage que dans la suite des temps ils en ont fait entr'eux. Il est sensible que tout en exerçant leurs usages sur les rivières, ils n'ont pas eu l'absurde pensée de les morceler comme le parcellaire de leurs champs, pour placer dans le domaine de propriété exclusive un courant d'eau qui s'échappait invinciblement de leur main mise comme de leur puissance.

« Il est sensible qu'ils n'ont pas eu l'absurde pensée de rendre les possesseurs riverains propriétaires et maîtres exclusifs du cours d'eau dont l'usage était nécessaire à tous.

« Si nous fixons ensuite notre attention sur ce qui s'est passé depuis la première division des propriétés foncières, nous voyons que dans les actes de mutations de fonds adjacens aux rivières, c'est toujours ces cours d'eau qui ont été et qui leur sont donnés pour confins; or le continent d'un fonds est toujours borné par la limite qu'on lui assigne et ne peut s'étendre plus loin; et comme il est un il n'y a que ce qui est cohérent à la terre qui en fait partie : *fundi nihil est nisi quod terrâ se tenet* : d'où il résulte que le nouveau possesseur n'acquérant jamais rien au-delà du confin qui lui est donné, il serait impossible de concevoir comment le lit de la rivière toujours placé en dehors de son titre pourrait néanmoins lui être propriétairement acquis. » La conséquence de ce raisonnement nous semble irréfragable, ces cours d'eau échappent à la propriété privée, ils ne sont ni appréhendés par l'occupation ni transformés par le travail, ils demeurent donc, en tant, dans l'état de propriété négative où ils étaient à l'origine, sauf le droit qu'a nécessairement l'administration de régler leur usage par des lois de police et de sûreté générale. Aux termes de l'art. 539 du code civil les biens vacans et sans maître font partie du domaine de l'état, mais il n'en est pas ainsi de ceux qui par leur nature échappent à la propriété et que les jurisconsultes désignent sous le nom de *res communes* comme l'air, la mer, les eaux courantes. D'ailleurs l'art. 538, énonciatif des choses considérées comme une dépendance du domaine public qui ne sont pas susceptibles de propriété privée, ne parle précisément que *des parties du territoire*. Cette dénomination s'applique-t-elle naturellement aux eaux courantes? Au reste quelque parti que l'on prenne sur cette difficulté, il n'en demeure pas moins certain que les principes déduits du fait primitif de l'occupation ou de l'application du travail de l'homme à la transformation de la propriété demeurent complètement inapplicables.

441. Cette conséquence résulte d'une manière encore plus évidente d'un autre passage du même auteur sur la question si, pour qu'il soit permis de flotter à bûches perdues sur une rivière ou sur un ruisseau, il est

nécessaire que le cours d'eau ait été reconnu ou déclaré par l'autorité publique asservi à ce genre de flottabilité.

« Nous ne le pensons pas, dit M. Proud'hon, tome 4, page 132, et nous croyons au contraire que la faculté de flotter à bûches perdues existe de plein droit sur tous les cours d'eau où il est possible de l'exercer.

« Il est incontestable en effet qu'à l'égard du bois qu'on exploite dans les forêts soit sur les montagnes soit en plaine, il doit y avoir des chemins de traite et de débouché pour le conduire au lieu de sa consommation, c'est une chose d'absolue nécessité; et si l'on veut ne voir dans l'usage de ces chemins que l'occasion d'une servitude activement inhérente aux forêts, l'on sera toujours forcé de convenir que le droit en est dû, soit par rapport à la situation des lieux, soit par rapport à l'autorité publique; mais suivant les principes de la matière la servitude doit être exercée par l'endroit où le chemin de passage doit nécessairement causer le moins de dégradations au fonds assujetti, et c'est ainsi que la règle du droit commun nous conduit au bord de la rivière ou du ruisseau de flottage pour y lancer le bois comme dans la voie moins dommageable pour les héritages qui en sont traversés.

« D'autre part c'est une vérité élémentaire que l'eau courante, c'est-à-dire cet élément liquide qui se presse et se poursuit, qui nous fuit et nous échappe sans que nous puissions le retenir et nous en rendre maîtres n'est dans le domaine de personne : d'où il résulte que l'usage doit en appartenir à tous. Or *c'est cette qualité d'eau courante et indomptable* qui constitue précisément le char ou le moyen de transport des objets qu'on lui confie d'où il suit encore que sous ce rapport nous sommes toujours ramenés par le droit de nature au bord de la rivière ou du ruisseau pour y exercer le flottage comme sur un chemin créé à cette fin et à l'usage commun de tous. »

432. Ce qui, dans l'état présent des choses, fait naître tant d'embarras dans l'application des principes du droit en ce qui concerne les cours d'eau, c'est la confusion des différentes espèces de droits que l'homme peut y exercer, droits que l'on considère, faute d'attention, comme des droits de propriété ou comme des annexes du droit de propriété. De là ce conflit inextricable de prétentions contraires nées de la simultanéité des droits différens qui existent, en faveur de différentes personnes, sur les mêmes eaux. Ainsi en ce qui concerne les cours d'eau flottables on doit distinguer le droit de pêche, susceptible de division parcellaire, subsistant par lui-même comme une concession faite par la loi aux fonds riverains indépendamment de toute idée de propriété. Le droit d'alluvion, le droit sur les îles qui se forment, droit éventuel, concession également indépendante, dans le système de M. Proud'hon, de la propriété du très fonds. Le droit d'usine susceptible de division parcellaire et qui n'est même par le fait qu'un morcellement du cours d'eau concédé par l'administration. Il entraîne le droit exclusif de pêche à l'intérieur des canaux et des autres ouvrages affectés à l'usine. Le droit de marche pied, le droit de flottage à bûches perdues qui avec toutes leurs conséquences forment un droit public ou commun. Enfin le droit de propriété du très fonds du cours d'eau, propriété publique entraînant à sa suite toutes les conséquences du

droit de propriété moins ceux de ses annexes qui en ont été détachés par la loi. Les cours d'eau sont donc soumis à une double division du droit de propriété, division parcellaire ou morcellement, sous ce rapport ils peuvent donner lieu entre voisins aux mêmes difficultés que peuvent faire naître en général toutes les propriétés territoriales limitrophes, division du droit ou plutôt des droits dont l'ensemble constitue la propriété. C'est cette dernière division qui n'étant soutenue, à la différence des anciens droits de domaine territorial autrefois politiquement et propriétairement divisés, par aucune hiérarchie personnelle, donne lieu aux plus fréquentes collisions, collisions qui seront nécessairement inévitables aussi long-temps que cette division subsistera ou plutôt aussi long-temps que seront opposés les intérêts des différentes personnes entre lesquelles cette division a lieu. Il n'y a pas d'autre remède au mal que l'unité d'administration fondée sur l'identité d'intérêts. Il est évident que cette condition ne peut être remplie que par une transformation de la propriété.

443. Le morcellement parcellaire appliqué aux cours d'eau, laisse toujours subsister, nonobstant toutes les mesures de prudence que peut prendre une administration sage, deux inconvéniens graves et qui renferment une injustice. Le propriétaire supérieur dont les fonds sont traversés par une eau courante peut *en user* à son passage pour l'irrigation de sa propriété (art. 644), c'est-à-dire qu'il peut épuiser en partie ce cours d'eau, diminuer son utilité pour les fonds inférieurs, arrêter même et détruire entièrement le poisson qu'il contient; d'où résulte un profit de ce propriétaire au préjudice de tous les propriétaires inférieurs et une perte pour l'a-

griculture et l'humanité par l'injuste répartition des produits des eaux et leur distribution moins utile, moins productive. La préférence accordée au propriétaire supérieur, dans le système du morcellement parcellaire, lui donne le droit d'user des eaux pour son usage et son agrément, de les consommer en partie dans des travaux d'embellissement ou d'apparat, au préjudice du besoin le plus impérieux que peuvent en avoir les propriétaires inférieurs.

Le curage et la réparation des canaux qui contiennent l'eau courante donnent encore lieu à une autre sorte d'injustice. La nécessité de ces réparations se fait plus vivement sentir, elle est plus fréquente sur un ou quelques points du cours de l'eau que sur tous les autres, et ces réparations qui sont à la charge du propriétaire de cette partie de son cours profite à tous les propriétaires inférieurs. La justice exigerait que les dépenses d'entretien fussent réparties entre tous les propriétaires riverains proportionnellement à l'utilité que chacun d'eux retire du voisinage de l'eau courante. Il peut arriver au contraire que le propriétaire chargé des frais onéreux du curage et des réparations sur le point le plus endommageable n'en retire aucun profit, tandis que les propriétaires inférieurs dont cette eau fertilise les prairies et féconde les travaux agricoles, n'ont presqu'aucune réparation à faire à la partie du canal qui les borde. Double injustice qui dérive inévitablement du principe de la propriété morcelée et à laquelle il est impossible, dans l'état présent des choses, d'apporter un remède général parce que le mal réside dans la propriété même, dans le principe de la propriété tel qu'il est posé dans la loi civile et dont il faudrait commencer par changer la nature. La nature, dit-on, n'établit point d'association (16), mais la nature n'établit pas davantage la propriété morcelée. La nature, la nature physique n'est qu'un fait. En se soumettant, en se subordonnant à la nature morale, ou plutôt, celle-ci en reconnaissant la nécessité de s'asservir celle-là, doit opérer selon ses propres lois, et la première loi, la loi fondamentale de la nature morale est l'association.

444. L'opération factice du morcellement trouve à chaque pas dans la nature même des choses d'invincibles obstacles. Elle arrête l'amélioration des climatures, le bon aménagement des forêts, l'assainissement des terrains noyés et les travaux de desséchement, elle fait obstacle à l'utilité et à la bonne direction des cours d'eau et le remède, tel quel, apporté par la civilisation à ce fâcheux état de choses est et ne peut être que la violation du principe même de la propriété, de la propriété morcelée et absolue telle que notre droit l'a définie. Le gouvernement s'empare, au mépris de ce principe, des propriétés privées dont le sacrifice est nécessaire à l'intérêt général, ou qui ne peuvent être administrées que sous une direction commune. Mais il résulte de cette position subversive de la civilisation deux graves inconvéniens. Le retour à l'ordre naturel se présente comme une odieuse exception, ce qui rend à peu près impossibles tous les merveilleux résultats de l'amélioration des climatures et les fait renvoyer dans le pays des chimères. Les obstacles que présente ce retour à l'ordre naturel ne seront jamais surmontés que par une transformation de la propriété complète et intégrale.

Mais supposé qu'une pareille transformation fut possible, et que la réalisation d'un système d'association où n'existeraient ni le principe du morcellement, ni l'opposition et la division des intérêts qui lui donne naissance fût réalisable, qu'elle ne fût pas contraire aux dispositions habituelles du genre humain telles que la nature les a faites, qu'aurait-elle donc de contraire à l'idée de propriété, et romprait-elle l'unité dans le développement historique de cette institution fondamentale qui a subi dans le cours des siècles tant de modifications successives?

445. La propriété, avons-nous dit, est tout rapport de domination et d'utilité de l'homme sur la nature physique. Sans la dégradation de notre nature, cette puissance de l'homme sur la nature physique, pleine et absolue, n'aurait d'autres limites que la nécessité de respecter le droit des autres hommes. La nature serait soumise à l'homme comme à son roi et celui-ci ne serait limité dans sa jouissance que par la nécessité de respecter celle de ses semblables. Mais la nature physique étant pleinement subordonnée à l'homme, et ne lui offrant pas de résistance efficace, dans un ordre social intégral et parfait, chaque homme trouverait toujours abondamment de quoi suffire à ses besoins et satisfaire à ses plaisirs, en sorte que même sous ce rapport la limitation née de la nécessité de respecter la jouissance de nos semblables disparaîtrait et tout reviendrait à une association parfaite. Le rapport exclusif et la contrainte du travail n'existant plus, il ne resterait que le rapport de domination, la propriété ne serait plus que le rapport de domination du genre humain sur la nature entière.

Telle serait la propriété réduite à sa dernière limite

en, si l'on veut, à son point de départ rationnel, son sens le plus général, son idéal pur. Mais la déchéance de l'homme l'ayant mis dans l'impuissance relative de maîtriser la nature physique qui symbolise l'intellectuel, il lui a fallu reconquérir par la contrainte du travail ce domaine éminent et parfait qu'il avait perdu. Par le travail l'homme se rapproche de la nature physique et il agit comme force physique sur la résistance de la nature physique. La raison de sa puissance ou de sa domination sur cette nature n'est cependant pas sa force physique, mais son intelligence. Sa force n'en est que le moyen. La raison de la propriété, la raison pour laquelle l'homme, quoiqu'avec des peines infinies, triomphe de la nature physique, réside dans l'intellectuel. La propriété est et demeure donc encore un rapport de domination (17), mais la *nécessité* du travail comme moyen d'exercice de cette domination, la limite et la circonscrit. Le travail crée la propriété; non le droit de propriété, mais son utilité. C'est par le travail seulement que la nature physique s'adapte à nos besoins et qu'elle satisfait à nos plaisirs. C'est la contrainte du travail qui fait naître le rapport individuel et exclusif. Le morcellement de la propriété est donc une conséquence de la déchéance de l'homme, elle n'est pas inhérente à l'idée de propriété.

446. En un mot il faut bien distinguer l'idéal et le réel de la propriété. Le réel de la propriété, c'est dans l'intellectuel, la nature physique tout entière prise objectivement, dans l'état de déchéance c'est la nature physique divisée, limitée, individualisée par le travail. L'idéal de la propriété c'est le droit même de propriété pris dans son sens absolu : dans l'intellectuel il est la

plénitude de la puissance de l'homme sur la nature physique, dans l'état de déchéance, il est l'ensemble des institutions à l'aide desquelles l'homme en société reconquiert ce domaine qui lui échappe. C'est en un mot le lien fictif qui existe entre notre chose et nous, à quelque distance que nous soyons d'elle et qui nous confère le droit d'en disposer à tous les instans de la manière la plus absolue. La position dans laquelle l'idéal et le réel de la propriété se trouvent réunis et confondus, chacun à son plus haut période d'expansion, est sa forme la plus belle, la plus complète, la plus haute. C'est la réunion de la plus grande extension possible du rapport de domination et de la plus grande extension possible du rapport d'utilité.

La propriété est la nature physique personnalisée : le rapport de cette nature est double. Il comprend la jouissance et la disposition. La possibilité de jouir ou l'utilité matérielle naît du travail, la disposition est une création de la loi civile. La disposition avec le droit de suite est le lien fictif que la loi a formé entre l'homme et sa propriété. L'un et l'autre de ces rapports sont le résultat de la civilisation, en ce sens que c'est la société qui les élabore, les développe et les complète. Néanmoins le premier est antérieur dans l'ordre des idées et peut-être dans l'ordre des faits. Le dernier se produit et s'élève à sa plus haute puissance par l'idéalisation de la propriété. La propriété devient un être de raison susceptible de tous les déplacemens et de toutes les formes; pourquoi n'appartiendrait-il pas à un progrès social ultérieur de détacher complètement le formel de la propriété du réel et de rendre par cette division la propriété tout intellectuelle, c'est-à-dire, tout à fait propre à s'allier aux rapports de l'ordre intellectuel et à les réaliser? Toute propriété étant réduite à une simple forme et à sa forme la plus simple, on n'aurait à opérer que sur cette forme simple jusqu'à ce qu'on eût obtenu la réalisation de la combinaison provisoire la mieux appropriée aux conditions de la société présente, car toute société doit être progressive et reflète d'une manière plus ou moins fidèle les lois de l'ordre intellectuel. Ce n'est que par cette scission du réel et du formel de la propriété, quel que soit le moyen adopté pour la produire, que l'on peut concevoir l'alliance parfaite du principe de la propriété avec l'ordre intellectuel, c'est à ce prix seul que la nature morale de l'homme peut se débarrasser des entraves de la nature physique qui altèrent ses relations de souveraineté. L'homme ne personnalisera plus seulement la nature physique, il l'idéalisera.

La propriété d'une société intellectuelle sera non plus l'utilité matérielle qu'elle procure, mais la représentation de cette utilité : une sorte de médiat ou moyen terme entre la nature physique et l'homme : signe participant tout à la fois de l'objet signifié et du sujet signifiant. Elle sera un médiat, comme le pouvoir de cette société, fondé sur l'élection rationnelle, est un médiat entre la nature dégradée de l'homme et Dieu, une représentation de la divinité. Et à l'aide de cette double représentation, les lois de l'ordre intellectuel agissant sur et par ce médiat, seront affranchies de tous les embarras, des lenteurs, des difficultés d'exécution que produit, dans l'état présent des choses, la distance infinie qui sépare les termes de l'action sociale.

447. La propriété ainsi transformée acquerrait le caractère de généralité sans rien perdre de son individua-

lité. La propriété, quelque modification qu'elle subisse, est et demeure de sa nature, l'expression de la personne dans la sphère des intérêts matériels. L'individu ne peut être dépouillé de son droit éminent de propriété sans perdre un élément essentiel au complément de sa personnalité. Dans quelque système que ce soit, la propriété concédée ou acquise ne peut donc être enlevée à son légitime possesseur. La propriété fécondée ou rendue plusproductive par le travail ne peut être ramenée par aucun moyen à l'égalité de répartition primitive fictive ou réelle, et si la propriété était alliée à l'élément électoral à un autre titre que comme moyen d'influence, l'union de ces deux institutions ne pourrait dans aucun cas avoir d'autre objet, par la juste répartition des produits d'une collaboration commune, que de donner à tous le moyen d'échapper à l'indigence et de participer au bien être social en raison combinée de leur dignité et de leur travail. La propriété intellectuelle ne pourrait dépasser ces limites sous peine de violer sa nature même et d'exposer la société à une grande perturbation.

Cette propriété nouvelle perdrait tout caractère de fixité privilégiaire, elle ne serait plus l'attribut ordinaire des circonstances les plus fortuites ou de qualités indépendantes de la volonté : mobile, générale, individuelle néanmoins et au plus haut degré, elle serait plus complètement que la nôtre l'expression de la personnalité, c'est-à-dire du travail que la personne y aurait appliqué avec toutes les forces, toutes les capacités, toutes les qualités que la nature lui aurait départies, elle serait enfin beaucoup plus productive, et mieux pliable qu'elle à tous les caprices de la volonté ainsi qu'à toutes les combinaisons de l'intelligence.

448. Cette propriété perdrait tout caractère de fixité privilégiaire, et à mesure que son idéal se réaliserait plus complétement, elle échapperait davantage à la force restrictive du principe de l'invariable transmission du patrimoine selon la loi du sang.

L'intensité du principe successoral se produit sous un double rapport : il s'exprime par la force de conservation du patrimoine de la famille, ou, ce qui est la même chose, par le privilége et les restrictions à la faculté de disposer, par l'étendue du cercle des personnes en faveur desquelles sont imposées ces restrictions et ces priviléges. Le principe successoral a été atténué par la limitation de la légitime ou de l'inaliénabilité du patrimoine en faveur des descendans en ligne directe seule, il ne l'a pas été par la limitation de la vocation successorale aux seuls descendans. Dans l'hypothèse d'une transformation de la propriété, cette limitation analogue à la première pourrait peut être s'opérer : si, comme nous l'avons démontré ailleurs, la légitime n'est autre chose que le droit successoral réduit à ces dernières limites, la partie invariable de la dévolution successorale, c'est aussi le terme auquel le principe successoral peut absolument être réduit par l'instabilité des fortunes et l'accélération du mouvement social. Si la légitime est la limite de la faculté de disposer, la dévolution en ligne directe, qui lui sert de base et qui est son principe ne peut-elle pas être considérée comme le dernier terme, le terme infranchissable de la dévolution successorale ? Et quoiqu'il ne soit pas possible d'assigner en général les limites jusqu'où peuvent être reculés la force de fixité et le principe de conservation, la famille naturelle, réduite à sa plus simple expression, le père, la mère et les descendans en ligne directe ne forme-t-elle pas, dans tout état où la société repose sur la famille, un noyau inattaquable auquel s'attache comme son enveloppe extérieure, la nécessité de la dévolution successorale du patrimoine (18) ?

449. Quand on observe de haut et dans leur ensemble le développement successif des sociétés, on voit qu'elles partent de l'unité de la monarchie domestique pour traverser les gouvernemens du plus petit nombre, du plus grand nombre et de tous, et retrouver l'unité dans un système parfait d'association générale. Et comme la société générale est, absolument parlant, un idéal abstrait dont la pleine réalisation est encore un problême, que d'un autre côté la société se généralise, s'agrandit, s'élève et s'enrichit à mesure qu'elle s'en rapproche, on peut se faire une image assez fidèle du mouvement ascensionnel des sociétés vers cet idéal par une parabole dont les branches s'écartent de plus en plus à mesure qu'elles se prolongent dans l'immensité. Au point de départ l'unité ou le principe de l'unité se trouve dans le lien social, c'est-à-dire dans le pouvoir, au terme extrême ou dans l'idéal d'une société générale ce principe réside dans l'accord de toutes les volontés individuelles ou dans l'équilibre et l'harmonie de tous les penchans naturels à l'homme. Et à mesure que l'unité de lien ou le pouvoir se brise en subissant les transformations successives de gouvernement du plus petit nombre, du plus grand nombre, de tous, l'individualité se produit davantage, chaque personne qui jusqu'alors était enchaînée dans l'unité du pouvoir sous la forme extérieure d'une autre personne qui la représente rompt cette enveloppe, se montre elle-même, avec

tous les attributs qui lui sont propres, la nature morale se complète, s'enrichit, se puissancie. Il est donc rigoureusement vrai de dire qu'à mesure que l'on s'approche davantage de l'idéal d'une société générale, la nature morale de l'homme, sa puissance sociale doit nécessairement produire des accords inconnus avant cette époque, mettre au jour des attributs, des élémens dont l'existence n'était pas même soupçonnée (19); et le grand, le magnifique résultat d'un tel ordre de choses sera non pas seulement d'atteindre à de prodigieux résultats de forces déjà connues par l'association de ces forces, résultats que l'on peut jusqu'à un certain point prévoir et apprécier, mais encore de produire des caractères, des facultés, des puissances dont on n'avait pas l'idée. L'association générale révélera l'humanité à elle-même, elle lui apprendra tout ce qu'elle est, et l'individualité en se produisant en pleine liberté sous toutes ses faces, dans toutes les formes, l'individualité qui aura acquis la conscience de sa force doit déployer une richesse de variétés et une énergie de natures qui révéleront au monde des choses qu'il *n'ose* pas qu'il ne peut pas penser (20).

450. Tout ce qui existe appartient à Dieu à cause de son infinité, tout est sa propriété. Le monde entier n'est que la manifestation de son entité. Il s'objecte dans la nature physique, et en s'y objectant il contemple sa grandeur, sa puissance et ses autres attributs; il les y exerce, il en jouit et en dispose.

La nature physique est aussi le domaine de l'homme; mais ce domaine est dérivé et limité. Il est limité non par la nature physique elle-même qui aurait une force de résistance active à la volonté humaine, hypothèse qui admettrait la possibilité de résistance à la volonté divine donatrice du monde dans une nature privée de liberté et l'existence du mal comme principe positif, mais par la limitation et la déchéance de sa propre nature. De là deux conséquences : en agrandissant cette nature, en la réintégrant, en devenant plus intégral l'homme conquiert sur le monde physique une puissance dont présentement il n'a pas la conscience. Le morcellement ou l'idée de propriété telle que nous la concevons, celle qui sert de fondement à la science du droit est plutôt une limitation qu'un agrandissement de la puissance de l'homme, ou pour mieux dire, la propriété renferme de la manière la plus claire, quoiqu'implicite, l'aveu et la reconnaissance de son impuissance et de sa faiblesse.

L'infini est immuable, et tout ce qui est se succède et passe devant ses yeux. Par rapport à l'être en soi tout ce qui vit d'une existence contingente est essentiellement mobile, et en présence de cette immensité de temps et d'espace, instable, fluide en quelque sorte. La fluidité paraît aussi avoir été la première forme de la création. L'élément fluide est celui où se forment et nagent tous les germes, et dans lequel se produisent et se jouent les plus imposantes merveilles. Serait-ce une suite de cette analogie profonde qui se retrouve partout entre la vérité métaphysique et la nature matérielle qui la reflète et l'exprime?

Quoiqu'il en soit, l'infini jouit et dispose à tous les momens de tous et de chaque être créé, il en a la propriété parfaite.

Pour l'homme, créature bornée, imparfaite, circonscrite dans le temps et dans l'espace, la propriété, aucune propriété ne peut être absolue rigoureusement parlant. Les choses mêmes dont tous et chacun jouissent, ils n'en jouissent que d'une manière contingente. La propriété n'a donc pas pour l'homme ce caractère absolu de mobilité, on avait presque dit de fluidité qu'elle a pour Dieu, mais elle y tend, elle s'en rapproche d'autant plus qu'elle est plus parfaite. Toute propriété immobilière est en quelque sorte une résistance du principe neutre ou passif de la nature physique à la liberté absolue de l'exercice de la volonté de l'homme. C'est un brisement de sa nature morale, si on l'ose dire, produit par la résistance du monde matériel qui s'oppose passivement, comme principe neutre, à la libre expansion de la personnalité humaine.

451. Que tous et chacun jouissent et disposent, selon leur nature, de toutes et chacune des parties d'une chose, tel paraît être le caractère de la propriété la plus générale, c'est-là que conduit le développement progressif de l'idée sur laquelle elle repose. La chose dont tous et chacun jouissent le plus, dans toutes ses parties, semblerait être celle qui appartiendrait le plus à l'homme considéré en général. Toute propriété générale est de sa nature successive, mobile, fluide en quelque sorte.

Ce caractère essentiel de l'idée de propriété, sa *mobilité* qui la rapproche par rapport à nous de ce qu'elle est par rapport à Dieu, semble se rencontrer, en les considérant objectivement, dans les corps fluides répandus dans le monde et essentiels à notre existence. Mais la terre et les choses que nous y attachons pour fixer et embellir notre demeure sont la plupart des corps solides et qui ne peuvent être ni déplacés ni transforformés facilement. Ils semblent donc résister à la généralisation de l'idée de propriété, à son aptitude à ce que tous y participent d'une manière contingente et éventuelle.

Cet obstacle est franchi par l'art. La pensée de l'homme sépare la propriété telle que la nature physique la lui offre de sa représentation intellectuelle ou de son idée. Il donne à cette idée une forme particulière qui la soumet complètement à l'empire de sa volonté, et rend la propriété susceptible de toutes les modifications soit dans sa nature, soit dans sa transmission, soit dans sa jouissance qu'il lui plaît de lui imposer. Il la rend ainsi excessivement mobile, et par ce procédé artificiel employé déjà au reste, quoique d'une manière très imparfaite dans tous les siècles antérieurs à notre époque, il élève et généralise de plus en plus la propriété, il acquiert sur elle un domaine complet, c'est-à dire aussi absolu par rapport à sa nature que celui que l'infini possède sur l'ensemble de la création. Alors tous et chacun jouissent et disposent (d'une manière contingente et éventuelle) de toutes et chacune des parties dont se compose la nature physique. La nature physique est reconquise, elle est subjuguée, elle devient la servante de l'homme, de l'homme qui n'avait pas acquis jusqu'alors la conscience de la plénitude de sa personnalité. Elle reflète cette personnalité dans toutes ses parties, elle en porte le caractère et le sceau, et de même que toute la création organique tend et s'élève progressivement de la matière sans vie et sans mouvement aux formes et à l'expression de l'intelligence humaine qui, elle-même organiquement enchaînée au monde physique, semble servir de transition entre deux ordres de choses, entre deux natures, entre deux mondes, de même la terre et tous les alimens s'harmonisent avec et par la pensée humaine, ils revêtent comme une nature le manteau de l'intelligence, ils se personnalisent, et présentent à l'infini non plus le spectacle d'un ordre de choses laceré, d'une personnalité incomplète et éparse (20), un amas d'incohérences, d'oppositions, de monstruosités, mais un organisme intégral et harmonique où l'ame du globe s'épanouit au sein d'une végétation luxuriante créée par le travail de l'homme rendu attrayant, et se complaît à prodiguer sa puissance et ses trésors à sa noble intelligence, mise en accord avec la nature entière et qui a compris enfin sa destinée.

NOTES

DU SECOND CHAPITRE DE LA TROISIÈME PARTIE.

(1) On peut voir aussi dans la monétisation qui remet la nature physique tout entière dans la main de l'homme avec une sorte de caractère de fluidité, un retour à l'ordre primitif des idées où le droit de propriété ne devenait absolu qu'à l'égard des meubles. Quoique dans le mode d'acquérir ce soit la propriété la plus instable et peut-être précisément pour cela, la monnaie est la plus parfaite et la plus commode. Elle renferme déjà en soi un progrès social et contient par l'idéalisation de la nature physique le germe d'un développement ultérieur d'une toute autre importance.

(2) Dans l'état de migration les Germains étaient forcés par le magistrat de quitter chaque année leurs possessions et de délaisser le champ qu'ils avaient cultivé. — Plus tard la résidence dans un canton pendant un an fut déterminée, par des textes positifs qui nous sont conservés, comme nécessaire à l'étranger pour qu'il fît partie de la communauté dans laquelle il était venu s'établir. Enfin le délai d'an et jour a toujours été et est encore aujourd'hui la condition essentielle de toutes les actions possessoires. Ce délai d'an et jour est-il autre chose qu'une vieille tradition qui a sa source dans la nature des choses, et parvenue sans interruption jusqu'à nous?

Nous retrouvons au reste chez certaines peuplades du nouveau monde la transition précise entre la communauté primitive et la propriété morcelée naissant du travail.

« Les nations sauvages, sous l'empire des idées primitives, ont un invincible éloignement pour la propriété particulière, fondement de l'ordre social. De là chez quelques Indiens cette propriété commune, ce champ public de moissons, ces récoltes déposées dans des greniers où chacun vient puiser selon ses besoins; mais de là aussi la puissance des chefs qui veillent à ces trésors et qui finissent par les distribuer au profit de leur ambition.

« Les Natchèz régénérés trouvèrent un moyen de se mettre à l'abri de la propriété particulière, sans retomber dans l'inconvénient de la propriété commune. Le champ public fut divisé en autant de lots qu'il y avait de familles. Chaque famille emportait chez elle la moisson contenue dans un de ces lots. Ainsi le grenier public fut détruit, en même temps que le champ commun resta, et comme chaque famille ne recueillait pas précisément le produit du carré qu'elle avait labouré et semé, elle ne pouvait pas dire qu'elle avait un droit particulier à la jouissance de ce qu'elle avait reçu. Ce ne fut plus la propriété de la terre, mais la propriété du travail qui fit la propriété commune. »

Chateaubriant, *Voyage en Amérique*, p. 240.

(3) « Un peuple nombreux vit de bétail ou des fruits de la terre, et tout travail important dans la société se rapporte à ces deux objets. Or il est évident que le pâtre est intéressé à l'intégralité du pays et le laboureur à sa division. Celui-là veut des plaines, des prairies et des bois pour le pacage, il n'a besoin de clôture que pour réunir son troupeau. Celui-ci se contente d'une campagne qui environne sa cour et qu'il puisse par des haies protéger contre les entreprises de ses voisins. Il conduit solitairement sa charrue, le succès de son économie dépend des essais qu'il fait de ses propres mains. Ces deux situations, celle de l'homme se nourrissant de bétail, celle de l'homme labourant la terre ont la même nécessité de nature. Seulement l'une précède, l'autre suit, historiquement. Ainsi nous trouvons la propriété indivise et la propriété divisée l'une auprès de l'autre; la propriété indivise est antérieure et plus ancienne, avec le temps la forêt cède au labourage, l'éducation des bestiaux à la culture des grains. » Hugo.

(4) « Chez les peuples du nord de l'Amérique qui vivent principalement de la chasse ou de la pêche la propriété privée est peu de chose : elle se réduit en quelque sorte aux armes et aux instrumens que chacun possède. Mais la propriété publique ou commune, celle qui fournit des alimens à la population entière est très étendue. Elle comprend tout le territoire dans l'étendue duquel on se livre à la chasse, elle comprend de plus les rivières, les fleuves, les lacs, les golfes qui fournissent du poisson pour l'existence de chaque jour.

« L'usage dans lequel sont ces peuples de considérer l'offense faite à un individu comme une offense faite à la horde entière et celui de se venger d'une injure qu'on a reçue, sur tout individu qui appartient à la famille ou à la peuplade de l'offenseur sont des sources de guerres non moins fécondes, etc. M. Comte établit que la loi de vengeance qu'il assigne à la seconde transformation sociale fait naître la possibilité de donner à la propriété un caractère de fixité et de faire passer la possession à l'état de droit permanent ou de véritable propriété. Herder assigne au premier degré du gouvernement naturel les rapports d'amitié ou de parenté desquels dérive manifestement la vengeance du sang par familles ou par tribus telle qu'on la trouve chez tous les peuples sauvages ou barbares et dans les origines russes en particulier.

(5) Cette graduation successive de la propriété considérée objectivement se retrouve d'une manière frappante dans la division du droit romain en choses privées, choses publiques, choses communes dont chaque classe répond à un ordre d'idées différent. Et si l'on s'arrête aux définitions que les jurisconsultes donnent de ces espèces de choses d'ordre différent, on verra qu'à mesure que la chose, objet de la propriété devient plus *commune*, elle échappe davantage à l'absolutisme de la propriété.

(6) Aucun ancien mot allemand ne correspondait parfaitement à l'expression romaine *obligatio*, *pfligt* d'où dérive *pflegen* se prend plutôt dans un sens moral que juridique et le moyen âge l'employait pour *consuetudo*, *communio*. Ce n'est pas le sens d'un contrat synallagmatique *sunallagê* qui montre la rencontre des deux idées de commerce et de contrat. Le mot *kauf*, vente, est pris fréquemment à l'origine d'une manière générale pour contrat, pour l'acte qui conclut une affaire et désigne seulement son acquisition contractuelle.

L'échange *tausch* n'était point primitivement une affaire particulière. Toute vente était échange tant qu'il n'y eut ni argent ni bétail légalement déterminés et que les fruits et les armes tinrent lieu de monnaie. L'échange contient le germe de tous les contrats imaginables. C'est l'idée fondamentale du commerce. Dès que l'idée d'échange vient à manquer à un contrat, il retombe ou dans le don gratuit ou dans l'ablation frauduleuse ou forcée, c'est-à-dire qu'il cesse d'être contrat *sunallagè*. L'échange est le commerce tout entier réduit à sa plus simple expression. Le prix, qu'il consiste en pelleteries comme chez les Russes à l'origine, ou en bétail comme chez les Romains, les Germains et d'autres peuples, ou en argent monnoyé comme dans un état de civilisation plus avancé ou enfin qu'il s'idéalise sous la forme de papier ou tout autre, est une circonstance extrinsèque au commerce et qui quoiqu'elle puisse dépendre de son plus ou moins grand développement n'est pas cependant essentielle à son idée. On peut dire avec M. Hugo, pour donner au prix le sens le plus général que le véritable prix de toutes choses est le *temps* qu'il faut pour l'acquérir parce que pendant ce temps on a des besoins à satisfaire plus ou moins selon le pays et les circonstances.

(7) L'historien Josephe fait remonter à Caïn la première idée de mettre des bornes aux champs.

(8) Toute héritière noble était obligée de prendre un mari pour desservir un fief qui lui était échu, surtout s'il exigeait le service de corps. En cas de refus, on accordait au seigneur la saisie de la terre comme pour défaut de service. Quant à la veuve, ici elle pouvait se défendre du mariage pourvu qu'elle donnât caution qu'elle ne se marierait point sans le consentement du seigneur, là elle était forcée ou de prendre un mari ou de renoncer au bail de ses enfans et de se tenir à son douaire.

« Quand l'héritière avait atteint l'âge de 14 ans, dit Vély, si quelqu'un la demandait en mariage, la mère devait aller trouver le seigneur et dire en présence des parens du père de la demoiselle : sire, un tel se présente pour épouser ma fille : je viens vous demander conseil; j'espère que vous me le donnerez bon. » Si le seigneur connaissait un meilleur parti, il pouvait non seulement le proposer, mais même le faire accepter. D'un autre côté le lignage paternel de la jeune personne avait le même droit, s'il trouvait quelqu'un plus riche encore et plus gentilhomme. Telle était la loi, qui cependant n'ôtait pas au seigneur le droit de récuser ceux dont la fidélité lui paraissait suspecte. Alors l'usage était en plusieurs lieux que lui-même offrît trois barons parmi lesquels la mère et les parens de la demoiselle étaient obligés de lui choisir un époux. S'il abusait de sa minorité pour la déparager, c'est-à-dire pour la marier à quelqu'un de moindre condition : qu'elle il perdait tous les émolumens de la garde. Si, devenue majeure, elle consentait librement à cette alliance disproportionnée, les lois ne décernaient aucune peine contre lui. On ne doit pas oublier que cette obligation de requérir le consentement du seigneur pour le mariage des héritiers du fief ne regardait pas seulement les filles, mais encore les mâles. C'était une maxime d'état en France que les barons, c'est-à-dire ceux qui relevaient immédiatement de la couronne, ne pouvaient ni se marier ni marier leurs enfans sans l'agrément du monarque. »

(9) Hugues Capet, chef de la troisième race, jeta les fondemens de la splendeur et de la durée de l'empire français en supprimant les partages royaux et en défendant l'aliénation des biens du domaine.

L'inaliénabilité de ces biens passa en maxime d'état et fut proclamée par les rois Charles VI, Charles VIII, François Ier, Charles IX, Louis XIV et Louis XV.

(10) Les principaux changemens qu'éprouva le système de la hiérarchie ecclésiastique pendant le moyen âge, dit M. Politz, résultèrent des doctrines d'Arnold de Brescia, que le clergé ne doit avoir aucun bien séculier, mais selon les erremens de l'ancienne Église, un revenu en argent et en dîmes seulement.

(11) La simple possession appartient à l'ordre intellectuel, la propriété absolue, la propriété exclusive surtout à l'ordre matériel. C'est cette exclusion qui est le caractère distinctif du bien d'échange, comme c'est l'intérêt personnel qui est le fondement du commerce.

On pourrait faire l'histoire de la civilisation avec la seule histoire des modifications de la possession et des actions possessoires en général. Il y a peu de parties du droit qui offrent matière à des développemens aussi intéressans. Et si de nos jours la possession, le droit de possession et celui de propriété excitent tant de controverses, s'ils occupent généralement les esprits, s'ils sont en quelque façon une pierre d'achoppement dans la science du droit, cela paraît tenir à un changement de position de la science et peut-être de la société tout entière. Il y a au fond de cette doctrine une terrible question à résoudre.

« Les monastères se virent alors dotés de biens assez considérables pour soutenir leurs membres, et la libéralité de leurs admirateurs venait sans cesse augmenter leurs revenus; pourtant, on ne laissa pas de pratiquer la pauvreté : et à l'aide d'une distinction ingénieuse quoique fondée on découvrit qu'elle pouvait encore exister au sein des richesses, et que chaque individu pouvait être privé de propriétés, quoique les biens de la communauté égalassent ceux de ses voisins les plus opulens. On définissait la pauvreté monastique une abdication des propriétés privées. Tout ce que possédait le convent était commun à tous ses membres; nul ne pouvait prétendre à la préférence sur ses frères et tout article de commodité et de nécessité se recevait et se livrait par l'ordre de l'abbé. Telles étaient les notions que les moines saxons avaient reçus de leurs instituteurs. Refuser les donations de leurs amis eut été nuire à la propriété de la communauté, et chaque année apportait de nouvelles sources de richesses aux monastères les plus célèbres. » LINGARD, *Antiquités saxonnes.*

(12) « Tout homme est né franc et libre, dit Beaumanoir, mais plusieurs causes l'ont réduit en servitude, la raison d'état, la pauvreté, la violence, la dévotion. Les rois anciennement semonçaient leurs sujets pour les batailles qui étaient contre la couronne. Ceux qui ne se rendaient pas à l'ordre devenaient serfs à toujours

eux et leurs hoirs : il y en avait autrefois beaucoup de cette espèce. Quelques-uns disaient à leurs seigneurs : vous me donnerez tant et je demeurerai votre homme de corps. Quelques autres dénués de tout secours, ont dit à quelqu'homme puissant : je me mets sous votre protection, garantissez-moi contre la fureur de mes ennemis, je vous sacrifie ma liberté. Ceux-ci frappés de quelque mouvement subit d'une dévotion mal entendue, se sont donnés, eux, leurs enfans et tous leurs biens aux saints et aux saintes dont ils croyaient avoir éprouvé le crédit et la puissance auprès de Dieu. Ceux-là pour avoir changé de pays ont perdu leur état de franchise, par la loi barbare qui soumettait à la servitude ceux qui habitaient certaines terres un an et un jour. Louis adoucit les lois du gouvernement féodal sur la servitude. »

(13) On trouve dans une note de Barbeyrac sur Grotius, *de jure belli et pacis*, *t.* 1, *p.* 140, une foule d'exemples historiques de ce malheureux droit de propriété appliqué aux royaumes et aux empires.

« *Grotius existimat quædam regna ita esse in imperantium dominio ut inter vivos et mortis causâ liberè possint alienari atque illa patrimonalia vocat. Quædam contrà ita esse comparata statuit ut illa alienandi facultas adempta sit imperantibus quæ ipse usufructuaria vocat quamvis Thomasius ea commodiùs fideicommissaria dici posse moneat. Sed cùm res quæ in patrimonio alicujus est non amplius sit communis adeoque nec publica quippè quæ communionem saltem positivam ponit, facilè patet regnum desinere esse rempublicam et in familiam degenerare. Prætereâ cum omnes civitates non imperantis sed securitatis communis causâ sint constitutæ, ex hâc quoqua causâ* regnum non potest esse patrimoniale ut non statim desinat, esse respublica. »

(14) *Naturam expellas furcâ tamen usquè recurret.*

(15) L'histoire fait mention de semblables divisions qui ont été faites en prenant pour limites les divers degrés du méridien.

(16) Voir M. Proud'hon, dans son traité du domaine public.

(17) C'est pour cette raison que le droit qui exprime principalement ce rapport du droit de propriété trace des délimitations et des règles qui supposent cette maîtrise absolue et auxquelles la nature résiste et ne peut se plier.

(18) Si les richesses d'une personne, dit M. Comte, ne devaient point passer à ses descendans, elle devrait habituer ses enfans aux privations les plus dures et leur en donner l'exemple; elle ne pourrait par conséquent retirer presqu'aucun avantage de ses propriétés même de son vivant. Cette raison nous semble tout-à-fait sans réplique et elle ne s'évanouirait que dans un état social tel que les membres d'une même famille, élevés et vivant séparément les uns des autres n'auraient en aucun cas à redouter la misère et les privations. Il est clair qu'alors tout pourrait être ramené à la faculté de disposer la plus indéfinie.

(19) « Certains prodiges de mémoire, d'imagination, de pressentimens prophétiques ont révélé les merveilles de ce trésor caché qui repose dans la pensée de l'homme et il ne faut pas exclure les sens de la part qu'ils ont à ces phénomènes. Que des maladies locales et des défauts partiels aient été les principales occasions qui ont servi à découvrir ce trésor, cela ne change pas la nature des choses puisque la disproportion même qui s'établit alors est necessaire pour rendre par la rupture de l'équilibre sa puissance et sa liberté à une faculté native et enchaînée. L'expression de Leibnitz, que l'ame est un miroir de l'univers, contient peut-être une vérité plus profonde que celle qu'on en déduit ordinairement car on dirait que les pouvoirs de l'univers entier sont enfouis dans ses profondeurs et ne demandent pour se déployer que le secours d'une autre organisation, ou d'une série d'organisations progressives. La suprême bonté ne lui refusera pas cette organisation, mais elle la guidera comme un enfant en lizière,

pour la préparer graduellement à la plénitude d'une jouissance croissante, avec la persuasion qu'elle acquiert d'elle-même ses pouvoirs et ses sens. Herder, t. 1, p. 299.

Ceci fait pressentir comment la sphère de la vie humaine peut se modifier et s'épandre jusqu'à faire naître dans l'homme des pouvoirs et des facultés dont il n'a pas la conscience. Et si le développement historique et le développement de la pensée dans le temps s'effectuent d'une manière analogue au développement de la création dans l'échelle de l'animalité et des puissances intellectuelles, c'est-à-dire par une série d'ordres concentriques et ordonnés dont les termes extrêmes touchent l'infini, on conçoit que l'homme et la société puissent en devenant plus intellectuels ou en pénétrant plus avant dans l'ordre intellectuel s'élever à un degré de puissance et de bonheur dont nous n'avons pas l'idée. Comment pourrions-nous assigner des limites à la puissance de la volonté humaine même dans l'ordre physique puisque nous ne connaissons pas la nature du médiat à l'aide duquel cette volonté agit sur le monde physique. Nous ne connaissons pas la loi de génération des pouvoirs intellectuels ni leur liaison avec la partie de ces pouvoirs concentrée par l'animalité humaine. Or toutes les causes, c'est-à-dire toutes les forces spontanées et libres ne sont-elles pas d'une nature intellectuelle?

(20) « Ainsi la providence fera servir à son œuvre les bons et les mauvais penchans, jusqu'à ce que l'homme apprenne enfin à connaître son espèce et à agir pour elle. La terre lui a été donnée en présent, il ne la quittera pas qu'il se ne la soit appropriée tout entière, autant du moins que s'étendent son intelligence et ses besoins. » Herder, p. 136, t. 3.

« La raison et la justice, d'après les lois mêmes qui leur sont inhérentes, doivent avec le temps se propager de plus en plus parmi les hommes et fonder l'humanité sur des bases plus durables.

« Tous les doutes de l'homme, soit qu'il se plaigne de l'incertitude de sa destinée, soit qu'il méconnaisse le mouvement progressif de l'histoire viennent uniquement de ce que le voyageur égaré ne porte pas ses regards assez loin. S'il étendait sa vue, s'il comparait impartialement les siècles qui nous sont le mieux connus, s'il pénétrait dans les profondeurs de la nature, s'il cherchait lentement ce que c'est que vérité et que raison il croirait aussi fermement à leurs progrès qu'à la vérité la mieux démontrée. Pendant des milliers d'années l'immobilité du soleil et des étoiles fixes a été jugée hors de doute; il a fallu que la découverte du télescope détruise sans retour cette apparente certitude. De même à quelqu'époque future, en comparant plus exactement les différens âges du genre humain, on n'obtiendra pas seulement une image affaiblie de cette consolante vérité; malgré tous les désordres apparens on parviendra à calculer les lois en vertu desquelles le mouvement s'opère dans la nature humaine » Herder, t. 3, p. 130.

FIN.

TABLE

ALPHABÉTIQUE

DES MATIÈRES

CONTENUES DANS LES DEUX VOLUMES.

A.

B.

C.

à la conservation des patrimoines. I, p. 101, n° 47. — Lois restrictives de la faculté de disposer en ce qui concerne les femmes. Interdiction de la faculté de disposer entr'époux. I, p. 102, n° 48. — Raison du droit d'aînesse. I, p. 103, n° 46. Voyez aînesse. — Régulièrement la succession légitime est la règle et la disposition testamentaire, l'exception. La royauté ne doit se transmettre ni par adoption ni par testament. I, p. 104, n° 50. — La propriété est simultanément soumise dans sa transmission à des lois d'ordre différent, conformément à la coexistence de ces trois grands faits sociaux, partage du patrimoine des familles, partage entre les familles du patrimoine national, partage du monde entre les nations. I, p. 105, n° 51. — Double travail d'analyse et de synthèse à l'aide duquel on peut rechercher dans les documens historiques quelle direction doivent prendre les institutions civiles. I, p. 106, 106, n° 52. — Le code civil reflète, dans ses règles sur la faculté de disposer, les systèmes les plus contraires et les unit par une sorte de médiation quantitative. I, p. 121, n° 62, voyez naturalisme. — Famille de la nature, famille de la civilisation. Le principe d'ordre et le principe de conservation sont diversement gradués et prennent un caractère différent dans chacune de ces familles. Le principe d'ordre s'exprime par l'égalité de conditions entr'enfans, qui produit les prohibitions d'avantages et les rapports. Le principe de conservation fait naître les règles restrictives de l'aliénation du patrimoine, les réductions et les réserves. I, p. 127 à 131, n° 64. — Lois de proportion ou relations en lesquelles peut s'analyser la faculté de disposer et de quelle manière les dispositions de nos coutumes en ce qui concerne cette faculté peuvent être mises en tableaux synoptiques. I, p. 131, 132, n° 65. — Classification de nos coutumes à raison des règles restrictives de la faculté de disposer qu'elles établissent. I, p. 134 à 138, n° 67. — Règles ou principes qui résultent de l'examen comparatif des dispositions de nos coutumes fait à l'aide de tableaux synoptiques. I, p. 138, 139, n° 68. — Règles qui résultent de l'examen comparatif du rapport en directe et en collatérale. I, p. 140 à 143, n° 69.

Analogie des règles de l'un et de l'autre. C'est l'égalité de *conditions* plutôt que l'égalité absolue de parts que fait naître le principe d'ordre. I, p. 143, 144, n° 70. — L'obligation du rapport s'analyse en deux propositions. Raison de sa décroissance en collatérale. I, p. 144, 146, n° 71. Nature de l'incompatibilité sur laquelle repose le rapport en collatérale, I, p. 146, à 148, n° 72. — Règles qui résultent de l'examen comparatif des légitimes et des réserves fait à l'aide des mêmes tableaux. I, p. 149, 152, n° 73. — Caractère différent que prend l'obligation de la conservation du patrimoine, selon qu'on le considère à l'intérieur de la famille ou à l'extérieur. Nuance analogue entre le rapport en ligne directe et en ligne collatérale. Sorte de *réalité* du rapport. I, p. 152 à 155, n° 74. — Comparaison des quatre termes de la faculté de disposer dans leurs diverses combinaisons. Il faut considérer la famille comme un groupe qui possède une force attractive du patrimoine. Explication du tableau C. Antagonisme entre le principe individuel et le principe conservateur du groupe. Evolution de la faculté de disposer ordonnée symétriquement. I, pages 155 à 158, n° 75. Quelles relations paraissent exister entre la légitime et le rapport en ligne directe, la réserve patrimoniale et le rapport en collatérale. I, p. 159, n° 76. — Terme auquel le principe individuel prend une expression bien arrêtée. Son indécision en deçà de ce terme. I, p. 159, n° 77. Explication du désaccord apparent entre l'expression du rapport et celle de la légitime. I, p. 160, 161, n° 78. Antagonisme des rapports et des légitimes. Ordre dans lequel les différens termes de la faculté de disposer s'évanouissent respectivement. On en déduit la filiation de leurs principes générateurs. I, p. 162, 163, 164, n° 79. — A mesure que la liberté de la constitution diminue, les droits des non libres augmentent. Exemples législatifs de cette assertion. I, p. 164, 165. — Que les droits abstraits et généraux ne peuvent expirer par le seul laps du temps. Vico, I, p. 166. — Eclaircissement au sujet du tableau C. I, p.

167. — La faculté de disposer entr'époux n'a pas le même caractère que la faculté de disposer entr'enfans. Elle reposait a Rome sur l'unité de personnes. I, p. 352, n° 123, 124. Dons mutuels et différens systèmes des coutumes en ce qui concerne la faculté de disposer entr'époux. I, p. 253, n° 124. La loi du 17 nivôse détruisit le système prohibitif des coutumes. N° 125. — Les limites de la faculté de disposer paraissent devoir être établies d'après la loi économique de l'accroissement de la population et des subsistances. Difficulté du problème. I, p. 255, 256, n° 126. Citation de Niebuhr sur l'accroissement de la population. I, p. 257, 258. — Raison des priviléges successoraux dans les monarchies suivant Montesquieu. I, p. 256.

DIVISION. Différens modes de division de la propropriété, voyez propriété.

DOMESTICITE, voyez esclavage.

DONATION propter nuptias, voyez mariage.

DOT, voyez mariage.

DROIT. En quels élémens tout droit s'analyse, voyez propriété.

DROIT d'ainesse. Son analyse et sa nature. propriété.

DROIT naturel. Sa définition. I, p. 28. Réfutation de Montesquieu, p. 29, n° 1. — Un droit de propriété trop absolu est contraire à l'égalité naturelle. I, p. 30, n° 2. — La propriété et les successions sont de droit naturel. Dans quel sens. I, p. 35, n° 4. Application aux successions ascendante, descendante, collatérale. I p. 36, 37, 38, 39, n° 4. La loi naturelle a sa source dans une sorte de nécessité. On la confond souvent avec le penchant ou l'affection naturels. I, p. 36, n° 4. Difficulté de distinguer les droits naturels des droits civils et de poser une limite précise entre l'état de nature et l'état civil. Exemple dans l'hérédité considérée activement et passivement. I, p. 43, 44, n° 6. La propriété elle-même semble changer de nature aux diverses époques de la civilisation. I, p. 42, n° 5. Comment on peut

concevoir le droit naturel par apposition au droit civil. Il est comme un amoindrissement du droit civil, son côté négatif. I, p. 44, 45, n° 7.

DROIT civil (son idéal). p. 45, n° 7. Le droit naturel le plus imparfait en contient le germe et les premiers élémens, p. 45. Le moment qui sépare le droit naturel du droit civil n'est qu'une gradation entre mille autres. C'est alors que le pouvoir passe à l'état public, p. 46. Le droit naturel est la plus simple expression de l'état de famille. Filiation naturelle des principes sur lesquels il repose. I, p. 46 à 51. n° 8.

DUALISTIQUE (principe), voyez mariage.

E.

ECONOMIQUE (rapport), voyez propriété.

ECRITURE (usage de l'), voyez propriété.

EGALITÉ (l') convient aux républiques. I, p. 80, n° 33. Notre époque ne veut pas l'égalité de fait mais l'égalité de droits et la faculté pour tous de parvenir à la plus grande somme du bien être social, I, p. 80, n° 34. Il faut faire une distinction capitale entre les républiques qui reposent sur une égalité de fait et celles qui reconnaissant l'inégalité de fait comme nécessaire, font consister leur perfection dans la conciliation humainement possible du fait et du droit, les démocraties électorales, n° 35, voyez rapport. La faveur des classes moyennes est une violation du droit naturel. I, p. 82, n° 33. La question de principes qui s'élève à l'ouverture d'une succession a pour objet la division ou l'indivision et ne concerne pas directement l'égalité de partage. N° 36.

EGLISE (biens de l'). Peut être salariée par l'état, voyez propriété.

ELECTION, voyez association.

EMANCIPATION (précocité de l') chez une foule de peuples barbares et en général dans toutes les gran-

des crises sociales. Sa raison II, p. 80, voyez pouvoir paternel.

EPOUX (faculté de disposer entre), voyez disposer.

ESCLAVAGE et domesticité. II, p. 71 et suiv. Source de l'esclavage. Son caractère dans l'Orient et en Grèce. II, p. 71, n° 335. — Des affranchis à Rome. L'esclavage y reposa toujours sur l'idée de la propriété la plus absolue. II, p. 72, n° 336. Réfutation du sophisme dont se servaient les jurisconsultes pour légitimer l'esclavage. N° 337. — Diverses et nombreuses conditions d'hommes libres et non libres dans le moyen âge. Droits qui appartenaient aux hommes libres. II, p. 73, 74, n° 338. Enumération des principales sources de l'esclavage. II, p. 74, 75, n. 339. — L'esclavage vient d'une fausse notion du pouvoir. L'homme ne peut être l'objet d'un droit de propriété, démonstration de cette vérité par les principes du droit et les notions métaphysiques et économiques. II, p. 75, n° 341. Les services personnels prennent la forme d'un contrat dans lequel les parties traitent d'égal à égal. II, p. 76, 77. — Nécessité de rechercher dans l'approfondissement des vérités sociales les élémens de notre destinée future. — L'exclusion des domestiques de la qualité de citoyens est déraisonnable. II, p. 77, 78, n° 342. — Rapprochement de la nécessité romaine d'une triple manumission pour affranchir le fils de famille d'une disposition analogue de la loi de Moïse. Voyez propriété, succession.

ETABLISSEMENT de Saint-Louis, voyez tutelle.

ÉTAT civil (établissement de l'). II, p. 86 et suiv. Voyez migrations.

EXÉCUTEURS testamentaires, voyez testament.

EXHÉRÉDATION, voyez disposer (faculté de).

F.

FACULTÉ de disposer, voyez disposer.

FADERFIDIUM, voyez mariage.

FAIDA, voyez glaive (droit de).

FAMILLE. Il existe un rapport constant entre la constitution du pouvoir public et la position qu'occupent le pouvoir domestique et la famille. I, p. 110, n° 57, voyez succession, tutelle, disposer (faculté de), légitime. Le commerce apporte dans cette relation des causes de mécompte, raison pour laquelle, dans les républiques industrielles, le relâchement de l'autorité publique n'entraîne pas l'affermissement du pouvoir domestique. I. p. 110, 111, n° 58. — Dans notre civilisation le côté moral de la famille se développe beaucoup plus complètement que chez les anciens peuples. I, p. 112, n° 59. — La conservation des familles et de leur patrimoine est l'esprit de notre ancien droit français. I, p. 113 n° 60. Citation de Vély. Type patrimonial qu'on retrouve dans l'hôtel et le parc ou le vol du chapon, comme il existait dans la maison ou le champ qui l'entoure des sociétés germaniques. I, p. 116, n° 60. Voyez réduction.

FAMILLE (la) est une société, voyez succession.

FAMILLE sclavonne, voyez succession.

FAMILLE de la nature, famille de la civilisation, voyez disposer (faculté de).

FEMMES (Exclusion des) dans la loi successorale d'un grand nombre de peuples. Sa raison. Analogue à leur exclusion du trône et des affaires. I, p. 35, n° 3. — Lois restrictives de la faculté de disposer en ce qui les concerne, voyez disposer (faculté de).

FEMMES (Tutelle des), voyez tutelle.

FEMME (Achat de la) par le mari, voyez tutelle, mariage.

FÉODALITÉ. Règles sommaires de la succession féodale. I, p. 413. Ressemblance des coutumes de plusieurs peuples du nouveau monde avec ce système social et politique. Transformations successives que subit la propriété, à mesure que les sociétés changent de

caractère. Citation de M. Comte. I, p. 424 à 427, voyez successions.

FORETS. Voyez migration, propriété.

G.

GARDE du mineur, voyez tutelle.

GERMAINS, voyez migration. Testament.

GLAIVE (droit de). Ce droit ne subsistait pas dans l'état social des Germains, postérieur à leur migration, où ils se livraient à des expéditions par bandes. II, p. 106, n° 365. Ce que fut la guerre chez ces peuples et quelles idées elle implique. II, p. 107, 108, n° 366. Assemblée nationale. Hors certains cas elle n'avait pas plus que les rois et les prêtres le droit de glaive proprement dit. II, p. 108, n° 367. Faida et vengeance du sang. II, p. 109, n° 368. Quelle est la raison du droit de glaive. II, p. 110, n° 369. Voyez pénalité.

La première antiquité ne connut point le droit de glaive, II, p. 148.

GREC, voyez mariage, testament.

GRACE (droit de), voyez pénalité.

GUARANIS, voyez migration, propriété.

GUERRE individuelle, guerre sociale, conquête. II, p. 98 et suiv. Constitution de l'armée romaine. Citation de Herder. II, p. 145. La plupart des institutions de la civilisation ont pris leur source dans l'état de guerre. Citation de Herder. II, p. 146. Transition du pouvoir à l'état public et droit de glaive. II, p. 98, 99, n. 360. — Des armées. L'armée romaine résumait les caractères les plus essentiels de l'ordre intellectuel. II, p. 100, 101 n. 371.

H.

HAMMERTHEILUNG ou division par le jet du marteau. Voyez propriété.

HÉRÉDITAIRES (filles) à Athènes, voyez succession.

HÉRITIER civil, voyez succession bretonne.

HEERGÉRATHE et gerade. Forme antique de la propriété qui paraît appartenir à l'état de migration, de même que les choses mancipi à l'état pastoral, I, p. 74, n. 28. L'heergerathe et la gerade avaient une succession privilégiée, I, p. 75, n. 29, voyez propriété, réduction.

HÉROIQUES (sociétés) selon Vico. II, p. 86, 87, n. 346. Son hypothèse rend parfaitement raison du progrès social chez les peuples sédentaires, mais cet état ne fut-il pas précédé par le grand fait d'une migration primitive? II, p. 87, 88, n. 346, 347. — Les serviteurs devinrent les Plébéiens de ces cités. p. 126.

HISTORIQUE (tableau sommaire) du développement des institutions civiles romaines depuis la loi des Douze-Tables jusqu'au moyen âge. I, p. 107 à 110. Du développement de notre droit français depuis la renaissance du droit romain, p. 112 à 115, enfin des principales dispositions législatives sur la constitution de la famille depuis la révolution jusqu'au code, p. 116 à 121. — Importance, pour bien juger les institutions civiles, de connaître leur historique. — Résumé historique de l'opposition entre la faculté testamentaire et le principe substantiel de la famille suivant M. Gans. Cette opposition se divise en trois périodes et finit par se perdre dans une fusion complète. I, p. 267 à 270, n. 153. — Esquisse historique des systèmes successoraux des peuples les plus connus, voyez successions.

HUOBA, voyez propriété.

I.

J.

K.

L.

LÉGITIME. Raison de la légitime. Subordination hiérarchique de l'ordre domestique et de l'ordre public. Une existence ne peut être sacrifiée que par un pouvoir d'un ordre supérieur. Conséquences. I, p. 56 à 58, n. 9, 10, 11. — Inexactitude avec laquelle ce droit est ordinairement exposé. L'état primitif de la famille est l'indivision. Les droits de la personnalité ne se produisent que dans un progrès social ultérieur. I, p. 58, n. 12. — Définition de la légitime. I, p. 59, n. 13, à quoi tient son idée fondamentale et difficulté de cette définition. Position de notre droit sous ce rapport. I, p. 60, n. 15. — Raisons données par l'orateur du gouvernement de la fixation de la légitime à moitié. Discernement avec lequel doit être modifiée la quotité disponible. I, p. 64, 64, n. 18. — Sur quoi repose l'obligation de la légitime dans les lignes ascendante et descendante, elle paraît en quelque façon remplacée en collatérale par l'indivision du patrimoine. Dans le fait la prévoyance de la loi est moins nécessaire à l'égard des frères et sœurs qu'elle ne l'est en ligne directe I, p. 68, 69, 70, n. 21. — La légitime n'est qu'une succession élevée à une sorte d'invariabilité par l'intensité de son principe. I, p. 71, n. 22. — La plus ancienne forme de la légitime est l'indivision du patrimoine. I, p. 72, n. 23. — Trois époques principales de la légitime à Rome. I, p. 72, n° 24. — Institutions conservatrices des biens chez les peuples germaniques, n. 25. Dans l'ancienne jurisprudence française, n. 26. Voyez réduction, réserve.

LÉGISLATIVES (transitions), voyez successions.

LÉGITIMATION, voyez adoption.

LEVIRAT, voyez successions.

LICINIA (loi), voyez propriété.

LIMITATION. Mode de l'opérer et particularités de droit qu'elle fait naître. Voyez propriété.

LOIS, ne sont à l'origine que des coutumes. Voyez successions.

LOI naturelle, voyez droit.

M.

MANCIPI (choses). II, p. 174, n. 397. Voyez propriété. Heergerathe.

MANSUS, voyez propriété.

MARCHES (antique succession des). II, p. 158 et suiv., n. 387, voyez propriété.

MARIAGE (du) et de ses différentes formes. II, p. 8 et suiv. L'élément religieux domine dans toutes les sociétés ce moment de la société domestique. Différence de position du droit canon et du droit civil dans la doctrine du mariage. II, p. 8, 9, n. 277. — Difficulté de préciser les principes juridiques du contrat de mariage, n. 304, sa définition. II, p. 10, 11, n. 278. — Le mariage est une cérémonie religieuse, l'union entre deux familles, un contrat civil. Il revêt plus spécialement, à ses différentes époques, l'une ou l'autre de ces formes. II, p. 11, 12, n. 279. La cérémonie religieuse ne fut pas toujours essentielle à la formation de l'union conjugale. II, p. 12, n. 280. Principaux traits de ce développement successif depuis le mariage barbare qui reposait sur l'idée de vente jusqu'à nous. II, p. 13, n. 281. — Fécondité et compréhension du moment matrimonial. Principe dualistique qui le fonde. Cette même dualité se reflète dans tout l'univers. II, p. 14, 15, 16. n. 282, p. 43, 44. — Dans l'Orient le mariage fut une vente. II, p. 16, n. 283. Ce que fut le mariage chez les Juifs. II, p. 17, n. 284. Adoucissemens apportés par Moïse à la puissance paternelle. La communauté repose plus sur l'amour, la personnalité est mieux développée que dans aucune législation de l'Orient. II, p. 18, 19, 20. n. 285 à 288. Modes de contracter mariage du Talmud. II, p. 20, n. 288. On y remarque une tendance restrictive de la polygamie. II,

MARTEAU (division par le jet du), voyez propriété.

MÉSALLIANCES, voyez successions.

MIGRATIONS. Nécessité d'une migration primitive. II, p. 90, n. 348. Vico lui-même la reconnaît. II, p. 90, n. 349. Deux sortes de migrations, n. 350. Migration particulière ou colonie. II, p. 92, n. 351. Migration générale, régularisée, permanente. II, p. 92, 93, n. 352. A quelle cause faut-il les rapporter. II, p. 93, 94, 95, n. 354 à 356. — Etats intermédiaires dans lesquels l'homme dut vivre avant d'être agriculteur. II, p. 96, n. 357. — Transition très remarquable, à l'aide de l'association, au défrichement et au labourage. II, p. 96, 97, n. 358. — L'état politique et économique des peuples repose à l'origine sur les notions les plus simples. Divers degrés du gouvernment naturel selon Herder. II, p. 94, n. 359.

L'Asie est le berceau du monde. II, p. 126. Age héroïque. La terre était couverte d'une vaste forêt, citation de Vico, p. 127. — Migrations des principaux peuples de l'Europe, citation de Herder. II, p. 127, 128. Les plus anciennes migrations paraissent avoir eu un caractère religieux, citation de Schlegel. II, p. 129. — La migration celtique fut un état permanent, physique et moral tout à la fois. II, p. 130. — De l'agriculture et de ses effets sociaux, citation de Herder. II, p. 131, 132. — Caractère remuant et militaire des Germains. L'Allemagne ne fut pendant long-temps qu'une forêt. II, p. 132, 133. — Des Hellènes et des Pélasges peuples arborigènes de la Grèce, citation de Schlegel. II, p. 133. Divers degrés de développement social des des peuples sauvages, citation de Herder. II, p. 134, 135. — Etat social des Celtes ou Scythes. II, p. 135 à 140. Greniers publics connus sous le nom de Cées, p. 138. Partage du territoire par familles chez les Ibères, p. 139. Leur constitution hiérarchique, p. 140. Partage du revenu par égales portions chez les Mossyniens, p. 141. — La même communauté de biens se retrouve chez les Guaranis et chez plusieurs peuples du Nouveau-Monde, citation de M. Comte. II, p. 141, 142. — Etat de transition au défrichement et à l'agriculture

dans un certain nombre de peuplades de l'Amérique septentrionale. II, p. 143. — Exaltation chez les malheureux et les peuples sauvages de certains sentimens naturels, citation de Herder. II, p. 143. Ils ont servi de fondemens aux premières institutions sociales, citation de Herder. II, p, 144. Voyez héroïques (sociétés).

MOBILIÈRES (propriété et possession), voyez propriété, heergerathe.

MOBILITÉ son idée inhérente à toute propriété générale, voyez propriété.

MONASTIQUES (propriété des ordres), voyez propriété.

MORGENGIFA, voyez mariage.

MUNDIUM. II, p. 57 et suiv. Différens caractères que prend le pouvoir paternel dans les divers états de société, II, p. 57, 58, n. 325. Nature mixte du mundium tout à la fois propriété et pouvoir de protection. II, p. 58, 59, n. 324, 325. A quelles personnes il appartient ou se transmet. II, p. 59. 60, n. 326, voyez tutelle.

MUSULMANS, voyez mariage.

N.

NATCHEZ, voyez propriété.

NATURALISME. Notre système successoral français n'exprime d'une manière exclusive aucun principe. Il n'est qu'une sorte de naturalisme sans caractère. I. p. 85, n. 40. S'il devait subir des modifications, ce paraît devoir être dans le sens de la faculté de disposer. N. 41.

NEXI, voyez propriété.

O.

OBLIGATION. Les Allemands n'ont pas ce mot. II, p. 147.

OCCUPATION (fondement du droit d'), voyez propriété.

ORIGINES de notre droit coutumier, voyez successions. — Commune origine du droit criminel et du droit civil, voyez successions.

OUZOUL, voyez pénalité.

P.

PACTES de familles, voyez testament.

PARTAGE des terres. La propriété dérive du partage des terres dans l'ordre historique de même que dans l'ordre logique. Exemples de ce partage chez les anciens peuples. I, p. 93, 94, n. 42, 43. En supposant ce fait primitif du partage du territoire et la propriété morcelée qui en est la conséquence, il n'y a que deux moyens d'échapper à la plus dure oligarchie : les priviléges conservateurs du patrimoine des familles pour les sociétés fixées, pour les sociétés mobiles et instables, la faveur et l'extension de la faculté de disposer. — Toute loi successorale dérive du partage du territoire national et doit satisfaire à trois relations d'ordre différent : le rapport historique, le rapport social, le rapport économique. Le partage du territoire national entre les familles est subordonné au partage de la terre entre les nations. Le partage entre les divers membres de la famille est subordonné au partage des patrimoines entre les familles. — Conséquences qui en résultent. I, p. 410 à 424, n. 268 à 273. Difficulté de déterminer le rapport économique. I, p. 413. n. 274, 275. Les lois agraires sont un retour à l'état primitif d'égalité. La législation doit être progressive. I, p. 416, 417, n. 276. Voyez successions, migrations, propriété.

PARTAGE égal en matière de succession. Voyez réduction, rapport.

PASTORAL (état). Voyez migration.

PÉCULES. Voyez propriété, pouvoir paternel, (faculté de) disposer.

PÉNALITÉ. De la légitime défense considérée comme fondement de la pénalité. Conséquences. II, p. 110, 111, n. 370, 372. — De la vengeance considérée comme fondement de la pénalité. Vengeance du sang, talion. II, p. 111, n. 371. — Exposé du droit pénal anglais-saxon. Faida. Vergeld. II, p. 112, 113, n, 373, 374. Quels changemens l'introduction du christianisme fit naître dans cette procédure. II, p. 114, 115, n. 375. Résumé de ce progrès historique et de la filiation d'idées qu'il renferme. L'idée de faute morale s'introduit avec le christianisme; puis plus tard celle de venger la divinité, d'où l'inquisition et les tortures. Retour aux formes primitives de la justice. II. p. 116, 117, n. 376, 377. — Position de notre législation pénale. II, p. 118, 119, n. 378. — Quel est le sens du droit de grâce, citation de M. Stahl. II. p. 119. 120, n. 379. — Doctrine de Montesquieu qui contient le germe de toute une législation pénale. On peut en déduire un système de pénalité qui ferait disparaître tout l'arbitraire du juge et réduirait tout le droit pénal à un tableau synoptique d'assez peu d'étendue. II, p. 120 à 124, n. 380, 381, 382. — Ouzoul, science du droit criminel chez les Persans. On pourrait aller jusqu'à réduire les jugemens en matière criminelle à une sorte de mécanisme infaillible. II, p. 148, 149.

POLYGAMIE. Voyez mariage.

POPULATION. Essai sur la comparaison mathématique des lois d'accroissement de la population et des subsistances. II, p. 224. (Accroissement de la) Voyez faculté de disposer.

POSSESSIONS de biens. Voyez successions.

POUVOIR ou droit personnel en en quoi il diffère de la propriété. — (hérédité du) pouvoir, protection. Voyez propriété.

POUVOIR paternel. II, p. 47 et suiv. Fondement de

ce pouvoir selon le code prussien, n. 315. C'est le même principe qui fut admis dans toute l'antiquité et qui fit naître le droit d'exposition et tous les abus de l'autorité domestique. II, p. 48, n. 316. Différens et nombreux modes de contracter mariage de la loi indienne. II, p. 49, n. 317. Sa forme la plus excellente paraît reposer encore sur une exagération du pouvoir paternel. II, p. 50, 41, 52, n. 316. — La civilisation grecque adoucit le pouvoir paternel. L'idée de protection y prédomine. De l'autorité domestique à Sparte. II, p. 53, n. 319. — A Rome le rapport de propriété dans lequel se trouvait l'enfant ne put étouffer entièrement le principe substantiel de la famille. Conséquence dans l'émancipation. II, p. 54, n. 320. La puissance paternelle conserva chez les Romains la rigueur de son principe nonobstant les adoucissemens qu'elle admit par voie d'exception. Exemples dans les pécules. II, p. 55, 56, n. 321. Elle ne s'éteignait que par la volonté du père. Cette perpétuité du pouvoir paternel n'est pas dans la nature. Précocité de l'émancipation chez les peuples émigrans. II, p. 56, n. 322. Voyez mariage, mundium, disposer (faculté de), successions.

PRADA. Voyez succession russe.

PROPRIÉTÉ. La propriété de même que tout le droit en général s'analyse en deux élémens, indivisibilité de l'objet, préférence de la personne. L'altération d'un droit tient donc à l'altération de l'idée sur laquelle repose l'un de ces deux élémens. Exemples. I, p. 125 à 127, n. 65. — Le mode de propriété que nous connaissons suppose le lent et successif travail de la civilisation, il suppose un état de société fixé. II, p. 152, 153, n. 383. Combien la propriété des sociétés primitives était différente de la nôtre. L'effort juridique, en s'appliquant à la propriété, a renversé l'ordre dans lequel ce droit se produisait à l'origine et fait rentrer sous ses règles des choses qui naturellement leur échappent. II, p. 153, 154, 155, n. 384. Sorte d'évolution ou de ricorsa qui en est résulté. II, p. 256, n. 385. — Traces nombreuses d'un état de communauté primitive. II, p.

p. 186 à 188, n. 402. — Fondement du droit d'occupation. II, p. 188, n. 403. — Division des propriétés en Égypte. II, p. 189, n. 404. — Partage du territoire et propriété chez les Juifs, privilèges de l'année jubilaire et de l'année sabbatique. II, p. 190, 191, n. 405. — Partage du territoire à Sparte. Supplément réservé pour une famille nombreuse. II, p. 192, 193, n. 406. — Cens à Athènes. Le partage des terres eut lieu dans beaucoup de républiques. II, p. 193, n. 407. — Partage du territoire par suite de la conquête. Mode d'opérer des peuples barbares. Le même usage chez les Sarrasins et dans l'Inde. Chez les Romains. L'usucapion était impossible contre l'état. Loi licinia. II, p. 194, n. 408. — De l'antique assignation et limitation. II, p. 195, 196, 197, n. 409, 410. — Division du ciel. II, p. 197, 198, n. 411. — Système centésimal qui se reconnaît dans qelques anciens modes de division du territoire. II, p. 198, 199, n. 412. — Diverses autres divisions et natures de propriété au moyen âge. Sors, huoba, mansus. II, p. 199, 200, n. 413.

La propriété est déterminée tant dans sa qualité que dans la nature du lien juridique par le droit de la personne. Exemples dans les pécules, dans les propriétés hiérarchiquement privilégiées. Système des majorités numériques. La raison sociale laisse aux libres conventions leur action naturelle sur la détermination et la répartition des propriétés. II, p. 201, 202, n. 414. Autres exemples dans le système féodal. p. 203, n. 415. — Des biens de l'Eglise. Transformation que la propriété subit dans les ordres monastiques. II, p. 204 à 206, n. 416. — Modification dans le principe même de la propriété ou si elle est absolue, retour périodique plus ou moins violent à l'égalité de partage, telle est l'alternative qui nous apparaît dans l'histoire du droit de propriété. Termes entre lesquels se meut son idée depuis l'origine des sociétés où elle repose sur la nécessité seule jusqu'à l'ordre intellectuel où elle repose sur l'association. II, p. 206 à 209, n. 417. — Par la nature des choses le pouvoir ou le droit personnel purs ne sont qu'usufruitiers. L'Eglise peut être, sans inconvénient grave, salariée par l'Etat. C'est d'ailleurs une suite de la sécularisation de nos institutions II, p. 209, 210, n. 418. Le principe absolu de la sécularisation tendrait, dans un développement hypothétique, à la transformation fondamentale du pouvoir religieux. II, p. 210, 211, n. 419.

La nature morale repousse l'empreinte de la propriété. De l'esclave fugitif. L'homme y fut néanmoins soumis à différens degrés et sous toutes les formes dans les législations antiques. II, p. 211, 212, n. 420. — Droit de se vendre soi et les siens. Nexi. II. p. 212, 213, n. 421. Addiction de la personne des débiteurs. Comparaison des législations romaine et germanique à cet égard. II, p. 213 à 215, n. 422. Examen de la question si les Germains poussèrent la dureté envers leurs débiteurs jusqu'au droit de vie et de mort. II, p. 215, n. 423. Le droit prend à diverses époques des caractères différens. Rétablissement des principes et incompatibilité de la nature humaine avec l'esclavage. Que le louage des personnes, en un certain sens, n'est pas plus raisonnable. II, p. 218, 210, n. 425. — Du pouvoir et de la propriété. Sur quelle base repose la puissance héréditaire des princes. Tout pouvoir est une protection. II, p. 222, 223, n. 427

Quoiqu'inhérent à la personnalité, quand on le considère d'une manière facultative, le droit de propriété ne se formule qu'à l'aide des institutions civiles. II. p. 247, n. 428. Du droit d'occupation. Sur quelle idée il repose. II. p. 248, n. 429. — Termes entre lesquels se meut l'idée de propriété. Quelle serait sa forme la plus haute. Quelles choses en sont susceptibles. II, p. 251, n. 430. — Du domaine de la mer. Il n'y a aucune impossibilité métaphysique à ce qu'elle soit soumise au droit de propriété. II, p. 252, n. 431. Le principe du morcellement s'étendrait jusques-là le jour où quelqu'art qui n'a pas été découvert rendrait possible d'exercer sur la mer une occupation habituelle et utile. II, p. 255, n. 432. Réponse aux objections. La possession exclusive de la mer n'est qu'une impossibilité morale. II, p. 256, n. 433. — La propriété est tout à la

fois un rapport d'utilité et un rapport de domination. C'est sur ce dernier rapport que son idée juridique repose. II, p. 257, n. 434. De quelle manière la forme de la propriété peut changer et atteindre une expression beaucoup plus parfaite, quoiqu'il y ait dans son idée un élément qui ne change pas. II, p. 259, n. 435. — Le droit de possession doit-il être considéré comme antérieur aux institutions civiles ou comme n'en étant qu'un développement et une conséquence. II, p. 260, n. 436. — Propriété et possession mobilières. II, p. 262, n. 437. — La possession est-elle un fait ou un droit. II, p. 263, n. 438. — On s'est trop arrêté au rapport exclusif du droit de propriété, au lieu d'approfondir et de développer sa compréhension. — Des cours d'eau. II, p. 265, n. 439. Les simples cours d'eau flottables à bûches perdues sont-ils dans le domaine public ou restent-ils propriété privée? Examen de l'opinion de M. Proud'hon. II, p. 267, n. 440. En tous cas les principes déduits du fait primitif de l'occupation ou de la transformation par le travail sont inapplicables à ce genre de biens. II, p. 269, n, 441. Multiplicité des droits qu'on qu'on peut exercer sur et à l'occasion des cours d'eau. II, p. 271, n. 442. Inconvéniens et injustices que fait naître le morcellement parcellaire appliqué aux cours d'eau. II, p. 272, n. 443. L'opération factice du morcellement rencontre à chaque pas d'invincibles obstacles dans la nature des choses. II, p. 274, n. 444. — La raison de la propriété réside dans l'intellectuel. Le travail n'est que le moyen de la réaliser. II, p. 275, n. 445. On peut essayer, à l'aide de cette distinction de l'idéal et du réel de la propriété, de déterminer les conditions de sa transformation hypothétique dans une société intellectuelle. La propriété sera un médiat entre la nature physique et l'homme, comme le pouvoir électif est un médiat entre l'homme et Dieu. II, p. 276, n. 446. Rendue plus générale, elle acquierrait de nombreux avantages, ne perdant rien de son individualité elle aurait toujours à respecter certaines conditions infranchissables. II, p. 278, n. 447. Cette propriété perdrait tout caractère de fixité privilégiaire et pourrait voir s'atténuer le principe de la transmission successo-

Q.

R.

RAPPORTS, réduction. Quel est le sens successoral de ces deux institutions. I, p. 77, 76, n. 30 31.

L'obligation du rapport s'analyse en deux propositions subordonnées; incompatibilité des qualités d'héritier et de donataire. Incompatibilité des qualités d'héritier et de légataire. I, 133, n. 65. — Différence entre la révocation que produisent les rapports et celle qui résulte de la réduction. Ces deux droits ne reposent pas sur la même raison. Différence qui en résultait dans leurs effets sous la coutume de Paris. I, p. 160, 170, n. 81. L'une et l'autre institutions servent de limites. De là les fréquens changemens législatifs auxquels elles furent constamment soumises. I, p. 170, 171, n. 82. — Ce que fut le rapport dans l'ancien et dans le nouveau droit romain. I, p. 173 à 175, n. 84. — L'obligation du rapport n'est point une déduction logique des principes du droit. — A moins que le don n'ait été expressément fait en avancement d'hoirie auquel cas le rapport serait dû même en renonçant. I. p. 175, 176, n. 85. Opinion conforme de Dumoulin. Historique de cette institution dans notre ancien droit français. Citation des textes de ce jurisconsulte et discussion. I. p. 176 à 182, n. 86 et 87. La faculté de renoncer pour se tenir à son don, la présomption d'avancement d'hoirie furent des exceptions aux principes introduits par les mœurs nationales. I, p. 183, n. 88. La fiction d'avancement d'hoirie est rejetée par notre législation. I, p. 184, 185, 186, n. 89. Dans la rigueur des principes, les enfans n'ont droit au patrimoine de la famille qu'autant qu'ils continuent d'en faire partie. Le rapport fut un adoucissement d'équité. Sa définition. I, p. 187, 188, n. 90. Modifications ou phases successives du rapport dans l'ordre logique et dans l'ordre historique. p. 189. On ne doit pas généraliser les règles introduites par voie de conséquence. A quoi se réduit donc l'idée fondamentale du rapport. I, p. 190, 191, n. 91, 92. — Le code

civil semble tenir une sorte de milieu entre les dispositions de la loi du 17 nivôse an II, et celles de la loi du 4 germinal an VIII en matière de rapports. 1, p. 192, n. 93.

Effets résolutoires du rapport. Le rapport est une condition qui affecte non la libéralité mais la vocation légale à la succession. 1, p. 192, 193. n. 94. L'adition d'hérédité peut aussi être regardée comme la condition du rapport. Quelle est la nature de cette condition. 1, p. 195, n. 95. Exposé de la nature conditionnelle du rapport. 1, p. 196, 197, n. 96. Le rapport est une résolution affectée de la condition potestative suspensive de venir à partage. Néanmoins en aliénant les objets reçus en don le donataire ne s'est pas interdit la faculté de venir à partage. Conciliation. Justification de la nature juridique du rapport. 1, p. 198 à 202, n. 97. — Inexactitude de la théorie exposée par quelques jurisconsultes. Dans le fait on ne peut dériver l'obligation du rapport de la volonté du défunt. 1, p. 202, 203, n. 98. Résumé et énoncé rationnel de l'obligation du rapport. 1, p. 204, n. 99 — Pourquoi l'effet rétroactif de la résolution n'atteint pas les fruits perçus avant l'ouverture de la succession. 1, p. 205, n. 100. Conciliation de la nature du rapport avec les principes de l'obligation prépostère. La propriété, bien qu'elle soit irrévocable, n'est pas cependant *incommutable* dans la personne du donataire. Le donataire qui accepte un don ne contracte point par là l'obligation de rapporter. — Résumé de la nature juridique du rapport. 1, p. 206 à 211, n. 101.

Effet rétroactif de la résolution des donations par survenance d'enfants, à la différence de leur résolution pour ingratitude. La même raison justifie l'effet rétroactif du rapport. 1, p. 212 213, n. 102. — Comparaison du rapport avec le remploi et la reprise d'apport dans le contrat de mariage. 1, p. 214, 215, 216, n. 103. La faculté de renoncer à la communauté ne fut comme celle de renoncer aux successions qu'un adoucissement à la rigueur des principes. 1, p. 216, 217, n. 104. Analogie des rapports en matière de succession et des récompenses en matière de communauté. Les principales règles des communautés et des successions sont identiques. I, p. 218, 219, n. 105. C'est l'égalité de condition entr'enfans plutôt que l'égalité de parts héréditaires qui fit le fondement des rapports. Ce n'est même qu'en un certain sens que l'on peut dire que l'obligation du rapport repose sur le vœu de l'égalité. I, p. 212 à 222, n. 106. — Le rapport est dû à moins que le père n'en ait expressément dispensé. Le rapport n'est qu'une prohibition de retenir. I, p. 222, n. 107. — Si le rapport pût être regardé chez les Romains comme reposant sur la volonté du père il ne ne peut être établi dans notre droit français que sur des idées générales d'ordre et d'intérêt public. I, p. 223, 224, n. 108. — De l'imputation. Explication de la règle qu'il y a des choses qui se rapportent et qui sont pas imputables sur la légitime. I, p. 224, 225, n. 109. — Le rapport n'est qu'un réglement de compte, un préliminaire indispensable de tout partage. Exemple trivial qui rend sensible sa nature. Définition du rapport. I, p. 227, 228, n. 110. La condition qui affecte le rapport tacitè inest, elle affecte l'obligation du rapport et non la libéralité elle-même. p. 229. Voyez faculté de disposer.

RECHERCHE de la propriété devant douze hommes. Voyez succession, pénalité.

REDEMIA. Voyez mariage.

RÉDUCTION. Fondement des successions suivant Bentham. Réfutation de cet auteur. La loi des successions est essentiellement une loi de conservation. Les testamens sont pour ainsi dire la partie flottante et indéterminée de la transmission successorale. I, p. 232, 233, n. 111. Raisons sur lesquelles Bentham fait reposer le partage égal. Leur réfutation. I, p. 234, 235, 236, n. 112. — Différence du système des pays du droit écrit et de coutumes en ce qui concerne la légitime. I, p. 237, 238, n. 113. Inconsistance des dispositions du droit romain en matière de légitime. I. p. 239, n. 114. La constitution de la famille y est vicieuse. Notre droit coutumier connaissait des restrictions à la faculté

de disposer fondées les unes sur l'état politique, les autres sur la loi de conservation des patrimoines. Définition de la réserve. I, p. 240, 241, n. 115. — La légitime n'est due qu'à titre d'héritier. I, p. 242, n. 116. — Caractère de la légitime ou réserve qui semble se retrouver dans la dévolution exceptionnelle de certaines espèces de biens. Heergerathe et gerade, harnois de guerre, etc. Définition de M. Grenier. I, p. 242, 243, n. 117. Le droit coutumier considère plus la réserve patrimoniale que la légitime. Anciennement tous les propres étaient inaliénables. I, p. 244, n. 118. — La loi de germinal an VIII est la première loi qui ait bien déterminé le côté objectif de la réserve ou légitime. Deux principes dont la combinaison formule précisément ses dispositions. Réfutation des objections qui ont été faites contre son système. p. 246. à 248, n. 119. Le code a reculé devant une disposition si parfaitement conséquente. En laissant le quart disponible a-t-il vraiment accru l'autorité paternelle? Opinions de Mirabeau et de Bonaparte sur la fixation de la légitime. Connexité entre la constitution de la famille et celle de l'état. I p. 249, 250, 251, n. 121. Conséquences historiques de leur influence réciproque. n. 122. Voyez famille.

REPRÉSENTATION. Voyez succession.

RÉSERVE. Dans le droit coutumier la réserve est ordinairement plus explicitement sanctionnée que la légitime proprement dite. I, p. 134, n. 67. Voyez légitime, réduction. Légitime.

RÉTROACTIF (effet) dans les rapports. Voyez rapports.

ROMAINE (succession). Voyez succession.

RUSSE (succession). Voyez succession.

S.

SAUVAGES (peuples). Voyez migration.

SONNENTHEILUNG. Voyez propriété.

SORS. Voyez propriété.

SUBSTITUTIONS, tentative infructueuse qui a été faite pour les rétablir facultativement. I, p. 86, n. 41.

SUCCESSIONS. Indétermination des principes du droit en ce qui concerne le côté moral de la famille. Leur précision et leur inflexibilité quand ils règlent son côté matériel. I, p. 296, 297, n. 155. En matière successorale la famille peut être assimilée à une société, sauf les effets attachés à la présence de l'autorité paternelle. I, p. 298, n. 156 Conséquences de cette assimilation et développemens, restriction qu'il est nécessaire d'y apporter. I, p. 298, 299, n. 157, 158, 159. La loi sociétaire de la famille expire au moment où elle a atteint son dernier développement. I, p. 300, n. 160. — De la famille considérée dans ses rapports avec l'état. I, n. 161. Le maintien d'une certaine égalité dans le patrimoine des familles fait naître les priviléges et les règles restrictives de la faculté de disposer. I, p. 301, n. 162. C'est la raison des réserves coutumières. Ce même esprit se retrouve dans toutes les législations voisines du premier partage des terres. Deux tendances contraires de toute loi successorale, l'égalité comme société, l'indivision comme individu politique. I, p. 302, 303, n. 163. — La raison de la loi de famille est une convenable pondération de l'accroissement de la population et de celui des subsistances. n. 164. Comment la loi successorale naît du partage des terres et dérive du soin qu'une société doit prendre de pourvoir à sa subsistance. n. 167. Que la loi successorale atteste l'existence du pouvoir public. I, p. 306, n. 168. Quand les priviléges successoraux et les lois de conservation se produisent, dans quelles circonstances il s'éliminent — L'historique d'une loi successorale peut se ramener à trois périodes. Quel serait le meilleur système successoral. I, p. 307, 308. 309, n. 169 à 171.

Les lois sont à l'origine des coutumes, c'est-à-dire, une suite de faits semblables trouvés raisonnables et ré-

pété. Ce qui forme le caractère des différens peuples. I, p. 310 à 312, n. 172, 173. Raison de quelques lois ou maximes les plus généralement admises en matière successorale. Que l'aîné doit faire les lots et le puîné choisir. n. 175. — Institution d'héritier n'a point de lieu, le mort saisit le vif. n. 176. Paterna paternis, materna maternis. n. 177. — Exclusion des femmes et préférence des enfans mâles chez un grand nombre de peuples. n. 178. — Mésalliances. n. 179. — Droit de Quévaise, sa raison. n. 180. — Nemo pro parte testatus pro parte intestatus decidere potest. n. 181. — Raison de certaines institutions bizarres. Défense de l'or et de l'argent à Sparte, conservatrice du partage du du territoire. n. 182. — Dans le droit attique les filles, revendiquées comme choses, avaient comme personnes le droit de se faire épouser. n. 183. — Du lévirat. n. 184.

Esquisse des systèmes successoraux des peuples les plus connus. I. p. 222 et suiv. De la succession indienne. I, p. 325 à 333. n. 185 à 193; résumé de ses traits distinctifs. n. 193. Récapitulation. n. 194.

De la succession chinoise. I. p. 325 et suiv. La femme est achetée par le mari. L'idée de propriété est appliquée dans toute sa rigueur à la famille. I, n. 195, p. 335. Puissance paternelle. n. 196, p. 337. L'adoption et le testament à la Chine sont des institutions plutôt nominales que réelles. I, n. 197, p. 338. La succession chinoise est résumée dans ses principaux traits et comparée à la succession indienne. I, n. 193 à 505. Résumé. n. 304, 305.

De la succession mosaïco-talmudique. I, p. 348 et suiv. Supériorité de cette législation sur les lois de l'Inde et de la Chine. I, p. 320, n. 206. Déduction logiques des deux dispositions du Pentateuque, de tout le système héréditaire talmudique. I, p. 351, n. 210. Ce système est aussi symétrique que simple. Citation de M. Gans. I, p. 353, n. 211. Exclusion des filles et obligation de de les entrenir, n. 212. Exposé des dispositions de ce droit successoral. I, p. 355, 356, n. 213.

De la succession attique, p. 358 et suiv. Caractère différent des civilisations de l'Asie et de l'Europe. Les sociétés orientales n'étaient qu'un développement de l'état de famille. I, p. 359, n. 215. La Grèce fut divisée en cantons indépendans comme les peuples voisins de l'état sauvage. I, p. 360, n. 215, 216. Il suffit, pour se faire une idée du droit grec de connaître les institutions du peuple d'Athènes. n. 217. Renvoi au chapitre des testamens et récapitulation de ce qui y a été exposé concernant ce droit. I, p. 361, n. 218. Union du droit politique et privé dans le mariage. La personnalité s'y produit. I, p. 362, n, 219. — Origine de l'*antipherné* ou donation propter nuptias. I, p. 363, n. 220. Doctrine du droit attique relative aux filles héréditaires. I, p. 364, 365, n. 221, 222. — Exposé sommaire des dispositions de la loi successorale à Athènes. I, p. 366 à 368, n. 223, à 225. Résumé des principaux traits de ce droit de famile. I, p. 368, 369, n. 226. — L'esclavage à Athènes comparé à ce qu'il fut en Asie I, p. 370, n. 227. Tout héritier est fils et n'est appelé que pour perpétuer la famille. I, p. 371, n. 228. Aucun héritier ne peut être représenté au-delà du degré précis où se termine l'ordre auquel il appartient. I, p. 371, 372, n. 229. De quelle manière, dans ce droit, l'individualité surgit et se détache du fond substantiel asiatique.

De la succession romaine. I, p. 374 et suiv. Elle se divise en trois périodes. I, p. 374, 375, n. 232. Ancien droit. Jurisprudence intermédiaire qui change le fondement de l'hérédité et en fait, par le bénéfice d'inventaire et les possessions de biens, un quasi-contrat. I, p. 376, n. 233. L'élément substantiel et le type de la famille romaine se perdent dans un sentiment général d'équité. I, p. 377, n, 224. Changemens qu'introduit, pendant la troisième période, la jurisprudence nouvelle. Arbitraire illimité des testamens. Codicilles. I, p. 379, n, 235. Caractère de cette troisième période. — Des transitions législatives. I, p. 380, n. 236. Succession des corporations. N. 237. Le christianisme ne peut créer dans le monde romain une législation qui lui soit propre. Néanmoins elle subit son influence. I, p.

381, n. 238. Le système de la novelle 118 est d'invention nouvelle. I, p. 382, n. 239. — Ce qu'exprime la représentation dans les lignes descendante, collatérale, ascendante. I, p. 383, n. 240.

De la succession russe, p. 384 et suiv. Elle n'est à son origine qu'un système de droit d'occupation ou plutôt de copossession. I, p. 386, n. 242. — Nombreux exemples de la préférence des parens collatéraux sur les enfans propres. n. 244. — Unions de races. Droit de vengeance. Disposition de la prada d'Iaroslaw à cet égard. I, p. 387, 388, n. 245. De quelle manière et dans quel ordre le droit de vengeance se restreint successivement. I, p. 388, n. 246. — Recherche de la propriété devant douze hommes. Cinq principes auxquels peut se ramener tout le droit de la Prada. P. 389, 390, n. 247. Le droit criminel et le droit civil se confondent à l'origine. — Disposition de la Prada du treizième siècle sur le droit d'hérédité. I, p. 391, n. 249. — Constitution et usage de la famille sclavonne. I, p. 391, 392, 393, n. 250.

De la succession salique. I, p. 394 et suiv. Raison l'exclusion des femmes de la succession à la terre salique. I, p. 394, 395, n. 251, 252. Le droit de rappel s'explique d'une manière très vraisemblable par l'extension que prirent dans le pays conquis les possessions immobilières. Documens historiques et textes à l'appui de cette opinion. I, p. 396, 397, n. 253, 254. — Préférence des sœurs et de leurs enfans. I, p. 398, n. 255. — Égards accordés aux femmes et respect de certains sentimens de convenance propres à la législation des peuples modernes. I, p. 398, 399, n. 256. — Du pacte de la loi salique. I, p. 400, n. 257. La loi salique ne fut que la loi civile appliquée à la succession de la couronne. N. 258. — Des origines de notre droit coutumier. I, p. 401, n. 259.

De l'ancienne succession bretonne. I, p. 403 et suiv. Assise du comte Geoffroy et coutumes qui lui ont succédé. I, p. 403, n. 260, 261. Dispositions de cette assise. I, p. 407, n. 262. Détermination de la part des puînés par la constitution du duc Jean suivie par la

coutume réformée. I, p. 405, n. 263. Texte de cette constitution. n. 264. Attribution faite à l'aîné de la maison et principal manoir. Sa raison. I, p. 406 n. 265. La fixation de la part de l'aîné aux deux tiers était en certain sens moins dure que la légitime romaine. I, p. 417, n. 266. C'est la loi de conservation qui fait naître la distinction entre l'héritier civil et l'enfant ainsi que l'inégalité de partage qui en est la suite. I, p. 408, n. 267. Voyez féodalité.

Quel est le fondement des successions. Voyez réduction.

T.

TABLEAUX (synoptiques). Voyez faculté de disposer.

TALION. Voyez pénalité.

TALMUD. Voyez succession, testament, mariage.

TESTAMENS. Leur antiquité. Différence essentielle entre les testamens en usage dans les anciens états de l'Asie et ceux que produisit et formula la Grèce. I, p. 263, n. 128. Ils ne contenaient pas l'institution d'héritier comme idée fondamentale. I, n. 129. — La faculté testamentaire érigée en règle générale reculant au rang d'exception la dévolution naturelle aux héritiers du sang est une institution vicieuse dans un peuple fixé. Les formes solennelles des testamens révèlent l'importance de l'existence familiale à laquelle ils portent atteinte. I, p. 264, 265, 266, n. 130. Le fond du testament consiste d'une part dans la toute puissance du testateur, de l'autre dans l'institution d'héritier. Définition de cette institution et ses conséquence. I, p. 266, 267, n. 132. Le testament proprement dit comprend le principe de la représentation qui fait naître l'institution d'héritier et toutes ses conséquences, la puissance de disposer qui n'est qu'une fraction du droit de propriété, mais un droit de propriété exorbitant. Anomalie de ses effets et fictions qui les soutiennent. I, p. 270, 271, n. 134. — Coup d'œil sur les différens caractères que prend le testament chez les différens peuples. I, p. 227, n. 135.

Du testament chinois. Il ne fait autre qu'élever la succession légitime à la qualité d'une institution testamentaire. I, p. 273, 274, n. 136.

Du testament talmudique. Il n'est pas même comme les testamens indien et chinois, un véritable partage de l'hérédité. I, d. 274, 275, 276, n. 137. — Dans toute société fixée l'hérédité naturelle et vraie est la succession légitime sous la réserve d'une portion disponible. Comment s'explique la prédominance de la faculté testamentaire à Rome. I, p. 276, 277, n. 138. Le talmud admet la faculté absolue de disposer par donation entre vifs, n. 139.

Caractère du testament à Athènes. I. p. 278, n. 140. Il avait pour fondement l'adoption d'un fils. n. 141. La forme du testament attique était un contrat entre vifs. I, p. 279. n. 142 Démonstration historique du caractère essentiellement subsidiaire du testament. I, p. 280, n, 143 De quelle manière le testament attique développe le moment contractuel dans le testament. I, p. 281, n. 144. De là il ne pouvait être révoqué que du consentement des héritiers institués. I, p 282, n. 145. Comment il développe l'autre moment du testament, la préférence due aux héritiers du sang I, p. 283, n. 146 Démonstration du caractère essentiellement subsidiaire du testament attique. Le testament n'avait pas atteint sa dernière forme. Résumé des trois momens fondamentaux du testament dans l'histoire comme dans la théorie. I. p. 284, 285, n. 147.

Ce que devient le testament chez les peuples germaniques. — Confraternités héréditaires. — Pactes de familles. — Institutions contractuelles. I, p. 286, 287, n. 148. Si les peuples germaniques connurent le testament il n'eut chez eux ni l'importance ni le sens du testament romain. Citation de M. Gaus qui le prouve par des documens historiques. I, p. 288. n. 149. — L'élément successoral est différent dans les différens états de société, mais il implique toujours une idée de conservation du patrimoine plus ou moins explicite. I, p. 289, n. 150. — Caractère exorbitant de la faculté testamentaire érigée en droit. I, p. 291, n. 151. — Comme

faculté digne de respect, c'est un simple mandat qui appartient complètement à l'ordre intellectuel.—Exécuteurs testamentaires. — Que le principe absolu de de conservation dans l'hérédité produirait la fixité de la société et la ferait descendre presqu'au rang de la nature physique. I, p. 291, 292, 293, n. 152, Voyez successions, historique, rapports, réduction.

TRAVAIL (transformation par le) Voyez propriété.

TUTELLE. II, p. 62 et suiv. La tutelle des femmes est un adoucissement du rapport polygamique. Cette tutelle à Athènes et son analogie avec le mundium. II, p. 62, 63, n. 328. Cette même tutelle chez les Romains. II, p 64. n. 329. — Mundium des peuples germaniques, à qui passait le mundium de la femme à la dissolution du mariage. Sa rigueur. II p. 65, n. 330. — Principes différens suivis dans la désignation légale du tuteur, à Rome, chez les Anglais-Saxons, par la loi de Solon, par une loi germanique. II, p. 66, 67, n° 331. Ressemblance du droit de famille lombard avec le dernier état du pouvoir paternel romain et du mundium avec la tutelle. II, p 67, n. 332 Progrès historique de la tutelle des femmes dans les villes italiennes du moyen âge. Evolution qu'il parcourt. II, p. 68, 69, n. 333, 334 — Etablissement de Saint-Louis qui défendait de confier la garde du mineur à celui auquel le bail était dévolu. II, p. 82.

U.

UNIDAD. Voyez mariage.

USAGE de l'écriture. Voyez propriété. — Les lois sont à l'origine des usages. Voyez successions.

V.

VENGEANCE du sang. Voyez pénalité, succession russe.

VERGELD. Voyez pénalité.

FIN DE LA TABLE.

ERRATA:

Pag.	lig.	
9	19,	*lisez* d'où vient cette différence.
14	32,	*lisez* l'état se voit forcé de reconnaître.
18	31,	*lisez* l'intervention de la puissance publique.
20	11,	*lisez* le talmud connait trois sortes de mariage.
112	12,	*lisez* dont M. Philips a si bien développé toute la connexion intérieure.
132	13,	*lisez* d'en disposer selon notre bon plaisir et d'en jouir sans partage.
205	6,	*lisez* leur tendance générale.
216	19,	*lisez* ille qui eum in fidé suá habet.
id.	28,	*lisez* par ces récits.
219	21,	*lisez* cette conséquence n'effraie pas M. Hugo ni les écrivains qui comme lui.
227	2,	*lisez* le privilége du statu quo.

RÉGION DU NORD-EST.

tableau A.

	Faculté de disposer considérée dans l'intérieur de la famille. Principe d'ordre.				Faculté de disposer à l'extérieur de la famille. Principe de conservation.			
	FAMILLE DE LA NATURE.		FAMILLE DE LA CIVILISATION.		FAMILLE DE LA NATURE.		FAMILLE DE LA CIVILISATION.	
	FACULTÉ DE DISPOSER.	RAPPORT EN DIRECTE.	FACULTÉ DE DISPOSER.	RAPPORT EN COLLATÉRALE.	FACULTÉ DE DISPOSER.	RÉSERVE OU LÉGITIME.	FACULTÉ DE DISPOSER.	RESTRICTIONS.
Paris.	Égalité absolue entre enfants.	Rapport en directe. On pense que le père ne peut [illegible] et disposer.	Partage égal par tête en collatérale. Peut être héritier et donataire en collatérale.	Peut être héritier et donataire en collatérale. Aucun ne peut être héritier et légataire d'un défunt [illegible].	Prohibition de disposer au-delà de cette moitié.	Légitime expresse. La moitié de la part héréditaire.	Faculté de disposer par testament de tous biens meubles, conquêts immeubles et du [illegible] des propres. *Item.* Le mari ne peut disposer par testament ou donation [illegible] des biens meubles et conquêts immeubles communs entre lui et sa femme, au préjudice d'icelle, ni de la moitié qui peut appartenir en iceux par le trépas de son dit mari. Par don entre-vifs de ses héritages propres ou conquêts.	Prohibition de disposer des 4/5 des propres par testament. [illegible] par dispositions entre-vifs.
Reims.	Égalité absolue entre enfants. Père ni mère ne peuvent avantager ni entre-vifs ni par testament.	Rapport en directe, même de ce qui a été donné en mariage.	Partage égal en collatérale.	Aucun ne peut être héritier et légataire.			L'âge pour pouvoir valablement tester des meubles et acquêts aux mâles de [illegible] ans accomplis et quant aux filles de 18 ans ; et pour le regard des immeubles tant propres qu'acquêts de 25 ans ; et s'il n'y a meubles ou qu'il y en ait si peu qu'il ne doit venir en considération, tous immeubles tant propres qu'acquêts [illegible] au lieu des meubles pour pouvoir valablement disposer [illegible] acquêts et propres [illegible] point ne peut [illegible] causes justes et raisonnables, et si qui même avaient fait [illegible] acquêts de leur industrie, ne pourront valablement et librement disposer tant d'iceux que de leurs meubles.	
[illegible]	Égalité absolue entre enfants. Père et mère ne peuvent avantager ni par don entre-vifs ni par testament. Don entre-vifs est réputé avancement d'hoirie. L'enfant avantagé n'est pas tenu de se porter héritier.	Rapport en directe, même de ce qui a été donné en mariage.	En fief les mâles excluent les femelles. Les biens retournent à celui de la souche duquel ils sont venus. Quant au reste partage égal.	Aucun ne peut être héritier et légataire.			Il n'est loisible à aucune personne de disposer par testament ou ordonnance de dernière volonté de ses propres héritages, [illegible] ou roturiers, au préjudice de ses héritiers, outre le quint d'iceux. On ne peut disposer de ses propres par testament qu'à 25 ans. On peut disposer par dons entre-vifs de tous meubles acquêts et conquêts immeubles et du quint des propres. Prohibition de disposer des 4/5 des propres par testament.	
Meaux et Melun.	Égalité absolue entre enfants. Père ni mère ne peuvent avantager ni par don entre-vifs ni par testament. Don entre-vifs réputé avancement d'hoirie. L'enfant donataire peut se tenir à son don en renonçant.	Rapport en directe, même de ce qui a été donné en mariage.	Partage égal en collatérale sauf les fiefs.	Aucun ne peut être héritier et légataire.			On peut disposer par testament de tous biens meubles, acquêts et conquêts immeubles et du quint des propres. On ne peut [illegible] disposer de ses propres qu'à 25 ans. Nulle restriction par don entre-vifs.	Prohibition de disposer des 4/5 des propres par testament.

On a parcouru ainsi, en s'aidant des divisions indiquées dans le beau travail de M. le docteur Clinroth sur nos coutumes, tout l'ensemble de notre ancien droit coutumier, et on a mis en lumière, au moyen de la classification qui précède, toutes les dispositions ou plutôt toutes les phases et les nuances diverses de ce droit en ce qui concerne la faculté de disposer. On a fait, en un mot, une véritable synopsie de notre droit coutumier, en cette partie. Mais on a dû se borner à soumettre au lecteur l'extrait très-sommaire suivant, où se trouvent indiquées, sous huit grandes divisions, les différences principales de notre droit coutumier.

[illegible]

Tableau C.

Pour mieux faire sentir le développement de la force conservatrice ou abstraite qui s'opère par la vertu attractionnelle du principe groupant et du principe individuel que nous avons appelés respectivement principe de conservation et principe d'ordre, et qui peuvent être considérés l'un comme le pôle magique, l'autre comme le pôle ... du groupe familial, on a mis en regard dans le tableau suivant d'un côté les quatre termes ou gradations principales du principe de conservation, de l'autre les quatre termes du principe d'ordre, en tout huit termes, en orientant chacun d'eux par rapport au principe qui prédomine du côté que l'on considère. On aperçoit clairement alors en 1er lieu l'accroissement corrélatif du principe d'ordre en raison de l'élévation du principe de conservation, en 2me lieu l'antagonisme des deux principes dans chaque système successoral et la manière dont se résout leur force attractionnelle, en 3e lieu la dépendance ou la réduction à un petit nombre de contraires des systèmes hâtards ou anormaux qui se composent de l'assemblage des termes qui ne se correspondent pas dans le développement progressif du principe d'ordre et du principe de conservation.

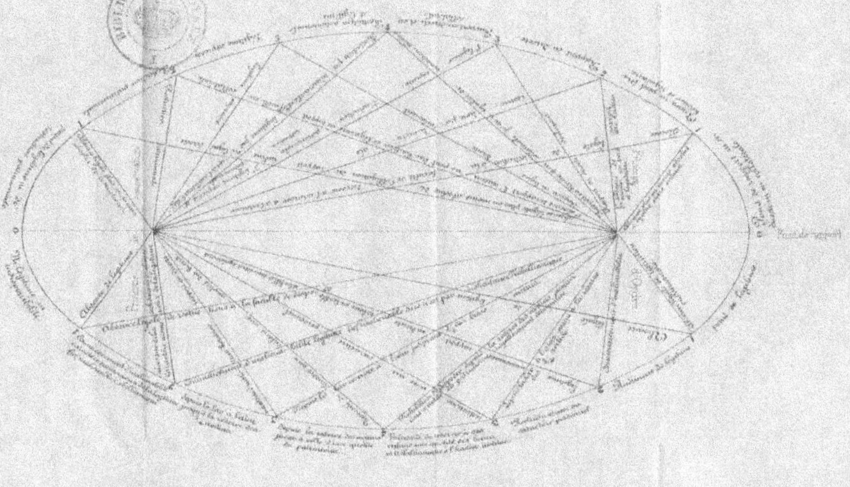

Nota : Nous avons représenté la famille par une ellipse parce qu'à défaut de restrictions légales le principe de l'amour familial est ordinairement assez puissant pour conserver d'une manière plus ou moins complète l'égalité entre enfant et la légitime dans le rapport purement légal, il eût été plus exact de la représenter par une hyperbole dont les branches s'approcheraient indéfiniment de l'absence absolue de restrictions patrimoniales et de rapports avec ces diverses termes qui peuvent être considérées comme ses asymptotes.

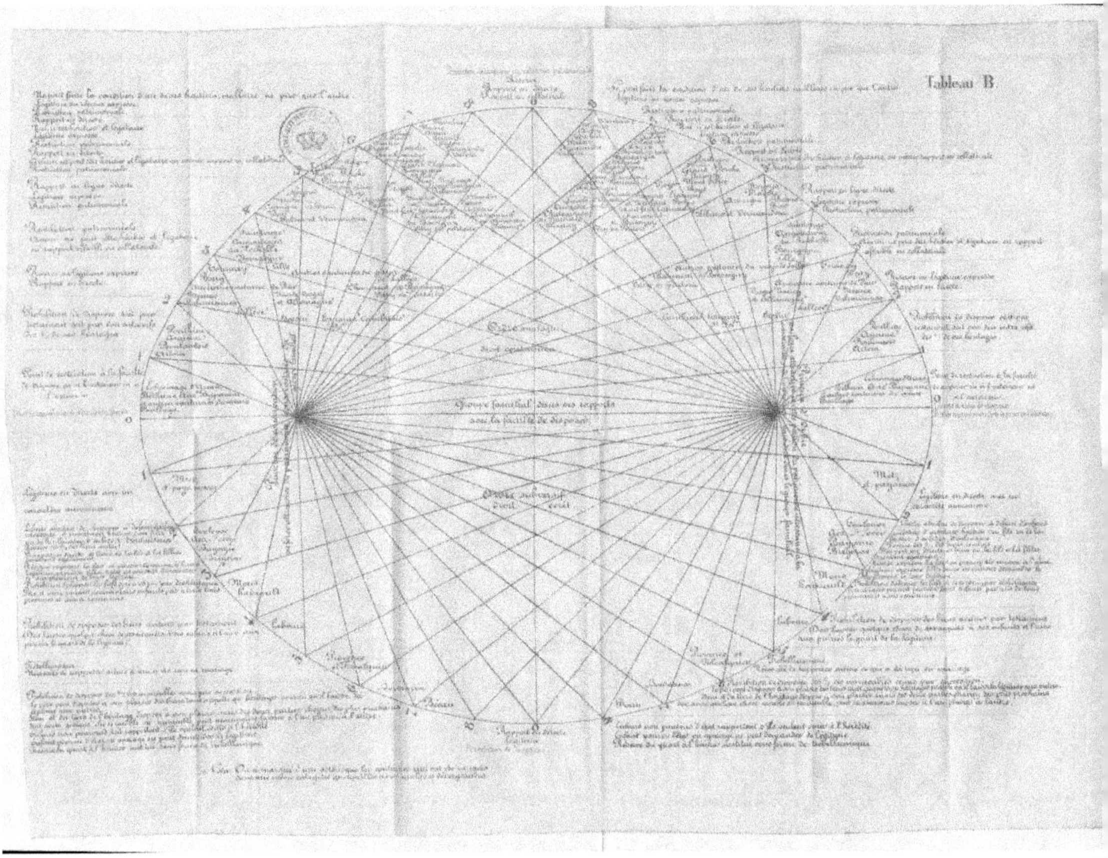
Tableau B.

Tableau de la faculté de disposer, dans notre droit coutumier, depuis l'absence complète de rapports et de restrictions jusqu'à la plus haute élévation des quatre termes : Rapport en directe, rapport en collatérale, légitime, restriction patrimoniale. —Résumées, en tant qu'elles peuvent être exprimées par ces quatre termes simples, en huit catégories principales :

1. *Point de rapport en directe ni en collatérale.*

Point de restrictions à la faculté de disposer ni à l'intérieur ni à l'extérieur.

(Echevinage d'Arras, Béthune, Bapaume.)

Item. Rapport en directe de la moitié des dons de mariage. . . . . (Aire.)
Item. [illegible] dons d'héritage de main ferme, [illegible] doivent faire devant les seigneurs [illegible]. [illegible] du bailliage de Bapaume.

2. *Prohibition de disposer soit par testament soit par dons entre vifs des [illegible] de ses héritages.*

Réserve le quint aux parents. . . . . (Boulonnais.)
Item. Un héritier [illegible] le quint viager.
Quand [illegible] avec le consentement de l'héritier apparent, les autres [illegible] sont perdus [illegible].
La coutume de Ponthieu n'a point de rapport de mariage. . . . . (Ponthieu.)
Item. Prohibition de disposer de ces [illegible] par testament seulement.
[illegible] de rapport entre enfans [illegible]. Les [illegible] exceptées.
Item. Prohibition de disposer par testament des [illegible] de tous ses fiefs.
Dans un avancement d'hoirie, soit de fiefs patrimoniaux ou d'acquêts [illegible] à la charge du quint au [illegible], — et quand [illegible], se doit entendre pour la part de [illegible] qu'il pourrait [illegible].
La négative du rapport est effacée par l'annotateur. . . . . (Artois.)

3. *Réserve ou légitime expresse.*

Rapport en directe.

Item. Une femme peut donner à ses enfans en [illegible] de son mariage, ne le rapportant s'il n'est dit au contraire. — Réserve des [illegible] et héritages. . . . . (Valenciennes.)
Item. En directe collation de biens à [illegible]. — Peuvent père et mère faire le partage inégalement entre leurs enfans la légitime sauve. . . . (Tournay.)
Item. Rapport direct [illegible] dons de mariage [illegible]. Légitime expresse de moitié de tous les biens. . . . . (Lorri.)
Item. Prohibition de disposer des [illegible] des propres par testament. ([illegible] de Bar.)
Item. [illegible] en directe si ce n'est par dons de mariage. — [illegible] rapport ou [illegible]. — Prohibition de disposer des deux tiers des propres par testament. . . . . (Mons.)
Item. Prohibition d'aliéner son héritage s'il y a enfans. . . . . . (Liége.)
Item. Prohibition de disposer tant par don entre vifs que par testament, des [illegible] des fiefs patrimoniaux. . . . . (Hesdin.)
Item. [illegible] rapportent. — S'il en [illegible] la succession mobilière ils ne rapportent que les immeubles. — En succession de fiefs les aînés [illegible] à l'aîné. . . . . (Saint-Pol.)
Item. Prohibition de disposer par testament des [illegible] du bien ancien. (Nancy, Vosges et Allemagne.)
Item. L'on peut être en collatérale héritier et légataire en même temps et en ligne directe pour les meubles et acquêts seulement. [illegible], le testateur doit laisser à ses enfans les [illegible] de son ancien. (Lorraine.)
Item. Rapport des enfans mariés et [illegible] à ceux qui ne le sont pas. Réserve [illegible] des fiefs que d'héritage et de main ferme. (Cambresis.)

4. *Restriction patrimoniale.*

Aucun ne peut être héritier et légataire ou rapport affaibli en collatérale.

Les père et mère ou autres parens en leur héritage peuvent avantager l'un de leurs enfans ou autres héritiers [illegible] qu'il n'y a enfans en le tiers partie de l'héritage.
Prohibition de disposer des [illegible] d'héritages. . . . . ([illegible])
Item. [illegible] dons de testament [illegible]. Dons de mariage faits par parens collatéraux ne se rapportent. Enfans mariés rapportent. Prohibition de disposer par testament des fiefs et héritages. (Lille.)
Item. Ne peut en son héritage patrimonial faire l'un de ses héritiers [illegible] plus grand que l'autre.
Ne peut à aucun de ses enfans [illegible] que sa part héréditaire.
Prohibition de disposer des [illegible] de son patrimoine. . . . . . . (Angoumois.)
Item. Ne peut donner à aucun de ses enfans [illegible] de son héritage [illegible] de succession.
Prohibition de disposer des deux parts de ses meubles et acquêts immeubles [illegible] défaut d'héritage.
Item. L'on ne peut être héritier et légataire. . . . . (La Rochelle.)
Prohibition d'aliéner son héritage patrimonial ou acquêts [illegible] par trois cens.
([illegible] du pays de Laillœu.)

5. *Restriction patrimoniale.*

Réserve ou légitime expresse.

Rapport en directe.

Item. Prohibition de disposer des [illegible] des propres ou des [illegible] s'ils sont en fiefs par testament. . . . . ([illegible])
Item. Prohibition de disposer par testament des [illegible] de ses biens et entre vifs de tous ses immeubles propres. — Réserve des immeubles propres. (Comté de la Marche.)
Item. Rapport en directe. Changement de législation. Fille mariée forclose. — Peut requérir être douée si elle ne l'a été. — Prohibition de disposer des [illegible] des biens. Réserve et restriction patrimoniale de la moitié. ([illegible] Auvergne.)
Item. Prohibition de disposer des [illegible] des propres par testament. . . . (Bar.)
Item. De la moitié de son [illegible]. . . . . (Blois.)

6. *Restriction patrimoniale.*

Rapport en directe.

Aucun ne peut être héritier et légataire en même rapport en collatérale.

Prohibition de disposer des [illegible] d'héritages ou de leur moitié par [illegible].
[illegible] qui prenant part en la succession est tenu de rapporter les meubles ou héritage qu'il aurait eu par avancement d'hoirie. . . (Bretagne.)
Item. Prohibition de disposer par testament des [illegible] en [illegible] et des [illegible] en fief.
Aucun ne peut être héritier et [illegible] ou légataire. . . . . . . (Blois.)
Rapport en directe. Aucun ne peut être héritier et légataire [illegible] en ligne tant directe que collatérale. — Prohibition de disposer des [illegible] des propres par testament. . . . . (Grand Perche.)
Rapport en directe, même de ce qui a été donné en mariage. Aucun ne peut être héritier et légataire. Prohibition de disposer des [illegible] des propres par testament. Père et mère ne peuvent avantager. . . (Montfort-Lamaury.)

Rapport en directe père et mère ne peuvent avantager. — Prohibition de disposer des [illegible] des propres par testament. — Aucun ne peut être héritier et légataire. . . . . (Mantes et Meulan.)
Nul ne peut être héritier et légataire si le legs n'est fait par forme de préciput et hors part. — Prohibition de disposer par testament des [illegible] féodaux et des [illegible] censuels. . . . . (Péronne, Montdidier, Roye.)
Rapport en directe même de ce qui a été donné en mariage, père et mère ne peuvent avantager. Aucun ne peut être héritier et légataire. — Prohibition de disposer des [illegible] des propres. . . . . (Étampes.)
Prohibition de disposer des [illegible] des propres par testament. . . . . . (Troyes.)
(Chaumont en Bassigny, Vitry en Perthois.)

7. *Rapport en directe.*

Nul n'est héritier et légataire.

Légitime ou réserve expresse.

Restriction patrimoniale.

Item. Prohibition de disposer des [illegible] des propres par testament et de la moitié entre vifs. . . . . (Calais.)
Item. Rapport en directe. Les père et mère n'en peuvent [illegible] la disposition.
Légitime expresse des [illegible] des propres [illegible] par don entre vifs. Prohibition de disposer par testament des [illegible] de [illegible]. (Châlons.)
Item. Père et mère ne peuvent avantager l'un plus que l'autre.
Aucun ne peut être héritier et légataire. — En héritage [illegible] n'y a point d'avantage entre frères et sœurs [illegible] en ligne directe ou collatérale.
Prohibition de disposer des [illegible] des propres [illegible] de leur [illegible] d'une année par testament. . . . . (Chartres.)
Item. Entièrement comme celle de Chartres. . . . . (Dreux.)
Item. Rapport en directe le père ne peut en disposer. — Légitime expresse la moitié de la part héréditaire. Prohibition de disposer des [illegible] des propres par testament. . . . . (Paris.)
Item. Collation et rapport se doivent faire en succession directe et non en collatérale. — Don de mariage est sujet à collation. [illegible] à aucun héritier [illegible], il lui est loisible de se tenir à son legs et répudier sa portion héréditaire. — Prohibition de disposer par testament des [illegible] des biens. . . . . (Bourbonnais.)
Item. Prohibition de disposer des [illegible] des fiefs et des [illegible] par testament.
Item. Légitime expresse moitié de la part héréditaire. . . . . . (Montargis.)
Prohibition de disposer des quatre quints des propres par testament. (Orléans.)
Item. Prohibition de disposer des [illegible] des propres par testament. . (Melun.)
Item. Prohibition de disposer des [illegible] des propres et s'il n'y a que meubles des [illegible] des meubles. (Sens.)
Item. Prohibition de disposer par testament des [illegible] et entre vifs de la totalité des propres au préjudice des héritiers. . . . . (Sedan.)
Item. Prohibition de disposer des [illegible] des propres ou des [illegible] s'ils sont en fiefs par testament. . . . . (Saint-Quentin.)
Item. Prohibition de disposer des [illegible] des propres par testament. . (Senlis.)
Item. Prohibition de disposer des [illegible] des propres par testament. (Clermont.)
Item. Le testateur par testament et ordonnance de dernière volonté, ne peut faire l'un de ses héritiers légitimes et qui ab intestat lui doivent succéder meilleur de l'autre. — Légitime expresse du tiers ou moitié de la part héréditaire à chacun. Prohibition de disposer d'un tiers de ses biens au préjudice de ses héritiers. (Bourgogne.)
Item. Collation et rapport ont lieu en directe et non en collatérale.
Aucun ne peut être héritier et légataire. Prohibition de disposer par testament des [illegible] de ses héritages. . . . . (Nivernais.)
Rapport en directe même de ce qui a été donné en mariage. — Aucun ne peut être héritier et légataire. — Prohibition de disposer des [illegible] des propres par testament. . . . . (Dourdans.)
Item. Rapport des héritages donnés en mariage tant en directe qu'en collatérale. Prohibition de disposer par testament des [illegible] des fiefs et des [illegible] du [illegible]. . . . . (Chauny.)
Item. Prohibition de disposer des [illegible] des propres par testament. (Auxerre.)
Item. Prohibition de disposer des [illegible] des propres [illegible] de leur revenu d'une année par testament. . . . . (Châteauneuf en Thimerais.)

8. *Restriction patrimoniale.*

Légitime ou réserve expresse.

Ne peut faire la condition d'un de ses héritiers meilleure ou pire que l'autre.

Fille [illegible] doit se contenter d'un chapel de roses, mais aussi peut recevoir plus grand qu'advenant. — Légitime expresse : tous les propres, la moitié des meubles et tous les immeubles [illegible] la moitié des acquêts en [illegible]. — Prohibition de disposer soit entre vifs, soit par testament des deux tiers du patrimoine. . . . . (Touraine.)
Item. Fille [illegible] doit se contenter d'un chapel de roses, mais aussi peut recevoir plus grand qu'advenant. Réserve expresse : tous les propres et les [illegible] des acquêts. — Prohibition de disposer des [illegible] de ses propres. (Maine.)
Item. Peut donner à fille plus grand ou moindre mariage qu'advenant, voire même un simple chapel de roses. Réserve expresse des deux tiers du patrimoine, des acquêts et conquêts immeubles. Prohibition de disposer des deux tiers des propres seulement s'il n'y a pas d'enfans. . . . . . (Anjou.)
Item. Réserve expresse de tous les propres [illegible] de tous [illegible], et ne s'en est [illegible] pour lesquels on peut disposer du tiers patrimonial à perpétuité. Prohibition de disposer des deux tiers du patrimoine. (Loudunois.)
Item. Prohibition de disposer des [illegible] des propres, à défaut de propres des deux tiers des meubles et acquêts. . . . . (Poitou.)
Item. S'il y a plusieurs héritiers il leur peut donner à tous ensemble mais ne peut avantager l'un plus que l'autre.
Réserve des deux tiers des meubles, du tiers des immeubles par testament et des deux tiers par don entre vifs. Les filles ne peuvent prétendre aucune part en l'héritage, sinon mariage advenant. . . . . . (Normandie.)
Item. Ne peut avantager l'un de ses héritiers plus que l'autre, tant en ligne directe que collatérale, qu'il ne soit tenu rapporter ou moins prendre tant en ligne directe que collatérale, s'il se veut porter héritier. — Prohibition de disposer des quatre cinquièmes des propres par testament. . . (Valois.)

www.ingramcontent.com/pod-product-compliance
Lightning Source LLC
LaVergne TN
LVHW051947060726
842528LV00002B/254